奪われた野にも春は来るか

鄭周河写真展の記録

奪われた野にも春は来るか

鄭周河写真展の記録

本書は、「日本人は『フクシマ』とどう向き合ったのか」という問いを投げかけようとするものである（書名も当初、そのように構想されていた）。ここで「フクシマ」とは、あらためて言うまでもなく、二〇一一年三月一一日、東日本大震災とともに起こった東京電力福島第一原子力発電所事故とその衝撃を意味している。類似の主題を扱った書物はもとより少なからず存在しようが、その中で本書の独自性はと問われれば、大きく次の二点を挙げることができる。

第一に、ここでは議論は「日本人」の内省に閉じられることなく、他方、「原発問題」という世界共通の地平に一般化されるのでもなく、韓国、在日朝鮮、沖縄といった歴史的に深い関係をもつ「他者」からの問いにさらされながら行なわれている、という点である。最初に、「原発事故の被災者は『日本人』だけではない」という批判があった（徐京植《ソキョンシク》氏）。次いで、「奪われた野にも春は来るか」という李相和《イサンファ》の詩に託して、韓国から「苦痛の連帯」をめぐる問いかけがあった（韓洪九《ハンホング》氏、鄭周河《チョンジュハ》氏）。さらに、この問いが沖縄に持ち込まれる時に、何が踏まえられるべきなのかについての提起があった。「フクシマ」をめぐるこうした対話の輪を広げていくことを本書はめざしている。

第二に、すべての議論が、「フクシマ」を撮った鄭周河さんの写真から出発し、その周囲を巡っている点である。鄭氏の写真は、「フクシマ」を対象としたアートの中でも稀有の存在感をもって私たちに迫ってくる。一見何の変哲もない海辺や学校や田園風景、中にはその美しさにうっとりと魅了されてしまいそうな自然の絶景もある。ところがそれらは、3・11後の風景であることによって一転、不気味な謎とともに立ち現われてくるのである。「何が変わったというのか?」、「何も変わっていないのではないか?」、「いや、何かが決定的に変わったのではないか?」、「変わったとしたら、それは何か?」——「フクシマ」の衝撃に関する最も深い省察に導くものとして、鄭氏の写真は李相和の詩とともに私たちに差し出されている。

本書の問題提起が、「フクシマ」をめぐる議論の深化に少しでも寄与することができればと願ってやまない。

本書発刊の詳しい経緯や意図については、徐京植氏の「はじめに」を参照されたい。本書は、編者の呼びかけに応えて実行委員会に参集された各位の献身的な努力なしには、発刊にこぎつけることは出来なかった。この場を借りて深く感謝したい。

二〇一五年六月一八日

高橋哲哉

いまは他人の土地 ―― 奪われた野にも春は来るか

李相和《イサンファ》

私はいま全身に陽ざしを浴びながら
青い空　緑の野の交わるところを目指して
髪の分け目のような畦《あぜ》を　夢の中を行くように　ひたすら歩く

唇を閉ざした空よ　野よ
私ひとりで来たような気がしないが
おまえが誘ったのか　誰かが呼んだのか　もどかしい　言っておくれ

風は私の耳もとにささやき
しばしも立ち止まらせまいと裾をはためかし
雲雀《ひばり》は垣根越しの少女のように　雲に隠れて楽しげにさえずる

実り豊かに波打つ麦畑よ
夕べ夜半過ぎに降ったやさしい雨で
おまえは麻の束のような美しい髪を洗ったのだね　私の頭まで軽くなった

ひとりでも　足どり軽く行こう

乾いた田を抱いてめぐる小川は
乳飲み子をあやす歌をうたい　ひとり肩を踊らせて流れてゆく

蝶々よ　燕よ　せかさないで
鶏頭《けいとう》や昼顔の花にも挨拶をしなければ
ヒマの髪油を塗った人が草取りをした　あの畑も見てみたい

私の手に鍬《くわ》を握らせておくれ
豊かな乳房のような　柔らかなこの土地を
くるぶしが痛くなるほど踏み　心地よい汗を流してみたいのだ

川辺に遊ぶ子どものように
休みなく駆けまわる私の魂よ
なにを求め　どこへ行くのか　おかしいじゃないか　答えてみろ

私はからだ中　草いきれに包まれ
緑の笑い　緑の悲しみの入り混じる中を
足を引き引き　一日　歩く　まるで春の精に憑かれたようだ

しかし、いまは野を奪われ　春さえも奪われようとしているのだ

（訳：徐京植）

지금은 남의 땅 —— 빼앗긴 들에도 봄은 오는가

이상화

나는 온 몸에 햇살을 받고
푸른 하늘 푸른 들이 맞붙은 곳으로
가르마 같은 논길을 따라 꿈속을 가듯 걸어만 간다.

입술을 다문 하늘아, 들아
내 맘에는 내 혼자 온 것 같지를 않구나!
네가 끌었느냐, 누가 부르더냐. 답답워라. 말을 해 다오.

바람은 내 귀에 속삭이며
한 자국도 섰지 마라, 옷자락을 흔들고
종다리는 울타리 너머 아씨같이 구름 뒤에서 반갑다 웃네.

고맙게 잘 자란 보리밭아,
간밤 자정이 넘어 내리던 고운 비로
너는 삼단 같은 머리털을 감았구나. 내 머리조차 가뿐하다.

혼자라도 가쁘게나 가자.

마른 논을 안고 도는 착한 도랑이
젖먹이 달래는 노래를 하고, 제 혼자 어깨춤만 추고 가네.

나비 제비야 깝치지 마라.
맨드라미 들마꽃에도 인사를 해야지.
아주까리기름 바른 이가 지심 매던 그 들이라 다 보고 싶다.

내 손에 호미를 쥐어다오.
살진 젖가슴과 같은 부드러운 이 흙을
발목이 시도록 밟아도 보고, 좋은 땀조차 흘리고 싶다.

강가에 나온 아이와 같이
짬도 모르고 끝도 없이 닫는 내 혼아
무엇을 찾느냐, 어디로 가느냐, 웃어웁다, 답을 하려무나.

나는 온몸에 풋내를 띠고,
푸른 웃음, 푸른 설움이 어우러진 사이로
다리를 절며 하루를 걷는다. 아마도 봄 신명이 지폈나 보다.

그러나 지금은 —— 들을 빼앗겨 봄조차 빼앗기겠네.

目次

4 沖縄 「苦痛の連帯」の可能性　鄭周河×韓洪九×比嘉豊光×鎌倉英也　司会 徐京植　127
佐喜眞美術館　二〇一三年七月二七日

5 長野 芸術の力とその役割をめぐって　鄭周河×窪島誠一郎×徐京植　201
信濃デッサン館別館・槐多庵　二〇一三年一〇月二七日

6 京都 「想像上の境界線」を乗り越える　鄭周河×河津聖恵×徐京植　241
立命館大学国際平和ミュージアム　二〇一四年五月三日

植民地主義という視点　高橋哲哉×庵逧由香×学生　288
立命館大学国際平和ミュージアム　二〇一四年六月七日

南相馬日記　鄭周河　338
鄭周河プロフィール　352
原発＝写真論――写真家・鄭周河の提起する核の時代の表象と思考　早尾貴紀　354
あとがき　徐京植　362

はじめに――本書発刊の経緯と意図など

二〇一一年三月一一日、日本の東北地方を一〇〇〇年に一度といわれる大地震と津波が襲い、その翌日、福島県にある東京電力第一原子力発電所で水素爆発が起こった。その後、炉心溶融という「過酷事故」に至り、十数万人の人々が故郷を捨てて避難することになった。私・徐京植《ソキョンシク》が韓洪九《ハンホング》さん、高橋哲哉さんなどと原発事故被災地にまわったのは二〇一一年一一月のことだ。その小旅行に、写真作家・鄭周河《チョンジュハ》さんが韓国から参加した。この時から、鄭さんは何回か現地を訪れて撮影した作品を一冊の写真集にまとめ、ソウルの平和博物館で展示会も行った。そのタイトルは、植民地時代の詩人・李相和《イサンファ》の詩からとって「奪われた野にも春は来るか」と題されている。李相和の時代、朝鮮の土地を奪ったのは日本帝国主義であった。いま、福島の人々は自国の政府と企業によって土地を奪われた。はたして前者で後者を比喩することは許されるのか?……これは、日本人と朝鮮人に投げかけられたきびしい問いである。

韓国人写真作家・鄭周河さんの投げかけるこの深い問いに応えて、日本でも作品展を行うべきだという機運が二〇一二年春過ぎから起こり、高橋哲哉を代表とし、私もその一員となった実行委員会が形成された。実行委員会とはいえ、資金、経験、人力、あらゆる面で乏しい素人集団である。そんな私たちが、日本国内の複数の場所で巡回展示とトークを行おうというのは、無謀ともいえる挑戦であったが、幸い多くの人たちの協力を得て、結果的に以下の六カ所において展示を実現することができた。

福島県南相馬市 市立中央図書館（二〇一三年三月八日〜一〇日）
埼玉県東松山市 原爆の図丸木美術館（同年四月一六日〜五月五日）
東京都新宿区 ギャラリー「セッションハウス・ガーデン」（同年五月七日〜一六日）
沖縄県宜野湾市 佐喜眞美術館（同年七月二四日〜八月二六日）
長野県上田市 信濃デッサン館・別館槐多庵《かいたあん》（同年一〇月二七日〜一一月二四日）
京都府京都市 立命館大学国際平和ミュージアム（二〇一四年五月三日〜七月一九日）

実行委員会として、これら六カ所での展示中、かならずギャラリー・トークを行うことをこころがけた。たんなる写真展にとどまらず、多くの人たちと問題意識を共有し、できるだけ深く話し合いたいと願ったからだ。鄭周河さんは、韓国からすべての会場に駆けつけトークに参加して下さった。そこで交わされた議論はたんに福島第一原発事故をどう見るかという域を超えて、「希望」、「植民地主義」、「連帯」、「芸術」等々の問題をめぐる多様かつ真摯な省察となったと考える。鄭周河さんが作品を通じて投げかけた問いかけに、他の発言者や聴衆が全力で応答しようとした結果である。

本書は、このトークの記録をできるだけ忠実に残し、写真展に来場できなかった人はもちろん、他の多くの人たち、現在だけでなく未来の人たちとも分かち合うことを意図して編んだものである。なおトークの記録にあわせて、沖縄展に参加し、予定になかった通訳の役割を進んで担って下さった知念ウシさんの文章、実行委員の一人である早尾貴紀さんの論考、そして鄭周河さんの文章「南相馬日記」を収めた。

日本政府の安倍首相は国際オリンピック委員会総会（二〇一三年九月七日、ブエノスアイレス）での東京大会招致演説で、全世界に向けて堂々と、原発事故は完全に「アンダーコントロール」であるという虚言を弄し、多くの日本国民がこの明々白々な虚言を歓迎した。鹿児島県の川内《せんだい》原発をはじめ日本各地の原発が着々と再稼働に向けて手続きを進めている。事故の記憶はますます隠蔽または歪曲され、被災者の苦悩は無視または否認されている。

私はこの巡回展が始動した時点（二〇一三年二月）で、こう書いた。

「震災と原発事故からすでに二年。時は確実に巡り再び春は来る。あれほどの出来事を経験したというのに、もう忘却の気配が色濃く漂いはじめている。鄭さんの作品と李相和の詩に導かれて、ひとりひとりの痛みと苦悩に改めて想像を馳せてみる時である」

それからさらに二年余りが経った。事故から四年余りが過ぎて、罪深い忘却の気配はさらに色濃い。そのような状況の中では、二年前の呼びかけを何度でも繰り返すほかない。本書を手にとられた皆さんには、立ち止まって私たちとともに考え、理性の声をあげてくださるよう切に期待する。

二〇一五年六月六日

徐京植

1 福島

写真の美しさが語るもの

鄭周河×佐々木孝×徐京植

南相馬市立中央図書館　二〇一三年三月一〇日

通訳：李《リ》昤京《リョンギョン》

鄭周河巡回写真展は福島第一原発事故発生二周年を期して、事故現場の北二五キロに隣接する南相馬市の市立中央図書館から始まった。ギャラリートークは、まさに原発禍の現場で行われたといえる。発言者の佐々木孝さんは同市在住のスペイン思想の研究者。佐々木さんは要介護の妻とともに震災直後も同市を動かず、その混乱した日常の観察記録を自身のブログ「モノディアロゴス」で発信してこられた。この貴重な記録は『原発禍を生きる』（論創社）として刊行されている。写真展を南相馬市で実現するためにも中心となって尽力された。

写真作家の鄭周《チョンジュ》河《ハ》さんも韓国から駆けつけて発言された。（鄭さんは以下の合計七回のトークのうち最終回のみを除いて、すべて参加し、聴衆との対話につとめた）。進行役は実行委員の徐《ソ》京植《キョンシク》。

徐京植（以下：徐）　今回、「奪われた野にも春は来るか」というタイトルで、韓国の写真家である鄭周河さんの写真展を、ここ南相馬を皮切りに日本の三カ所（注：のちに三カ所増えて六カ所に）で行うことになりました。私は徐京植と申します。日本で生まれた在日朝鮮人で、この写真展の実行委員をやっております。普段は東京経済大学で人権問題について教えている者でもあります。本日は進行役をつとめます。

まず初めに、二年前の震災で大切な方を亡くされたり、家や貴重な財産を失われたり、あるいはそれ以外のさまざまな意味で心や体に傷を負われた方々に心からご挨拶申し上げます。

この写真展は、私が二〇一一年の六月、震災の三カ月後にこの南相馬を訪れ、ここにいらっしゃる佐々木孝先生を訪問して、その場面を含むドキュメンタリー番組（二〇一一年八月一四日放送「こころの時代〜宗教・人生」私にとっての「3・11」シリーズ『フクシマを歩いて』ＮＨＫ・Ｅテレ）を作ったことが発端となりました。

私の南相馬訪問を知った韓国の知人や友人から、自分たちもぜひその場を訪れたいという申し出を受けましたが、外国でもあり、地理もわからないし、知り合いもいない、言葉も通じないというので、私が六月に歩いた場所を案内しようということになったのです。その際に、友人の紹介でこちらにいらっしゃる写真家の鄭周河さんにお会いしました。鄭さんも自分もそこに行って写真を撮りたいということでした。

そこで二〇一一年の一一月に、鄭さんを含む韓国の友人たちと南相馬を訪れました。私にとっては二度目、鄭さんにとっては初めての福島訪問です。のちほどご本人からご説明があるかと思いますが、鄭さんも相当に思うところがあったはずで、南相馬はじめ福島の各地を撮影して作品を作られました。この写真展は韓国ではすでに何回か開催されていて、最初は二〇一二年三月に、ソウル市内にある平和博物館というところで行われています。

その後、鄭周河さんの作品を韓国の中で、韓国人だけを対象として見せていていいのだろうか、日本の方々、福島の方々にも見ていただくことはできないか、という話が韓国の友人たちの間で出てきました。私には若干躊躇する気持ちもありました。と言いますのは、外部にいる者が外部から見る目と、内部にいてそこで日々苦しい気持ちを抱いて暮らしている方々が見る目とは違いがありますから、ことに福島での展示については、その場へ入って作品を展示するということは、ある意味で相当勇気のいることで、はたして出来るものかどうか、しばらく悩んでおりました。そこで、佐々木先生に相談したところ、「やろう」とご快諾いただきましたことから、このような企画が実現いたしました。実行委員としてはもちろん、写真家本人も大変喜ばれています。ただし、作品そのものを見ること、その写真をどう見るか、どう受け取るかということは、皆さんの中にそれぞれの思いがありますので、その中身は辛いもの、厳しいものもあって当然です。のちほど、お互いに率直に意見を交わすことができればいいなと思います。

進行役の私が最初に時間を取って申し訳ないのですが、いま少し、私の話を申し上げてから、鄭周河さんにご自分の作品について説明していただきます。

詩人が捉えていた「予兆」

お手元に資料がありますが、それは今日、私が紹介したいと思っている詩です。最初にご紹介しますのは、齋藤貢《みつぐ》さんという方が書かれた詩です。齋藤さんは南相馬市小高《おだか》区の県立小高商業高校の校長先生だった方です。現在は転勤して郡山市にいらっしゃいますが、私たちは、さきほど申し上げました二〇一一年一一月に、福島市で齋藤さんにお会いしました。高校がある小高区は避難指示が出され、警戒地域とされたものですから、学校全体が引っ越して、福島市の高校で教室を間借りして授業をされていたのです。

齋藤さんは校長先生であると同時に国語の先生だったのですけれども、お会いしたときにいろいろお話をうかがい、齋藤さんの作品も見せていただきました。私自身が非常に深い印象を受けたものですので、この詩からまず紹介したいと思います。読ませていただきます。

汝は、塵なれば
父母《ちちはは》のように
いのちの息を吹き込まれて

わたしとあなたは　死ぬまでこの土地を耕すのだろう。
たとえ　そこが呪われた土地であったとしても
耕しながら　日々の糧を得るのだろう。

茨とあざみよ。
苦しみとは分かち合うものなのですか。
堪《こら》えきれない痛みは分かち合えるものなのですか。

いいえ。
あなたとわたしは　地に撒かれた一粒の種子。
土地の痛みが発芽させる
いのちの苦しみそのものなのですから。

喜びを遠ざけて。
悦楽を遠ざけて。
野の草を摘みながら　つつましき日々に感謝をしよう。

「汝は、塵なれば塵に帰るべきなり。」＊

かつての父母のように
わたしとあなたは　楽園を夢見ながら
ひとつの睦まじき種子となって地に眠るのです。

わたしも。あなたも。
わたしたちは塵なれば。塵にすぎなければ。

父母がそうであったように
やがていつかは　土へと帰っていくのですから。

楽園はとうの昔に失われていて
あやまちは決して許されない。

野に雪は降り　こころにも雪は降り積もる。

地の果てまで浮遊するしかないあなたとわたしなれば
この渇きは　いつになったら癒されるのですか。

＊旧約聖書『創世記』第三章「楽園追放」より

大変驚いたのですが、この詩は震災前にお書きになっていたそうです。まさに震災の「兆し」というか「予兆」を感じ取られてお書きになったのではないかと思うような、詩人ならではの感性だと思います。

齋藤さんのお話では、小高商業高校のある小高区は津波に襲われて、大変たくさんの人が流されたそうです。その中に、二四時間海を漂流して、丸一日後に帰ってきた生徒が一人いたそうです。彼女はたまたま避難指示区域の外の浜辺に打ち上げられたので、生きて帰ってくることができたのです。けれども、皆さんよくご存知のように、実はその時に立ち入り禁止区域だったところに流れ着いた人たちは、まだ生きているのに助けることができなかった。助けに入ることができなかったのです。ですから、齋藤さんはそのことに対して、やり場の無い怒りをもっておられました。自分の教え子や地域の人たちに対して愛情をもって、教師としての仕事を精力的になさっている方なのです。

そういう方が震災前にこのような詩を書いたということを、私は大変な驚きと感動で受け止めて、今日この機会にぜひ齋藤さんご自身にこの詩を紹介してほしいとお願いしました。けれども、校長先生としてのお仕事があって、さきほどこちらに来られたのですが、用があるからと帰られました。わざわざ郡山から、ほんの一〇分か一五分、私に会うために来てくださったのです。ですから、齋藤さんの代わりに、私が読ませていただきました。

齋藤さんのこの詩を皆さんはどうお聞きになったかわかりませんけれども、私はこの東北という場所、福島という場所、小高という場所に根ざした人たちが、すでに出来事の以前から感じていた「予兆」、そしていま抱えている痛みというものを、これほど深く私たちに伝えるものはないと思い、まず最初に紹介いたしました。

それでは、次に鄭周河さんから今回の作品について、ご説明をいただきたいと思います。

核セキュリティ・サミットに対抗する

鄭周河（以下：鄭）　こんにちは。ご紹介に預かりました鄭周河と申します。私がすることの中でいちばん大切なことは写真を撮ることです。職業としては、韓国の全羅北道《チョルラプクト》の完州《ワンジュ》郡というところの百済《ペクチェ》芸術大学で教えています。南相馬を訪れたのは今回で六度目になり、ついに中央図書館で写真展をすることになりました。私がここに来ていつも皆さんに聞かれるのは、「なぜ南相馬に来ているのか」、そして「なぜ南相馬の写真を撮るのか」ということです。その問いに対する簡単な答えを申し上げてから、写真を見ながら私の想いをお伝えしたいと思います。

どの視覚媒体に関わる芸術家も、ふたつのことに関心を持っていると思います。ひとつは、技術を含めた芸術としてのジャンルについて、もうひとつは、何を扱うかというテーマについてです。私は、一九七三年から写真を始め、これまでずっと「人」に関心を持って制作をつづけてきました。

ここ南相馬に来る前、二〇〇三年から二〇〇七年まで、私は韓国で原発周辺に住んでいる人たちの日常の姿を撮りました。写真展をし、写真集を出しました。二〇〇八年五月、ソウルで「キャンドルデモ」（米国産牛肉輸入再開を端緒として〇八年五〜六月、各地で李明博《イミョンバク》政権を批判する多くの人びとが日没後ロウソクをともして集まった）と言われた、かなり大きな社会的論争があったときに、ソウルのソンジェ・アートセンターというところで、写真展を三カ月間開きました。その後、たくさんの人が私の写真を忘れ、私もまた、制作をつづけはしませんでした。

しかし、二〇〇九年には金沢市を、また、二〇一〇年八月には、広島、長崎の原爆投下の日に合わせて、韓国から私の家族と学生とともに自転車で訪ね、記念式典に参加したことがあります。二〇〇九年の旅行では、日本海にある原子力発電所を見るために一七日間自転車を走らせました。高浜という小さな町に原子力発電所があるのですが、そこに数日留まり印象深かったのは、原子力発電所周辺の状況が韓国とまったく同じであるということです。人びとがそこで釣りをし、泳ぎ、潜りもしながら楽しそうに過ごす姿に衝撃を受けたことをいまもはっきりと覚えています。

そして、二〇一一年三月一一日、テレビで福島第一原発事故のニュースを聞くことになります。深く関心を持っていたテーマだったので、すぐに駆けつけたい気持ちになりましたが、私の制作における主な関心は、起きた事故そのものではなく、起きたことを含めた「徴候《ちょうこう》」です。なので、長い間、悲愴な気持ちでメディアから流れる情報を観察していました。そうした中、二〇一二年三月二六、二七日の二日に、ソウルで核セキュリティ・サミットが開かれるというニュースを耳にしました。皆さんご存知のように、朝鮮半島は南北に分断されていて、現在、北は核問題で国際的な存在感を示そうとしています。それを見てきた世界の首脳たちが韓国に集まり、アメリカと韓国を中心とした、第二回核セキュリティ・サミットを開こうというのです。

私は政治的な力など何もないただの写真家にすぎません。けれども、核エネルギーに関心を持ち作品にもしてきた作家として、そのニュースを聞き、この動きに対抗して何かをしなければいけないと思いました。まずは、釜山《プサン》にある古隠《コウン》写真美術館というところで、私とドイツ、日本の作家の三人で核をテーマとした写真展を企画し（『白い未来、核を考える』）、また、南相馬に来て、ここで起きたことを自分の目で見て、感じ、作品にし、核セキュリティー・サミットが開かれるソウルで写真を見せたかったのです。しかし、そう思いはしたものの、どうしたらいいのかわからなかったところに、徐京植先生が二〇一一年六月にＮＨＫの皆さんとここに来て番組を作ったという話を聞きました。

私は、そのときに徐京植先生がかけてくださった橋を渡って、いまは自分なりにここで撮影をするようになりました。これが、いま皆さんがご覧になっている作品ができた経緯です。その結果として、二〇一二年三月八日からひと月の間、ソウルにある平和博物館で写真展を開き、韓国現代美術館の協力で、核セキュリティー・サミットが開かれていたコエックス（コンベンションセンター）にて、日本、韓国を含めた作家たちが集まって、核をテーマにした作品の展覧会を開くことができました。そして、その年の八月に「韓国の広島」と呼ばれる慶尚南道《キョンサンナムド》の陜川《ハプチョン》にて、原爆投下記念セミナーがあったのですが、そこでもまた写真を展示することができました。

それでは、作品をスクリーンでお見せしたいと思います。写真は全部で九九枚、写真集『奪われた野にも春は来るか』に収録されている枚数と同じで順番も同じです。前半のものは二〇一一年秋に撮ったもので、後半は冬に撮った写真です。

実は、私は初めて南相馬に来たとき、何も考えられず、来る前に心に抱いていた不安や恐怖をここでは感じることはできませんでした。韓国から持ってきたマスクも手袋も帽子も、実際には使えませんでした。一緒にいた徐京植先生も、おつれあいも、だれも着けていなかったからです。大きな衝撃と向き合いながらも、私たちにできることは、ただ淡々としていようとすることだけだったと思います。

いま、スクリーンに映っているのは働いているおばあさんたちの写真（口絵五枚目）ですが、この写真を写真集の最初に入れた理由は、そのとき出会ったあの方たちの明るさというか、ポジティブな部分ゆえです。外国から来た知らない人がカメラを持って歩いていても、近づいてきても、まったく警戒せずに受けいれて、明るい顔で話しかけてくださったのです。

徐京植先生が先に訪れていた道を進みながら思ったことは、ここに残っている美しい自然そのものをぜひ伝えたいということでした。いまご覧になっている写真は、福島から南相馬に向かっているときに出会う霊山《りょうぜん》という山です（口絵一枚目）。私たちの旅で最初に出会ったいちばん美しい風景は霊山でした。

この写真は、福島市内のホテルに泊まっていたある日の朝、食事のあと外に出ると、おばあさんがひとりで落ち葉を集めていたのです（写真集『奪われた野にも春は来るか』以下：写真集収録）。おばあさんはその落ち葉を透明のビニール袋に入れました。詳しくは知りませんが、放射能のついた落ち葉は他のゴミとは区別して透明の袋に入れることになっているのかもしれません。しかし私がそのとき感じたのは、おばあさんが落ち葉を集めている行為自体が、放射能に汚染されたことを透かして見せている、透明な袋の中に汚染が見えているという感覚でした。

冬の始まりです。韓国の全羅道の中でも私の住むところは、この写真の地域と同じで柿の産地です。写真では見えにくいのですが、木にぶらさがったままのこの柿は、凍りついてしまっていてとても生きた生物ではないように感じられました（口絵六枚目）。

これが最後の写真です（口絵二二枚目）。今日この会場にも来ていらっしゃる韓国の写真家イ・ドングン先生と南相馬に来たときに、海岸で一緒に写真を撮っていました。誰かが防波堤の上にこの小さなおもちゃのようなものを置いたのでしょう。これは、明らかに3・11以降に置かれたものだと思います。その上に置いてある熊の視線と表情が私の心に強く響き、痛みをもって訴えてきました。それは、太平洋を越えた遠く永遠の海からの何かを待っている姿だったのです。私はそれが皆さんに訪れる春であることを心から祈っています。ありがとうございました。

徐　ありがとうございました。それでは佐々木先生に、ここの土地に暮らす方として、またいまの作品をご覧になった感想などからお話をお聞きしたいと思います。

絶望の暗闇の中で曙光を見る

佐々木孝（以下：佐々木）　私たちは原発事故後のたくさんの報道で——写真であれ、テレビの映像であれ——悲惨な現場写真や、白装束の防護服を着た人の姿を嫌というほど見せつけられてきました。また、日本人はマゾヒスティックではないかと思えるぐらいに、そういった雑誌や写真集までがよく売れてます。鄭周河さんの写真集を見たときに最初に思ったのは、そういう写真がほとんど無いということでした。見慣れた南相馬の田園風景、山などの自然の写真です。ですが、そこには人影がありません。そして悲しい事故の後であるということが、見ていると徐々にわかってくるのです。私はそのことに非常に感銘を受けました。つまり、写真家の鄭周河さんの「優しさ」というのでしょうか、それを感じたのです。

原発事故を通じて、私たちはいろいろなことを感じ思いましたが、鄭周河さんの写真を見て、これは私だけかもしれませんけれど、希望を見たのです。自然というものが愚かな人間の所業にもかかわらず、毎年のように花を咲かせ、柿の実が立ち腐れになっていましたけれど、原発事故前でもほとんど立ち腐れになっていたのです。つまり、私たちが自然というものを粗末にしてきたということです。だけど自然はそれにもめげずに、そして今回の事故という人間の大変な忘恩にもかかわらず花を咲かせ、芽を出してくれる。それは私にとっては、希望なのです。

原発事故の後に、もちろん絶望的な現実は映像で流れました。いまでも被災地の人たちのかなりの割合の人は避難生活をしています。戻りたくても戻れない人もいます。悲惨なことはたくさんあるのですけれども、そういうことの中で、希望を持つということがどれほど大事なことかを、鄭周河さんの写真を見たときに感じました。私たちは「絶望」という言葉をあまりにも軽く使っているのかもしれません。つまり本当の「希望」は本当の「絶望」の中で初めて見えてくるものではないかということです。いま心に浮かんだのは魯迅の言葉です。「絶望」と「希望」というものの関係について魯迅は不思議なことを言っています。「絶望の虚妄なるは」、つまり絶望というものが嘘偽りであるのは、「希望と同じ」だ、と。これについてはいろいろな解釈がありうると思います。

でも私がその魯迅の言葉について思うのは、事の本質を見据えた絶望の中にこそ本当の希望が見えてくるはずだ、ということです。私たちは被災地に住んでいて、大げさな言葉を使えば「奈落の底」にいます。そこで見えてくるものは、あとは光しかないのです。これはどういう天の采配かはわかりませんけれども、私たちは希望なしに生きられない存在なのです。

鄭周河さんの写真の最初の印象としては、人影が無い、悲惨な状況だと思われるかもしれません。ですが、私が思うのは、創作者、作家として、「なぜシャッターを切るか」ということです。先ほどの齋藤貢さんの詩の場合も、「なぜ詩を書くか」ということです。それは希望があるからなのです。もし絶望しかなかったら、シャッターを切ることさえ、書くことさえないはずです。つまり、絶望の暗闇の中で曙光を見る、光を見るからこそ人間は生きてゆくのです。鄭周河さんの写真集を見て「希望をみた」というのはそういう意味なのです。

私はぜひ被災地の方に鄭周河さんの作品を見てもらいたかった。ですから、徐京植さんから、他の場所では写真展をする可能性があるのだけれど、南相馬ではどうかと聞かれて、私はぜひ南相馬を最初の出発点にしてこの写真展をやってください、と無理にお願いしたのです。私はそれが非常に意味のあることだと思ったのです。

放射能災害に問い直される表現活動

徐　ありがとうございました。では写真そのものについて、少し鄭周河さんに私からうかがいます。

先ほどの話は、事件そのものではなく「徴候《ちょうこう》」を撮るという、ある意味で大変難しい話だったと思うのですが、いま、佐々木先生のお話にもあったように、悲惨な現場を撮るとか人間を撮るとかいうことではなく撮影されていますね。福島で起きた原発事故を撮るということ、撮って表象する、表現して伝えるということは果たして可能なのでしょうか。またそれをどういうふうにして可能にしようと、写真家としてお考えなのでしょうか。

鄭　芸術が持つ限界というのは、芸術というものが持つものに同調する人にだけ、込められた意味を伝えられるということだと思います。あの有名なピカソが描いた「ゲルニカ」という絵画を見て、感動し、またそこに表現された暴力に立ち向かおうとする人がどれほどいるでしょうか。私は、それが芸術が持つ明白な限界だと思っています。その限界があるからこそ、芸術はもっと拡張しなければいけないのではないか、とも思っています。

この点をきちんと受け止めるのであれば、芸術家は、目に見える現象からだけ表象するのではなく、現象を超えて、あるいは、現象の前に何があるかを自分が立つ地点から自らの判断を下さなければならないと思っています。なので、私の役割は、ここ南相馬に来て皆さんに作品を見ていただいて感動してもらうことにあるのではなく、一人の人間として、芸術写真家として、この南相馬で確かめ、見ようとすることを、皆さんに提示することに限られると思います。佐々木先生が私の写真から希望を感じられたのなら、それは佐々木先生の見た希望というより、私がここで見ようとしていた希望が佐々木先生に投影されたものじゃないかと思います。

徐　ありがとうございました。さきほどの質問の延長で、もうひとつだけお聞きすると、私自身はこの放射能災害というものは、人間の個人の尺度をいろいろな意味で超えている現象だと思います。一人の人間の人生が八〇年として、放射能災害の及ぼす時間尺度は数百年とか場合によっては数万年という尺度です。また、それは目に見えなくて、ここ福島で起こった事故の影響が、福島に限定されることなく、近隣はもちろん全世界に及んでいます。そういう意味で空間的にも時間的にも人間の尺度を超える現象です。そこが交通事故などと違います。

しかし、それを表現しなければならない。先ほど芸術の限界とおっしゃっていましたが、それを表現することは、芸術家にとって非常に深刻で重大な挑戦なのです。写真家にかぎらず、絵描き、あるいは文章を書く者も、尺度を超えた現実に取り組む中で自分たちが行っている表現という行為自体について、新しい方法を考え出し、新しい挑戦をしなければならない。放射能災害はそのような内容を持っているわけです。その点について鄭周河さんは、いままでやってこられた創作活動と、今回の福島を契機にして新しい自分自身の技法上の新しい局面、あるいは新しい挑戦というような変化はあったのでしょうか。そして今後それはどうなっていくのでしょうか。

鄭　写真という媒体が持つ技術的な条件には、それほど変化はないと思います。けれども、技術的なものを支えているテーマ、主題という問題からすれば、変化というより、いままでやってきたものをもっと強化させる、そういうきっかけを今回の作業は与えてくれたのではないかと思います。芸術家としての写真家は誰しもそう思っていると思いますが、私自身も写真で表現しているからこそ人に見せられる、そういう瞬間を撮りたいのです。ところが、そういう瞬間を見つけるためにも、写真家自身は人文学的な学習や経験を積み重ねなければ、そういう瞬間との出会いは訪れないだろうと思っています。芸術家は比較的自由な職業ですが、いま申し上げた部分が、芸術家のひとつの義務ではないかと思います。

佐々木　難しい質問ですね。答えになるかどうか、写真のことはよくわからないので、文学のことを申します。震災後、ある出版社から東北文学事典をつくるから協力してほしい、という話がありました。実はその企画は震災前からのもので、そこに大震災・原発事故が起きました。東北の文学を語るなら、企画の段階以前に戻って、つまり「なぜ文学という表現があるのか」というところまで、もう一度考えなおさなければ無意味ではないか、と思いました。けれども、出版社の人は――出版社に限らずどこでもそうなのですが――考え直していない。私が依頼された項目は島尾敏雄についてだったのですが、その島尾敏雄の墓も、そして埴谷雄高の墓も小高の警戒区域にあることさえ編集者はチェックしていない。今回の原発事故ではしなくも現れ出た東北の歴史、つまり中央からの絶えざる収奪の歴史を再度考え直さないで東北と文学は語れないはずだと思ったのです。結局執筆はお断りしました。

もちろん、根源から問い直すなんてことは土台無理な話です。けれども、少なくとも文学表現の成立する場について再考すること、そもそもの発端からの視点、大袈裟な言い方かもしれませんが発端と終末を見据えた視点から再度考え直さなければならないのでは、と思います。先ほど原子力の問題を考えるときには、何万年という膨大な、人間の尺度を超える場合があると徐さんがおっしゃいましたが、そうでなくても、人間の歴史の膨大な時間からすれば、有史以来の人間のいろいろな生業、表現、国のあり方などは本当に短い間のことです。それを私たちは非常に固定的に、例えば国のあり方や、文学という表現についても、いつのまにか「これしかない」というような考えの中で縛られて生きているのではないでしょうか。

私は文学表現に関しても、もう一度、緒元に戻って考える好機ではないかと思います。それは作家とかいろいろな人たちも、本当はそうした問いかけを自らにすべきだということです。私自身もそうですからひとのことは言えないのですが、それがうやむやになっていて、政治などは笑ってしまうほど反省がないですね。けれども、今回の被災体験の中で文学とか芸術に関しても、ひとつの特別なメッセージが発せられていると思うのです。今回の原発事故、3・11をひとつの自分に対する挑戦と言いますか、チャレンジとして受け止めるぐらいの考え直しというのが必要ではないかと思います。

徐　いまおっしゃったことに私も大変同感します。二年前にこの震災が起きた後に、「3・11以後」とか「ポスト3・11」という言葉が言い交わされました。それは残念ながら一瞬の流行、非常に表面的なことだったようです。「3・11以後」とは、いま、先生がおっしゃったように、国家であれ、社会であれ、文学であれ、そういう既存の概念ツールをどう適用するかではなく、既存の概念ツールを根本的に見直す、ということだったはずなのです。ところが、まったく先生がおっしゃる通り、国家がその最たるものですけれど、まさにポスト3・11に変わらなければならなかったものが、少しも変わらなかっただけでなく、むしろ過去へ過去へと戻っていく、という現実があることを痛感しています。

その話はまたのちほどすることにしまして、芸術の話ですと、同じようにいままで持っている芸術的な手段ですとか、芸術論をそのままあるひとつの対象から、今度は原発という対象に移すということではなく、この対象に向かうときには、いままでの発想とか手段自体が問われているということを、どれくらい受け止められるかが大事だと思います。

それで、ちょうどこの写真（口絵二二枚目）が出ていますので申します。先ほど鄭周河さんと佐々木先生の間で交わされた「希望」の話が、これで分かると思います。この写真に何が写っているかと言うなら、「海岸の防波堤に熊の置物があります」と言えますね。けれども、それは写っている物です。これを写している人はこれをどういうふうに写そうとしているのかと思って見ると、先ほどの鄭さんのご説明では、いろいろな事物がある中でこれに目を留めたのです。そして、この置物の熊はたぶん偶然ここにあるのだけれど、怯えたような視線とか、視線の方向というものが、鄭さんには見えたのです。

つまりここには置物の熊が写っているのではなくて、これを写している鄭周河さん、彼の視線が写っているのです。これは何を撮りたいのか、何を語りたいのかという、その人間の見ている視線が写っているわけで、希望も同じです。希望というのは大変難しい話で、希望はあるのかないのか、という話はその希望の中身が何かを議論せずにすると、すぐに上っ面の話になって消費されてしまうのですけれども、ここで彼が見ようとしているものが希望だとすれば、それは佐々木先生が見ようとしているものと共鳴しているのかもしれない、ということなのです。

ですから、「この写真には何が写っていますか?」という問いに対して、「海です」「熊です」というのは答えになっていないのです。鄭さんがおっしゃったように、事物に何を見ようとするのかという人間のほうが大事なのです。作品がそういうものであるためには、芸術家の義務として、よく考えよく勉強しなければならないのです。なかなか難しい、現代の日本社会ではあまり歓迎されない考え方ですけれど、そういうことをおっしゃったのだと思います。それで間違っていませんか。

鄭　その通りだと思います。一般の方が私の作品を見ると、写真が持つイメージからくるものだけを見ると思います。でも、芸術を見る訓練をした方の場合は、そこに込められたトーンや距離感、アングル、カメラの高低等々も見ると思います。現在、世界の写真界は、いわゆるポストモダニズム以降の「現実と虚構の境界」を扱った作品が主流になっています。意味の境界を解体しようとするフランス文学から始まったポストモダニズムは、アメリカで花を咲かせ、世界中に広がりました。それが、シュミラークルという観念と出会い、写真こそがシュミラークルを表現するにふさわしい道具だと思われるようになりました。また実際、撮影したものをあたかも現実のようにみせるシュミラークル概念を背負った作品がいまの写真界を支配しています。

そうした位置から見たとき、私の写真は単なるルポタージュほどの意味しか持たないかもしれません。その両側面を知る者としては、決断が必要でした。私が歩み寄る先は、人の内面なのです。韓国のとある美術館に写真展を持ちかけたときに、「うちは社会運動をするところではありません」と言われました。これが現実なのだと思います。でも私としては、ただ「運動」のために制作しているのではもちろんありません。

「野を奪われた」私たちは歴史と向き合えるか

徐　この写真展は『奪われた野にも春は来るか』というタイトルになっています。これは実は朝鮮の詩人・李相和《イサンファ》の詩の題名です。いまから私がその詩の日本語訳を読みます。つづいて、通訳してくださっている李昤京さんに原文朝鮮語を読んでいただきます（四〜七ページ参照）。
これは、韓国ではいまは知らない人のいない有名な詩です。しかし、韓国も軍事政権であった時代はこの詩人が左翼であるということから、長い間タブー視されていました。この詩人の生家は大邱《テグ》というところにありまして、いま読んでくださった昑京さんの故郷でもあります。いま、この詩人の生家は記念館になっていますが、記念館になってまだ二〇年経つか経たないかというぐらいです。悲しいことに朝鮮が分断状態にあるために、韓国では長い間こういう詩が朝鮮人自身にとってもタブーだったわけです。しかし、同時に北朝鮮でも、私のような在日朝鮮人の間でもよく知られている詩です。

この詩人は、一九二〇年代、すなわち朝鮮が日本に植民地支配されていた時代に「野を奪われた」ということは、日本の帝国主義によって野を奪われた朝鮮人の悲しみをうたっているわけです。私の祖父は一九二八年に日本に渡ってきましたが、まさにそういう時代の話です。つまり、野を奪われた結果、百姓ができなくなって、生きる道を求めて、日本に渡ってきたもの、あるいは中国、いわゆる当時の満州に渡っていったものが、一九二〇年代にそれぞれ数十万人いました。その子孫の一人として私がいまここにいます。

さて、この詩を今回の写真集のタイトルとすることは是か非か、ということは非常に大きな問題です。皆さんどうお考えになるか、ご意見を聞きたいのですけれども、これは韓国の私の友人で鄭周河さんも良くご存知の韓洪九《ハンホング》さんという歴史家が、このコンセプトでいこうと提案したのです。鄭周河さんの写真集にはこのタイトルをつけ、平和博物館で行われる写真展もそのタイトルでいこうと。私は半ば賛成半ば反対でした。反対の人ももちろん私の周囲に結構いました。なぜ反対するのかということはここではあまり長く申しませんけれど、私は反対する人にも一理ある、反対する理由はあると思っています。皆さんはどうお考えになるかということを、ぜひお聞きしたいです。

ただ私は半信半疑ながら、賛成という点から言えば、「これはやってみる価値のある、甲斐のあることだ」と思いました。それは、３・11の災害があり、原発事故があった。それは、明らかに日本国民の物語だけではないのです。つまり、日本国が近代という歴史を通じて、他国を侵略し、他国を植民地支配し、戦後いわゆる「戦後復興」という名の下に行っていった国策の結果がここにあるわけです。だからそれを自らの物語、内向きの物語でだけ語るのはどうなのか、余計に危険なのではないか、というのが私の気持ちです。

それから、鄭周河さんの写真の中にもありましたけれども、郡山市に朝鮮学校があります。そこも放射能で汚染されて、グラウンドが使えなくて、子どもたちは新潟に避難していたのですけれども、もう財政的に立ち行かなくなっているそうです。それは朝鮮学校であるという理由で、普通の日本の公立学校なら受けられる援助も受けられないからです。それから霊山の酪農家の方が自殺されて、注目を集めました。その方の奥さんはフィリピンの方です。こういう状況の中で、日本の方ですら損害賠償を求める、補償を求めることが複雑でうまくできないのに、フィリピンの方ができるのか、どんなに大変かということを思うのです。内向きな物語で、「日本はがんばれる」「日本は誇れる」という話だけしていていいのか、ということがまず私の心配事でした。

放射能災害は日本国が国策で行った、東京電力とともに行った、全世界に与えた加害です。全世界の海を汚しました。空気を汚しました。だから、本当は全世界に対してお詫びし、もう二度とやりませんと約束して、その約束を守らなければならない種類のことです。ところが、日本では日本国民の被害のことだけを言っていて、しかも日本国民の被害ですら、まともには扱わないまま日が過ぎようとしています。ですから、この話を日本という限定された視野ではなく、歴史的に、時間的に、空間的にももっと拡げ、国境を越えた形で捉えることが必要なのではないのか、と思いました。ですので、そういう問題提起の糸口として、この詩のタイトルをこの写真集につけることは、間違っていないと思ったわけです。

いまの点について、佐々木先生から一言いただきたいと思います。

佐々木　最初に、李相和の詩についてお話しします。この詩を読んだときも鄭周河さんの写真集を見たときと同じことを感じました。日本の植民地時代の非常に苦しい、朝鮮の人たちの心情をうたって、最後に「奪われた野に春は再び来るか」と問うています。見方によっては非常に悲観的な詩だと思います。けれど、私は詩全体を見た時に、畦道を歩きながらの詩人の心踊るような言葉、表現があると思いました。それがとても印象的でした。もちろん一方では国土を奪われ、悲惨な状況なのですけれど、自然は裏切らない。そして李相和はそこに希望を見ているように思います。その希望は多幸症的な幸福感ではない、つまり全てをその場限りの幸福感で満たすという幸福ではなくて、絶望とか悲惨の中に、あるいは悲惨の中だからこそ見えてくる光を李相和は描こうとしている、私はそういうふうに受けとりました。李相和の詩も私にとっては希望として、強い希望の表現として受け取ったのです。

それから、この詩と今度の原発事故との関連について、私はまさに同じ構図を見ています。つまり、国策の原発によって野を奪われたのです。私の親戚にも、もう農業が出来ないと家を追われ避難を余儀なくされている人がたくさんいます。かつての朝鮮の人たちと同じように、国策によって土地を奪われた悲しみという意識があります。それは単にいまのこととしてだけではなく、歴史的なものから見直してみる必要があるのです。

私は南相馬市原ノ町区の者ですけれども、この町に高さ二〇〇メートルの無線塔がありました。子ども時代に遠くに出かけて帰ってきたときなど、汽車の窓から、あるいは道路からでも無線塔が見えてくるとほっとしたものです。シンボル的な存在だったのです。しかしそれは老朽化して壊されて、いまは二〇メートルのミニチュアになっています。この塔は関東大震災（一九二三年）の二年前に完成したのですけれども、単純な比較はおかしいかもしれませんが、無線塔はいまのスカイツリーなのです。もちろん無線塔と関東大震災、スカイツリーと原発事故とは少し時間的なズレがありますけれども、無線塔は国威を国の内外に示すための、ひとつの大プロジェクトだったのです。無線塔は鉄筋コンクリートでした。スカイツリーをつくるよりはるかに強度の問題などが難しかっただろうと思います。

しかしその二〇〇メートルの無線塔を建てるために、これは公的文書には記録されていないようですが、危険な作業には死刑囚と朝鮮人が使われたのです。私はこうした過去を暴くために言っているのではありません。そういう歴史がこの町にもあったということを、ぜひ忘れず肝に銘じておきたいと思うからです。

震災後に徐京植さんとＮＨＫのテレビ・クルーが来た時に、徐さんが原発事故後のことについて心配されたのは、ひとつにはあの関東大震災のときに、何千人という朝鮮半島出身の方が虐殺されたという歴史があったからです。虐殺は誰がしたのかと言えば、日本人です。それも特にデマをまともに信じた消防団や警察なども加担して起こったことです。原発事故の後、そのことを思い起こした日本人がどれだけいたでしょうか。それはさきほども言ったように暴くためじゃないのです。その傷口の深さを、私たちはやはり知らなければいけない、それをごまかしていたらまずいと思うのです。

いま、政治問題はいろいろな難しい問題があります。ひとつは「従軍慰安婦」問題です。私は「日本人よ真の誇りを持て」と思います。それはやったことに対して謝るという以前の問題なのです。私が言いたいのは、心に深く感じることです。私たちは今回の被災で心にいろいろなことを思い、先ほども言いましたように、言葉は大げさですけれども「奈落」の中で、やっと、朝鮮だけでなく中国等も含めた東アジアの人たちに与えた苦しみ、悲しみ、屈辱感がなんとなく分かるような状況にあるのだと思います。遅すぎますけれども。遅すぎるといっても、これからがんばっていくのです。謝る謝らないではないということです。

人間同士だってそうでしょう。本当に深く反省した友人がいたとしたら、「謝れ」とは言わないと思うのです。「いいよ、いいよ。もういいから一緒にがんばろう」という気持ちになるでしょう。それを、「自分はやらなかった」とか、おかしなことばかり言っているから、そういう問題が残っているのだと思います。それは、私は日本人の誇りとして肝に銘じておくべきことだと思います。こういう思いは安倍さんたちには通じないでしょうけれど。聞く耳をもたない人たちですから。

それでも、今回のことを通じて、南相馬も含めて被災地の私たちは、単に日本人の問題としてではなく、東アジアの問題として、そして原発は全世界的な問題ですから、世界に向けて、廃棄物の処理もできないのに次々と原発を作るということがどれだけおかしなことであるか、というメッセージを発していくべきだと思います。それこそ長い時間がかかるでしょうけれども、これはぜひやらなければ、この原発事故によって私たちがこれだけの状況に置かれているということの意味が、なくなると思います。

明日がちょうど二周年になり、いろいろなところでいろいろな催しがあります。一年目の催しのときに、私は「けじめなんてつけるな」とブログに書きました。たぶん誰にも真意が伝わらなかったかもしれませんけれど。私が言いたかったのは、けじめをつけて「ああ、これで一年が終わった」と言っても意味がないということです。そうした思いを未来につながないと意味がない。この南相馬で鄭周河さんの写真展があって、こうしていま、本当にささやかな集まりが行われていますけれど、二周年の迎え方として、非常に意味のある迎え方を私たちはしているということを心から思いますし、皆さんもたぶん同じお考えだろうと思います。

歴史に向き合う端緒は南相馬に

徐　ありがとうございます。では鄭周河さんにちょっとお聞きします。鄭周河さんは写真家でいらっしゃいますが、同時に韓国の原発ついて、たくさん写真をお撮りになっていて、事情がおわかりと思いますので、日本の方々にご説明いただけますか。韓国は原発依存度も高いし、しばしば事故も起きています。にもかかわらず、原発を推進したり、輸出したりする方向を強めています。そういう状況はどうであり、ご自身はどう見ておられるのでしょうか。

鄭　とりあえず、朝鮮半島の南半分のお話をします。現在、韓国は人口が五〇〇〇万人になろうとしています。三方が海に囲まれた国土に原子力発電所が四カ所あります。そこに合わせて二一基の原子炉が稼働しています。加えて、今年の上半期に二基が完成し、二三基が稼働する予定です。韓国政府の話によると、今後、三一基まで増やし、全体的に原子力発電への依存率を五〇パーセントまで上げる構想だと聞きました。四カ所のうち三カ所が韓国の東側の海、すなわち日本の西側の海に面しています。日本と韓国の距離は近いところで二〇〇~三〇〇キロで、遠いところで一〇〇〇キロほどです。大きな国から見れば、日本と韓国は同じ国と呼べるような距離にあります。韓国の核発電は、一九七〇年代に始まり、七八年に初稼働しました。それは古里《コリ》というところで、釜山《プサン》からわずか二〇キロ余り離れているだけです。

古里の原子炉は、現在すでに三〇年を優に超えているわけです。原子力発電の原子炉は、三〇年で廃炉にすることが法的に決まっています。ところが、日本もそうですが、韓国でも、核安全委員会の許可を得て、老朽化した原子炉を稼動させています。なのに韓国の国民は、日本で起きた3・11をすでに忘れてしまったのです。むしろ、一部の政治家たちは日本の福島で起きた3・11という災いを大きなチャンスとすら考えています。韓国が原発の輸出国になっているからです。そのことは、韓国の国民にとって大きな自慢であり矜持であるかのように報道もされています。

まさにこの点が、古里で、蔚珍《ウルジン》で、霊光《ヨングァン》で、原子力発電所の事故が起き、問題となったいまも国民が沈黙している理由でもあります。私が住んでいるところから、八〇キロ余りのところにある霊光原子力発電所は、二三〇〇個を超える不良部品が使われたことから職員が検察に告発されました。原子力発電所の事故は自動車工場の火災とは次元が違いませんか？　これが韓国の原発の現実でもあります。

徐　私から簡単に補足します。私たちは目に見えない境界線で区切ってものを見て、安心しようとするような傾向をもっているようです。例えば、最近の新聞報道を見ますと、福島の方は再稼動に反対をしている人もいる、むしろ高い比率でいます。ところが福島の外に出ると、再稼動してもいいという比率が逆転します。しかし、福島の中か外かという線にどれくらいの意味があるのか、と考えてみると、全然違って見えてくるはずです。南相馬と浪江の間にも見えない線があるわけですが、そういう形で、福島だから、あるいは東京だから、九州だからというふうにして離れていくとだんだん他人事になっていって、不便な暮らしをするよりは、便利な生活、あるいは経済的な利潤、あるいはいままでのもたれあいの構造をそのままにしようとします。

しかし、想像上の境界線で区切って危険を「他人事」にすることによって現状をそのまま維持しようとするこの発想自体はまだ日本国内にあります。これをさらに韓国、中国へと拡げていっても、同じ構造が見えるのです。韓国は原発依存度が高くて、しかも危ないものを稼動しているけれど、「それは韓国のことだから」と日本の人は見ているのです。韓国の中では日本の福島で事故が起きても、「日本のことだから自分たちは安心だ」というふうに見ようとするのです。つまり、原子力災害というものが持つ我々の尺度を超える実態が、我々が習慣的に慣らされている境界線という発想によって、細切れにされてごまかされているのだと、私は思います。

そうしますと、これは、佐々木先生の言葉にもありましたように、日本の問題と限定せずに、少なくとも東アジアという範囲の中で考えてみる必要があります。中国のことは今日はあまり発言がありませんでしたけれど、現在、恐ろしい勢いで原発が増えています。中国、韓国、日本という地域は、全世界的にものすごく原発が集中しているのです。そこに、日本で起きた事故があります。この事故は、日本はもちろんですけれど、東アジア全体でこの方向をなんとか変えていく、少なくともそのための教訓にしなければならないのです。けれども、それを教訓にできないのは、いま言ったように見えない線によって区切ろうとするからだと私は思っています。

ひとつ付け加えますと、そういうことを難しくさせているもののいちばん大きなものが「利潤追求」ということですし、その利潤に群がっている「原子力ムラ」、韓国では「原子力マフィア」と言うのですけれど、そういう政界、官界、学界の人たちが、いままでの構造の中で利益を失いたくない。そういうものがいちばん大きいのです。

同時に私はもうひとつは、先ほどから言っている歴史問題があると思います。東アジア全体で地域の安全や平和のために胸襟を開いて話し合うことができなくなっている、その大きな理由のひとつは歴史問題だと思っています。東アジアという地域はアジアの東側という意味だけでなく、日本が近代一〇〇年の歴史の中で侵略したり、植民地支配してきたりした、その地域なのです。その地域を平和にするためには、そういう歴史の中で、誰がどういう役割を演じてきたのかという現実を見て、そこから話を始めなければ、話すことができないのです。

そういう意味では、日本がイニシアチブをとらなければ、この地域がいま陥っている危険なサイクルから抜け出ることはできません。そして、そのサイクルを転換させる糸口といいますか、端緒は南相馬にあると思います。これは不当な話です。被害者なのに、そして証言者なのに重荷を背負わなければならない。実はこれは人類史の中で普遍的に見られる現象です。ですから、佐々木先生には大変申し訳ありませんけれど、証言者として今後も重荷を背負っていただきたいと思います。

佐々木　ちょっと補足いたします。確かに原発事故、あるいは過去の東アジアに対する罪も人間の愚かさによって犯した罪です。けれども、私はその罪の意味を逆転させることも、日本はできると思っています。アウグスティヌスという人が「フェリックス・クルパ」という表現をしました。ラテン語ですけれど、簡単に言えば「幸いなる罪」という意味です。これには「人祖の罪」も含まれますが、いまは神学的な解釈を考えません。「幸いなる罪」というのは、つまり、犯した罪や不幸の意味をプラスに転じるのも人間、ということなのです。

平たく言えば――私の個人的なことでは――原発事故ということを経験したおかげで、いろいろな人とのつながりができました。いまここで、こうやって集会をして鄭周河さんの写真展ができるというのは、私のほうから見れば、ひとつの「紡ぐ」という行為で、輪が少しずつ広がってきているのです。

これまでの経緯を簡単に言いますと、私のことを最初に発信したのは、東京新聞の佐藤直子記者で、私たち夫婦の写真が載った記事が掲載されました。それを読まれた朝日新聞論説委員の浜田陽太郎さんが南相馬に来てくださったのです。そして「窓」というコラムに、私が何気なく話した「魂の重心」という言葉を取り上げ、その「魂の重心」という言葉を、今度は徐さんが拾ってくださったのです。こうして、そういう輪がつながっていったのです。自慢話をしているわけではないですよ。いま言っているのは、魂と魂の結びつきのことなのです。

震災後にいろいろな言葉が飛び交って、嫌になるほど「絆」という言葉を聞いて、実は食傷気味でした。けれども、浜田さんが、そういう人と人とのつながりのことを「それは『紡ぐ』ということでしょう」と言ったのです。一つひとつの糸を紡いでいく。それが、いまこのような形につながっているわけです。私はそういう形のつながりを、先ほど徐さんがおっしゃったように、南相馬をひとつの起点として広げていきたいと思います。もっと広げて、韓国の人たちや東南アジアの人たちと、これからどうしたら望ましい世界像に近づけるのか、ということを話し合うべき時期だと思います。ですから、「フェリックス・クルパ」という言葉を先ほど言ったように解釈して、私は希望を持ちたいのです。

ついでですから申しますが、その浜田陽太郎さんが、この集まりのために奥様と東京からわざわざ駆けつけてくださいました。いま申し上げたかったのは、初めから大きなうねりを考えるのは非常に難しいかもしれません。けれども徐さんがおっしゃっていましたけれど、一つひとつのつながりの中からエネルギーを引き出して、少しずつ運動をしていくしかないのかなと思います。

先日、歯医者さんの待合室で雑誌を見ていたら、作家・演出家の倉本聰さんがある公演で、聴衆に問いかけたそうなのです。二階席のほとんどが若い人たち、一階席は年配の方たちという客席に向かって、二者択一の問いかけをしたのです。「便利な生活をつづけるために原発再稼動を選ぶか、それとも一〇年か一五年、便利さは逆戻りするけれども安全なエネルギーを使って生活をするか。どちらを選びますか」と。皆さんはどうお考えになりますか。一階席の年配の人たちは九〇%が、一五年くらい戻っても構わないと答えたそうです。それは希望ですね。「ああ、やっぱり年配の方々は考えてくださっている」と。

ただ残念なのは二階席の若い人たちの七〇%は、携帯などそういったものがない生活は考えられないから原発再稼動を選択する、と言ったそうなのです。本当に悲しいです。ただ、そういう子どもたちを育てたのは私たちです。私は小学校一年生のときに日本が戦争に負けましたから、戦時中と敗戦後の何もないころを覚えています。今晩食べるものすらないような時代です。だけど、あのころ人びとはもっとがむしゃらに生きていたと思います。

この間、鄭周河さんと小高の町へ行きました。私の母方の親戚のほとんどが小高に住んでいたのです。車で小高を通りながら、やり場のない怒りを感じ始めました。町に誰もいないのです。私の親戚の家も立派な家ですが、深閑としています。この怒りは複雑です。親戚たちに「戻って来い」なんて言えません。けれども、電気も通っているし、水は給水車で運んでこれますし、買い物なら車で立ち入りが制限されていない地域のスーパーまで行けばいい。私はそのとき思ったのです。「終戦後の日本人だったら、絶対にもう住んでいる」と。

ニュースで知っただけなのですけれど、どなたか理髪店の方が、避難所から水を運びながら小高で営業されているそうです。そういう一つひとつの「点」からしか、復興なんて始まらないのです。けれども、ほとんどの人が補助金待ち、行政からの指図待ちです。なぜ日本人はそこまで依存体質になったのでしょうか。身内の人を責めるわけにはいきませんけれど、いま感じている怒りというのは、そういうことです。

もちろん行政とか、原発とか、東電とかにも怒っていますけれども、同じ住民に対するそういう複雑な思いをいま、私は持っています。もっとがんばろう、ともかく生き始めよう。私がそういう考え方になったのは、認知症の妻がいるからです。妻を介護する生活を日々送っていることによって、怖いものがなくなったのです。おそらく、生きることに対して前より貪欲になったと思います。ただ貪欲なだけではなくて、私はこのままおめおめ死にたくないと思っています。若い人たちに、本当に良い日本を遺して死にたいと思います。微力で何もできないかもしれませんが、心からそう願っています。そして東アジアの、まずはすぐ近くの韓国の人たちと友好の輪、本当の和解の道を探りたいと思っています。

プリーモ・レーヴィの想像力

徐　ありがとうございます。では、最後にプリーモ・レーヴィの詩を紹介したいと思います。プリーモ・レーヴィという人物の解説から申しますと、一九一九年にイタリアのトリノのユダヤ系家庭に生まれました。反ファシズム抵抗運動で逮捕され、アウシュヴィッツに流刑されます。過酷な強制労働を生き延びて、生家に帰還、科学者として働きながら数々の著作を発表して、戦後イタリアを代表する文学者の一人となりましたが、一九八七年自宅で自殺します。そういうアウシュヴィッツの生き残り、生存者です。そのプリーモ・レーヴィが、一九七八年に書いていた詩が最近発見されまして、立命館大学の竹山博英先生の翻訳で昨年（二〇一二年）、立命館大学国際平和ミュージアムで展示されました。それを読んでみます。

ポンペイの少女

人の苦悶はみな自分のものだから
まだまざまざと体験できる、おまえの苦悶を、やせこけた少女よ、
おまえはけいれんしながら母親にしがみついている
またその体の中に入り込みたいかのように
真昼に空が真っ暗になった時のことだ。
むだなことだった、空気が毒に変わり
閉め切った窓から、おまえを探して、通り抜けてきた
頑丈な壁で囲まれたおまえの静かな家に
おまえの歌声が響き、はにかんだ笑顔であふれていたその家に。

長い年月がたち、火山灰は石となり
おまえの愛らしい四肢は永遠に閉じ込められた。
こうしておまえはここにいる、ねじれた石膏の鋳型になって、
終わりのない断末魔の苦しみ、我らの誇るべき種子が
神々にはいささかの価値もないという、おそるべき証言になって。
だがおまえの遠い妹のものは何も残っていない
オランダの少女だ、壁に塗り込められたが
それでも明日のない青春を書き残した。
彼女の無言の灰は風に散らされ、
その短い命はしわくちゃのノートに閉じ込められている。
ヒロシマの女学生のものも何もない、
千の太陽の光で壁に刻み込まれた影、恐怖の祭壇に捧げられた犠牲者。
地上の有力者たちよ、新たな毒の主人よ、
致命的な雷の、ひそかなよこしまな管理人たちよ、
天からの災いだけでもうたくさんだ。
指を押す前に、立ち止まって考えるがいい。

これはご覧になっておわかりの通り、プリーモ・レーヴィが火山噴火によって壊滅した都市であるポンペイ――そこはいまも犠牲者たちが化石になって残っています――に行って、そこで死んだ少女の化石を見ながら感じたことを書いているのです。「遠い妹」とは、アンネ・フランクのことです。ホロコーストの犠牲者でオランダのアムステルダムの隠れ家にいて、最終的には強制収容所に連行されてそこで命を落とした少女です。そして、「ヒロシマの女学生」というのは原爆資料館にその影の写真がありますけれども、原爆の閃光に焼かれて、姿がまったく無くなって、石畳に影だけが残っているその人のことです。

つまり、プリーモ・レーヴィという人は自分自身がアウシュヴィッツを経験しただけではなくて、二〇〇〇年前の化石を見たときに、それをホロコーストと結びつけ、そのホロコーストのことを考えたときにヒロシマと結びつけることができる人だったということです。そういう想像力の広がりの中で、痛みを分け合おうとしているのです。その人が「地上の有力者たちよ、新たな毒の主人よ」と、これは核兵器の所有者のことですね。そして「天からの災いだけでもうたくさんだ」と言っています。これはまさにその通りなのではないでしょうか。「天からの災い」、地震、津波だけでもうたくさんだ、なぜそれ以上のことをするんだ、ということです。プリーモ・レーヴィは今回のことの遥か前に自ら命を絶っているのですけれども、彼の想像力はまるで現在の福島にまでおよんでいるかのようです。

とても難しいことですけれども、私たちに問われているのはその想像力だと思うのです。先ほど言いましたように、「日本のこと」「東京のこと」、あるいは「いまのことで過去のことではない」という限定された想像力こそが我々自身を小さくし、「よこしまな管理人たち」をますますはびこらせるのです。その想像力を涵養するための大本の重要な手段はアートであり、そしてまた他者との対話です。自分たちとは違う文脈の中で違う感受性を持ち、しかし同じ脅威にさらされている人たちと出会って話すことによって、萎縮している想像力が刺激を受けて、開いていくのです。もちろん、途中、骨の折れることはあります。その対話がつらかったり、嫌だったりします。だけどそれをしなければならないのに、どんどん内向きになっていると私は思います。

作品との対話と作品をめぐる対話の試み

会場質問Aさん　鄭周河さんの作品を私たちが見ると、鄭周河さんと私たちが対話できる、そういう内容をもっています。それがアートというものだと思います。さきほど徐さんがおっしゃったような違う意味づけは、私がこの写真と対峙したときにはそこまで考えずに、もっと別な方向に進みたいと思ったのです。例えば、佐々木先生も優しさということを強調なさいましたし、鄭周河さんがここに込めた意味みたいなものは、もっともっと深いところにあるような気がして、ちょっと徐さんのお話でそっちに持っていかれちゃうような気がしました。だから、いろいろな想像力をもって鄭周河さんの作品と対峙したいなと思いました。

徐　私の考えも申しますけれど、まずは鄭周河さんへお聞きしたいと思います。いまのご意見に対して、どうでしょう。

鄭　このタイトルは、撮影が終わってからつけたものではありません。二〇一一年八月にソウルで徐京植先生にお目にかかり、韓洪九先生もご一緒でした。そのときすでに、福島の3・11は韓国でも事態がよく知られており、もちろん私も知っていました。けれども、私が写真家として何をどう見るか、そのときはまだ何も決めていませんでした。先ほども申し上げましたが、私の制作における観点は、「事件の現象」そのものではなく、その裏にひそむ「徴候」です。これが、私が現場で何をどう見るかを決めるにあたって、とても重要な部分です。このことも含めて、私が何を見るべきなのか韓洪九先生と徐京植先生に相談してみました。

韓先生は、福島で見ることになるひどい状況そのものよりも、いまも変わらず美しいところだということを見せてほしい、とご意見をくださいました。韓先生は、この地域は秋が素晴らしく美しいところだということをご存知だったようです。人間の誤った決定によってこの地に何かが設置され、それに自然災害がおよんだとき、それが住民をひどく攻撃し、それでも、この自然は変わらず美しいことを見せることで、彼らに「見ろ、いまも変わらず美しいじゃないか！」ということを提示してみようと思ったのです。

そのときの話から、「奪われた野にも春は来るか」という詩をタイトルに決めたことも、実際に詩全体が持つ内容を理解し、そのタイトルをつけたというよりは、「奪われた野にも春は来るのだろうか」という疑問をここにいらっしゃる皆さんと、作品をつくる私が、それを共有したいという気持ちから決めたのでした。

徐　佐々木先生からはいまのお話に何かありますか。

佐々木　少しずれるかもしれませんが、私はこう考えたのです。例えば、鄭周河さんがあずかり知らぬところで、タイトルが付けられたのではなく、鄭周河さんがそのことに全面的に同意して自分の写真をその詩と合わせることに意味を見出したことは、大変良いことだと思います。私は、現代人は著作権とかオリジナリティというものをあまりにも狭く考えすぎていると思うのです。私の考えでは、人類の長い歴史からすれば、例えどんなに独創的な詩人であれ、小説家であれ、脚注かノートみたいなものだと思うのです。人類の歴史の中で、いろいろなことを考えた、いろいろなものが詰まったものを、後世の私たちはただ利用するだけです。

例えば、私の先ほどの「魂の重心」なんていう言葉も、「魂」とか「重心」なんて言葉は誰のものでもない。ほんのちょっとそれを組み合わせるだけ、オリジナリティなどはまったくその部分にしかない。本当に謙虚な芸術家だったら、そういう人類の大きな歴史、遺産というものに乗っかったちっぽけな自分というものを意識しているはずです。具体的な話で言いますと、李相和の詩は日本の植民地時代に書かれたものですが、「ああ、私のいまの写真と非常に似ている」と思ったときに、それを合わせることで、コラボレーションといいますか、そういうものが実現するのです。

また、非常に私的なことを言えば、私の本（『原発禍を生きる』論創社）が韓国で出版されました。それを三日前に鄭周河さんが持ってきてくださったのです。びっくりしたのは、鄭周河さんの写真が六葉も、見開き二ページの大きさで入っていました。本当に感動しました。つまり、コラボレーションです。二人の違った世界がそこで相乗効果をあげて、別な、もっとすばらしいものができあがっていると思ったのです。だからもしも、李相和が生きていたとしたら、鄭周河さんの写真に自分の詩句が使われることをすごく喜んだろうと思うのです。

徐　それでは私からもひとつ。いまの質問で、オリジナリティということを主に問題にされているのか、あるいは、鄭周河さんの写真の解釈といいますか、そこから何を感じるべきかということについて、私がある方向性を強要しているというお話をなさっているのか、ちょっと区別がつきませんが、後者の意味もあるように聞きました。

会場質問Aさん　はい、若干後者の意味もあります。

徐　私はそれを強要するつもりはないのですけれど、多少居心地が悪くても、こういう解釈でこれを受け止める、あるいはこういう解釈でこの写真家とコラボしている私のような人間がいるということは、ぜひわかってほしいのです。むしろ、私はそのタイトルに最初は消極的だったのですけれど、韓洪九さんが提案したときに、まさにいまおっしゃっているような若干しんどい議論があるだろうけれど、それはやる価値があるというふうに私は考えたということです。

芸術作品はできあがった独立のものですから、そこから何を感じるかということは、もちろん見る人の自由です。しかし、鄭周河さんは韓洪九さんと私とか、その後ろにいる昔死んだ詩人の提案を受けながら、それを現在の文脈に乗せる作品をつくったのです。ですから、そこには一九二〇年代の詩人の思想が流れ込み、朝鮮人の歴史が流れ込み、韓国の現在生きている歴史家の思想が流れ込み、在日朝鮮人である私の思想が不可避に流れ込んでいるのです。私が直接「それを撮りなさい」とか「ここでシャッターを押せ」などと言ったわけではないのです。コラボレーションと言っても、作品を見るほうを含むそこに参加した者たち全員が全面的に同じではない。だからそこで聞こえる対話、それにどうぞ加わってください。「私はこう読む。お前のやり方とは違う」というのは、大いに結構だから、それはやりましょうということです。

佐々木先生も自分は「希望」を読むとおっしゃった。私は若干そこにも申し上げたいこともあります。魯迅の解釈などです。そこからどんどん広がっていくような対話をすることは、いいことだと考えています。

自由な心を奪われたくない

会場発言Bさん　いちばん最初に一枚だけ人物が出てくる写真がありますよね（口絵五枚目）。その写真の中に、私の知っている方がいらっしゃったのです。顔は写真ではわかりません。だけど、着ているもので彼女だと分かるのです。私はその方と一緒に二カ月間仕事をしました。この南相馬に来ていちばん最初に一緒に仕事をして、南相馬で最初に愛した人だと思います。その方は口癖のように「自由になりたい」と言っていました。彼女は家も流されて、全てのものを二年前の地震で失いました。そして今度新しい土地を買って家を建てるということをやっていく中で、「自由になりたい」という言葉を何度も何度も言われていたのです。

鄭周河さんの写真を見て、そこに掲げてあった李相和の詩を読んだときに、私は李相和さんの「本当に自由な心で、私は春を楽しみたいのだ」という声が聞こえたような気持ちになって、とても心に響きました。もちろん、李相和さんが日本の植民地時代の方だということはまったく知りませんでした。今回初めて、私は李相和さんの詩を知ったのです。けれど、この詩を読んで、本当に自由な心で春を感じ取りたいのだ、と思ったのです。詩が書かれた当時もそうだったと思いますが、今回福島で起きたことも自由な心を奪っていくのです。ですから私は、いろいろなことを通して、人間として、自分の自由な心を奪われたくないという、その原点みたいなところから出発したいなと思います。そして平和についても考えたいと思いますし、原発のことも考えたいと思っています。これはあくまで個人的な意見です。

徐　ありがとうございました。個人的な意見ほど言っていただけるのがありがたいです。では、次の方どうぞ。

会場発言Cさん　相馬市で中学校教師をしているものです。今回は、徐さんの本を興味深く読ませてもらってうかがったのですが、さきほど佐々木さんが、「若い世代が3・11後も生活を変えることに対して、自分のことばっかり考える人が多い」とおっしゃっていて——私はそういうふうに解釈したのですけれど——、私もたぶんその世代だろうなと思うのですけれど、どうして日本の若者たちがそうなったかというと、在日朝鮮人の方々のことや、原発の問題など、そういう事実を学校現場でも全然教えませんし、大学になるまで学ぶ機会もなかったということがあると思います。ですから、3・11後だからこそ、隣の韓国、朝鮮半島、中国の歴史や日本との関わりを学ばないといけないなと、今日この場の中でも強く感じました。

徐　佐々木先生のおっしゃったことは、私も大学で教えていて一方では非常に共感するところがあります。例えば、私たちでしたら、一五年前とか三〇年前の生活はどんなだったかを体験的に知っていますけれど、それを知らない人にはまったく未知の世界ですから、生活を変えることへの怯えとか、想像力の範囲の外にあるからどう考えていいのかわからない、というようなこともあるでしょう。それ以外にも、いろいろな理由があると思います。

一方で、この間の選挙結果（二〇一二年一二月衆議院議員総選挙）で、高齢者がどういう投票行動をしたかを見れば、世代だけでは言い切れない問題もあります。ですから、世代の問題もとても重要ですけれど、多くの人が「日本社会はこのままじゃいけない」と思っているのに、それを現実化することができない。そのようなシステムの破綻というか、疲労にどうしてはまり込んでしまっているか、そういうことについて、皆さんもっと真剣でなければならないと私は思っています。

それから、韓国だから、在日朝鮮人だからというのではなくて、韓国もある意味でもっと深刻な世代間の葛藤がありまして、若い世代が社会的な関心を持つこと自体できないくらいに、生活に追いまくられ、競争社会に追いまくられている現実がありますから、その現実にも共通性があるのです。原発に共通性があるように、競争社会に追われて格差が拡がっていて、他人に対して関心を持てないようになっていくことも非常に共通していると思います。

会場発言Dさん　出張で年に四〜五回、常磐線で上野に行くと、帰りはだいたい最終電車です。不夜城の東京から帰ると、電力のおおもとになるところは真っ暗です。原発とは別にして、こころの問題かもしれません。自分の豊かさを見つけていかなければならないのだと感じました。

徐　ちょっと自分の話を申しますけれど、私も講演とか研究で韓国に行きますと、どうしてこんなに電気をいっぱいつけているのか、と思います。二四時間、国中が遊園地と見まがうほどです。これはどういうことなんだ、とすごく思います。3・11の前に、これをやめよう、と私は韓国の新聞に何度も書きました、でも、3・11があった後も全然変わりません。日本はさすがの東京も少し暗くなりました。ドイツくらいの明るさにまでなってほしいのですが、まだドイツのほうがずっと暗いです。その日本から韓国に行くと、これはとても異常だと思います。

ですから、おっしゃったように、「生きる喜び」とか「生きる価値」ということを、そのままお仕着せに与えられて、その中でしか考えられない、その束縛からどうやって自由になるか、ということだと思います。私たちが自由になるということは、自分の楽しみの主人になるということですから。

では大変恐縮ですけれど、これくらいにして、お二方からまとめの言葉をいただきたいと思います。では、鄭周河さんからお願いいたします。

鄭　私は写真家としていままで何度も写真展をやってきましたが、今回がもっとも美しい写真展だったと思います。一人の外国人写真家がここを訪れ、皆さんを見つめ、それを表現し、そして見ていただく、皆さんがこれを受け止めてくださり、作品として認めてくださり、対話をともにして下さったことに私は深く感謝いたします。先ほども申し上げたように、南相馬への関心は、3・11があったからではなく、それ以前からの原子力エネルギーへの関心があったからです。これからおそらく、3・11のことは次第に忘れられていくでしょうが、皆さんが許して下さるなら、今後も死ぬその日まで、少なくとも一年に一度は南相馬を観光したいと思っています。

佐々木　せっかくですから南相馬の宣伝をします。南相馬は原発事故で被災した町として、たぶん日本でも世界でもそう映っていると思いますが、私たちの町は埴谷雄高や島尾敏雄、憲法学者の鈴木安蔵や、『戦ふ兵隊』の映画を作った亀井文夫、あるいは彗星を発見した羽根田利夫を輩出してきました。原発被害の町というだけではなくて、南相馬は、世界に向かって新しい日本の姿を見せる発信基地になりうる町です。ぜひ私たち地元の人間が誇りを持っていきたいです。誇りを持つだけではしょうがないので、外国の人、特にいま、鄭周河さんたちとせっかく交流できたので、ぜひ、そういうことを知っていただく機会になればと思います。

私は老人ですから、若い世代に期待することが強いです。ですから、日本の若い世代、韓国の若い世代、中国の若い世代、東アジアの若い世代と本当に交流ができるようになればと思います。それから原発事故という不幸な事件を通して、南相馬という名前が知られましたが、別の面もあるのだということを、これからもぜひ皆さんと一緒に伝えていければいいなと思っています。

2

埼玉

自分の弱さを受容すること

鄭周河×東海林勤×早尾貴紀

原爆の図丸木美術館　二〇一三年四月一六日

通訳：趙基銀《チョウギウン》

原爆の図丸木美術館は一九六七年に開館し、丸木位里《いり》（一九〇一—一九九五年）・丸木俊《とし》（一九一二—二〇〇〇年）夫妻による「原爆の図」連作や「水俣の図」「南京大虐殺」などを常設展示している。また、同美術館の前庭には、関東大震災時の朝鮮人虐殺を記憶にとどめるため丸木画伯が揮毫した「痛恨の碑」（前ページ扉写真）が立てられている。この意味深い場所の、「原爆の図」に隣り合う部屋で鄭周河《チョンジュハ》巡回写真展の第二回展は開かれた。

ギャラリートークの発言者は長年にわたって日韓連帯運動や反原発運動に献身してこられた東海林勤《しょうじつとむ》牧師。進行役は実行委員の早尾貴紀《はやおたかのり》がつとめた。

早尾貴紀（以下：早尾）　司会の早尾貴紀といいます。よろしくお願いします。簡単に自己紹介をいたします。私は福島県郡山市生まれで、二〇一一年三月には宮城県仙台市で被災。地震により仙台市は電気、ガス、水道などのインフラが機能しなくなり、市外からの物流も止まり、孤立しました。そんな中、福島第一原子力発電所の事故を知り、放射能の危険を感じて、小さな子どもを連れて関西に緊急避難しました。そして、汚染の見えなさ、影響期間の長さを考えて帰還はせずに、放射能汚染がなさそうなところという理由で、山梨県甲府市に移住しました。

その後は福島県ならびに周辺の宮城県、栃木県、茨城県など汚染がひどい地域からの避難・移住、あるいは、「保養」と呼んでいますけれども、夏休みや春休みだけでも子どもが外でのびのび過ごせる機会をつくる、そういう受け入れ活動を始め、また、全国で同様の活動をしている団体のネットワーク「３１１受入全国協議会」という団体をつくり、その共同代表もしています。そういう立場からも、この「奪われた野にも春は来るか」という、故郷を喪失する、理不尽に奪われるという経験については、当事者としても強い関心を持っており、この写真展の実行委員会に加わっています。

鄭周河さんは東京電力の原発事故が起きる前から、韓国の原発問題に強い関心を持ち、韓国の原発周辺の写真を撮り、『Bul an,Bul-an/ 不安、火-中（以下：不安、火-中）』という写真集を出されていました。３・11直後から原発事故に強い関心を持たれ、何度も被災地に足を運んで、たくさんの写真を撮ってこられました。そして、この丸木美術館に来る前は、この写真展は福島県南相馬市という原発から非常に近い街で開催されました。

東京電力福島第一原発の北側に位置する南相馬市は、一部が二〇キロ圏内の強制避難にあたる「警戒区域」となり、その周辺には三〇キロ圏の「避難準備区域」もあり、さらにその外側に漏れる地域も含まれており、ある意味で原発事故がもたらした、故郷喪失や人びとの分断という経験においては非常に象徴的な場所です。

今日、コメンテーターをお願いしている東海林勤先生は牧師でいらっしゃいます。長く反戦、反原発、それにさまざまな差別に反対する市民活動をキリスト教の宗教者の立場から、担ってこられました。ベトナム戦争の反戦活動や反人種差別の活動、そして福島の事故が起こるもっと前から、反原発の活動をしてこられました。

また、韓国にはキリスト者たちによる「民衆神学」と呼ばれる思想運動があり、政治的弾圧に対して民衆がどう抵抗するのか、抵抗の精神的な拠り所としてキリスト教の役割が韓国の中ではとても強い役割を担っています。東海林先生はこの韓国における民衆神学の運動にもつながりが強く、日本国内の在日朝鮮人の人権擁護の活動にも長く携わっておられます。東京の大久保にある、高麗博物館でも活動されています。ご自身も、小さなお孫さんもいらっしゃいますので、二〇一一年三月一一日の原発事故をうけて、即座にご家族への被曝の影響を心配されて、関西のほうに緊急避難をされたという経験をお持ちです。本日はそのようなさまざまな背景をお持ちの東海林先生に写真をご覧いただいた上でのコメントをお願いしています。

では、鄭周河さんからスライドで映しながら作品を紹介していただきます。よろしくお願いします。

「内在された不安」

鄭周河（以下：鄭）　こんにちは。鄭周河と申します。この三月に南相馬市の図書館にて写真展があったのですが、そこでもこうしたギャラリートークがありました。そのときたくさんの方が、私が制作した南相馬の写真自体にも関心を持ってくださいましたが、それ以上に、なぜ韓国人である私が南相馬という場所に来て写真を撮るのかに多くの関心を持たれたようです。そこで今日はふたつのことをお話しようと思います。前半は、私が韓国でどんな制作をしてきたか。後半は、私がここに展示した作品の他に、写真集にした九九点の写真を見ながら、制作当時に感じたことをお話しします。

私は一九五八年生まれで、八七年に結婚し、八八年に息子が、九〇年に娘が生まれました。いまは百済《ペクチェ》芸術大学で写真を教えており、写真家として、いま皆さんがご覧になっているような制作をしながら暮らしています。写真は一九七三年から始め、よい写真家になろうといまも努力しつづけています。まだ、有名でお金持ちの写真家にはなれていませんが、こうして写真を通じて皆さんにお目にかかり、私の想いをお伝えできることはとても光栄に思っております。では、私の人生についてはこのへんにして、南相馬に関係する写真を紹介いたします。

皆さんがいまご覧になってる写真は、先ほど紹介していただいた「不安、火-中」というタイトルで、不安（Bul an）と火の中（Bul-an）にいるという二重の意味を持つタイトルの写真です。

韓国には、西海岸に一カ所、東海岸に三カ所、計四カ所に原子力発電所があります。そして全部で二四基の原子炉があります。私は二〇〇三〜二〇〇七年の五年にわたり、その周辺に住む人たちの姿を撮影してきました。当時、私が注目していたことは、原子力発電所の周辺に住みながら、まったく不安を感じてないように見える人たちの日常です。私はこの人たちに見られる現象を「内在された不安」と呼びました。

それでは写真をお見せします。原子力発電所周辺の海水は、他の地域の海水に比べて少し暖かくなります。もちろん、政府は安全だと言いますが、だからと言って近くに住む人たちがやっているように、魚を捕って食べようという気には、私はなりませんでした。原発が見える浜辺で人々がくつろいでいるのは、韓国ではとてもよく見られる風景です。原子力発電所にここまで近づける国は世界中で韓国しかないのではないかと思います。

原子力発電所周辺を撮ってきたこれらの作品を、二〇〇八年にソウルにあるソンジェ・アートセンターというところで展示しました。その後、原子力に関心を持ち、二〇〇九年に自転車で大阪から金沢に向かう途中、福井県の高浜にある原子力発電所にも立ち寄りました。また、二〇一〇年八月には、教え子たちと一緒に広島、長崎を自転車で旅しました。そうした中で、二〇一一年三月一一日、福島第一原発のニュースを聞いたのです。

　皆さんがご覧になっているように、私は起きた事故そのものに関心を向ける写真家ではありません。私が写したいものは「徴候《ちょうこう》」です。ですので、私は福島第一原発事故のニュースをテレビで毎日見ながら、やるせない思いでしたが、その厳しい状況自体を写真に撮りたいとは思いませんでした。

　そんなとき、二〇一二年三月にソウルで核セキュリティ・サミットが開かれるというニュースを聞きました。二年に一度、世界の首脳が集まって核について論議する会議です。ワシントンで第一回が開かれ、第二回を韓国でというのです。ご存知のように、韓国は南と北に分けられていて、多くの国が北の核エネルギーに高い関心を持っています。

「Bul an,Bul-an／不安、火-中」より

この会議がソウルで開かれるというニュースを知り、私は再び南相馬のことを考えることになりました。そして、二〇一一年一一月から二〇一二年二月の間に三度に分けて南相馬を訪れました。私が関心を持ったのは、津波と発電所から漏れ出る放射能によって被害を受けている無残な状況ではありません。そうした事故が起きたにもかかわらず、ひどく美しい自然とそこに変わらずに住みつづけなければならない人びとでした。

韓国のことわざに、「소 잃고 외양간 고친다（牛失って、牛小屋を直す）」という表現があります。何か起こって初めてそのことに関心を持つことを皮肉った言葉です。でも、私も「牛を失ったのなら、牛小屋を直さなきゃいけない」と考えます。しかし、それよりももっと重要なことは、なぜ牛を失ってしまったのか、真実を探求することだと思うのです。私が福島に行き、写真を撮りながらずっと感じつづけたことは、まさにこうしたことでした。ですので、作品には、「奪われた野にも春は来るか」というタイトルをつけました。ご覧ください。

福島市から南相馬市まで六〇～八〇キロあります。途中、霊山《りょうぜん》という美しい山があり、その山あいにはいまは人は住んでいません。皆さん避難されたのでしょう。けれども、ご覧のように秋があまりにも美しい山で、私は魅了されました。

ここは、郡山にある朝鮮学校です。むこうに見えるのは、運動場を削り集めた土です（口絵七枚目）。

この写真は、第一原発の近くにある小高《おだか》という地域の中学校の学生たちが、郡山に移住して学校に通っている様子です（写真集収録）。

この写真は、私が南相馬市鹿島《かしま》の海辺にレンタカーで行き、中で一晩寝たのですが、夜の二時から三時の間に空を撮った写真です（口絵二〇枚目）。

小さな村のバス停です。急いで避難した住民が、ここに記念になるものをかけたり、何かを書き残した場所です（写真集収録）。

これは、柿の木ですが、柿がカンカンに凍って熟柿が完全に氷になってます（口絵六枚目）。その理由は、お分かりの通り、誰も手にとることができなかったのでこんな姿になりました。

海岸沿いで撮影したある日のこと、海辺の防波堤の方に行くと誰かが置いたのでしょう、この木彫りの熊が防波堤に置かれてました。小さな熊の視線が太平洋に向けられ、海から何かを哀切に待っているように感じられました。ですので、私はこの写真を最後の写真として飾りました（口絵二二枚目）。

早尾　ありがとうございました。つづいて東海林勤先生からコメントいただきたいと思います。

自分の弱さを受容する

東海林勤（以下：東海林）　こんにちは。力不足ですけれども、皆さんのご発言のきっかけになればと願いながら、思っていることを少し話をさせていただきます。私は、七〇年代の終わりぐらいから、原発問題に関わるようになりました。

仏教のお坊さんは、決して表に出されませんが、自分の門徒さん、あるいは信徒さんがどういう亡くなり方をしたか分かるそうです。お坊さんは、歴代ずっとお寺があって、それこそ民衆と関係が深いですから、よく分かっておられます。けれども、その中でしがらみがあるので動きにくいということもあります。それにもかかわらず、はっきりと発言するお坊さんがいらっしゃいます。そして、事実を明らかにして、原発の危険を警告しつづけていらっしゃいました。そういうお坊さんたちにお会いして、私は大変心を打たれて、住まいは東京ですから、東京でどういう支援ができるかということでやってきました。福井県の高浜、大飯《おおい》、美浜《みはま》、敦賀のあたりは原発銀座と呼ばれて、狭いところに一三基もの原子炉があります。そのうえ、敦賀に恐ろしいMOX燃料を使う高速増殖炉「もんじゅ」なんてものが建てられた。

そこのお坊さんたちに、原発労働者に会わせてもらいました。そういう方の話を直接聞きますと、いかに恐ろしい仕事をされているのかがわかって、心を打たれました。なにしろ、そんな思いをして働く人たちがつくった電気を九〇％以上消費する側にいて、自分の住む都会に帰ってきてしまうと、また、あちらの人の苦労のことが薄らいでしまう。つまり、やっぱり他人事なんですね。そういうことにだんだん気がつくようになりました。気がついたけれどどうにもならない、という状態でした。

ところが、３・11後の原発事故が起きて「自分は何をボヤボヤしていたんだ」と、大変な衝撃を受けました。原発に関して、政府や電力会社の言う通り「まあ安全なんだ」という程度に思っていた人たちはビックリしたでしょうけども、私はある程度関わっていたものですから、その大事故がどんなに恐ろしいことかということがすぐにわかりました。それで、同居している一歳と三歳の孫とその親もすぐ、東京を離れてできるだけ西の方に行きました。焦ってもがいて、一生懸命行きました。ところが、私の娘と娘婿には仕事がありまして、そういう大変なときにこそ会社に行かないと仕事がなくなる、つまりクビになってしまうというわけで、帰らなければなりません。それで私たちもいつまでも、避難先にいられないわけです。第一、一歳と三歳では、いきなり慣れない環境にぽんと入れられて、いつも遊んでいた保育園の友達もいない、そうするとおかしくなってしまうんですね。ですから、連れて帰りました。

ところが、逃げ出した日はなんと三月一六日でした。ということは、さんざん放射線を浴びながら避難していたんですね。むしろ家の中でじっとしていたほうがいい時間帯だったかもしれない。そんなことをあとから知らされて、命のことで人を騙すのか、大変な犯罪ではないか、と思いました。

「しまった」と思ったのは、自分が原発は危険なものだと知っていたのに、それを自分の責任のこととして受け止めていなかった。そういうことで本当に衝撃でした。それはもう大変な、頭をぶん殴られるようでした。一～三号機が水素爆発を起こすのをテレビで見るたびに、画面から

「お前は何をしていたのか」と、頭をぶん殴られるようでした。というわけで、どうにか本気になって、原発問題に対する関わり方が変わってきました。といっても、やはり毎日毎日、危険に晒されている人と一〇〇%同じ気持ちになるということは、できません。やっぱり限界があるということは心得ながら、関わってきております。

私は宗教家ですから、自分とそれから自分の宗門、キリスト教では教派と言いますが、自分の教派（「日本キリスト教団」）の責任について考えますと、国策に従って侵略戦争・植民地支配に加担したこと、そのことを戦後ちゃんと見直してこなかった。そういう自分自身と教派の責任をきちんと問うてこなかった。「歴史は省略を許さない」という言葉がありますが、いい加減にやりすごしたことはときが経っても必ず責任を問われるのです。しかもそれは数えきれないほどの生と死に関する責任です。

みなさんは、「命《ぬち》どぅ宝《たから》」という言葉、「命こそ何にも代え難い宝だ」という沖縄の言葉があることをご存知でしょう。ところが、「何を言っている、お前たちは戦前、戦争中、そして戦後何をしてきたか」と問われたら、本当に恥ずかしいことです。そういうことを踏まえていこう。つまり、自分の捉え直しです。それから、人の命、自分の命が大切だとすると、とにかく原発も原爆もあってはならない、これに尽きるんです。いろいろな前提があってもそれによって基本は動かない、ということをお互いに約束しあって、一緒にやってきたわけです。

イエスの言葉にも「人は、たとえ全世界を手に入れても、自分の命を失ったら、何のとくがあろうか」とあります（マルコ福音書八章三六節）。ただし、この言葉は「私の後に従いたい者は、自分を捨て、自分の十字架を背負って、私に従いなさい」という言葉と組み合わせです（同八章三四節）。私は鄭周河写真展のために労されている徐京植《ソキョンシク》さんのご家族とは一九七〇年以来豊かな交わりをいただいてきたので、その間に学んだことを少し述べさせていただきます。それは、日本の天皇制に関することです。

たぶん私が小学校二年生だったとき、国家総動員令が発令されて戦時体制一色になったころのことです。放課後学校に残って遊び、または学習する者は、合図の鐘で全員直立不動で国旗注目、君が代に合わせて国旗を降ろし敬礼、という儀式が行われることになっていました。

ところが私は、儀式初めの鐘が鳴っても、友だちを追いかけていたはずみで、つい二〜三歩走ってしまった。その途端に、「いま走ったのは誰だ。名前を言え」というものすごい怒声が飛んできました。「しまった」と思ったがもう遅い。大きな校庭の対角線だから相手の姿が見えず、それだけ一層不気味で、四回も繰り返される「名前を言え」に、どんなことがあっても屈服させようとする恐ろしい意思を感じました。私の名を反逆者のレッテルにしようというのですから、人格の否定です。

ところが問題はさらに先にありました。私は幼いながら、本能的に「安全に」生きる道を選びました。あの反発、あの恐怖をまったくなかったかのように心の隅に押し込んでしまって、何食わぬ顔をして奉安殿にお辞儀して、みんなと同じ学校生活に戻りました。そこには友だちもいて遊べるし、「良い」先生たちもいて授業も楽しい。だから私は「いい子」で居さえすればいい……。これがいかに欺瞞的であるかは、もっとさまざまな出会いを経て、自分の生き方が厳しく問われなければ分からなかったのです。

補足のつもりで長くなってすみません。もう一点だけでやめます。

私は徐京植さんとそのご家族に会って学んだことは、何か困難にぶつかったときに「私は（ぼくは）何も間違ったことをしていないよ」ということです。

「覇を争う」という言葉がありますが、誰がいちばん強いか、力を争うことです。日本の近代史はずっと覇権主義でした。侵略に次ぐ侵略、戦争に次ぐ戦争。それで日本はのし上がってきた。敗戦後は経済侵略です。経済的な侵略、植民地主義を国内に向けた最大のものが、原発です。そういうことを踏まえて、根本から我々は自分自身を問い直さないといけない。

そうして、本当に自分の命が尊いなら、他の人の命も尊い、そのことで力を合わせていかないといけない。こういう思いでなんとか、ここまでやってきました。

私は八二歳ですが、年をとりますと、自分の弱さに付き合うということが大事ですね。「弱いもの」の立場になると、社会の非人間性というものが見えてきます。ですから、「弱い」「強い」で人を判断して分ける、ということ自体が実はおかしいことなのです。そういう枠をはめてはいけないのです。そうすれば、一人ひとりがかけがえのない自分だというふうに、どんなに自分が弱くても力がなくても、本当に自分を受け入れることができる。そして、他の人も皆そうなんだと、わかります。

しかし、「自分は強くて、お前ら怠け者だ」とか、「自己責任だ」とか、そういう形でどんどん押し付けてくるものに従って、強くならないといけない、しっかりしないといけない、力をつけないといけない、という風潮がありますが、これは間違いです。むしろ、そういう枠付け自体を我々は超えなければならない。そして、それは国と国との間でも同じです。国と国で争って、弱い国を叩く。どこまでいっても弱い国を叩こうとする。そういう仕方で追い詰めていく。すると、追い詰められる方もたまったもんじゃないから、ついには武器を取って反撃をするとか、それこそ核武装をするとかいうことになります。そうすると、強い国は弱い国を寄ってたかって叩く。それじゃあ、いつまで経っても平和は来ないですね。そしてそれが、「国益」や「安全」のためと言う。実はそれがいちばん危険です。いまや朝鮮半島の北と南がそういう危険をはらんでにらみ合っている。

自分の弱さを知り、自分自身を本当に受容し、そしてまず自分の周りにいる弱い人びとを中心に、そういう人たちが本当に生きられる社会をつくろうとする、そのことによってお互いにつながっていくことが幸せなことです。現在の日本は、これと反対になっていて、ものすごい不正義が支配する社会です。それで非常に危険なところにきてしまった。この危険から逃れるのに、いちばん必要なことは何ですか？　それは原発を即座に止めるということです。

鄭周河先生の写真、例えば霊山の美しい山、優美で気品があって、凛としていて、本当にすごいですね。本当に懐が深い。自然というものの美しさに感動して、大変力づけられました。しかしもうひとつの問いとして見ると、その美しい自然を人間の生きることができない場所にしているということの問題――故郷を消してしまう、失くしてしまう、人間を故郷のない存在にしてしまう、未来のない人間に、未来のない世界にしてしまう恐ろしさですね。そういうふたつのメッセージを私は受け取りました。その両方がともに非常に強いメッセージなものですから、どう捉えたらいいのか、弱く、小さな存在としてどのようにして生きていこうかと思っています。

境界のない放射能汚染に持ち込まれる境界線

早尾　ありがとうございました。これから会場の皆さんにもご意見や感想を聞いていきたいと思いますが、その前に司会兼当事者として、三点の補足をさせてください。

まず、この写真展の全体の「奪われた野にも春は来るか」というタイトルの由来について、同タイトルの写真集の最初と最後に掲載されているエッセイに書かれています。巻頭エッセイは、韓国の著名な歴史家である韓洪九《ハンホング》先生が書かれています。また、巻末のエッセイは、今回この南相馬から始まった写真展を企画された在日朝鮮人の作家徐京植先生が書かれています。このお二人が呼応しながら、日本が植民地支配をしていた時代の朝鮮の詩人、李相和《イサンファ》という詩人が書いた詩からこのタイトルがとられていることについて書かれています。もちろん、この詩の「奪われた野」というのは、日本による植民地支配で奪われた朝鮮半島の土地のことを指しています。

この詩の解釈をめぐっては、ぜひ写真集を購入して読んでいただきたいと思いますが、植民地支配で奪われたことを詠んだ詩を、原発によって奪われた土地に重ねていいのかどうか、つまり、日本が他の国を植民地にしたことと、日本国内の土地を日本の政府・企業によって奪われたということは対比可能なのか、というとても難しい問題を孕《はら》んでいます。

たしかに、東京電力が東北地方に建設した原発であるため、中央と周辺という国内植民地的な問題もそこには含まれています。けれども、それを日本による朝鮮半島の植民地支配ということに当てはめられるのかどうか。それは、即座に対比できる問題ではないけれども、しかし、明治維新以降、東北制圧の延長上で琉球処分、海外侵略があったことを考えると、深く通底する問題はあると思います。東北生まれ育ちの一人として、このタイトルには多くのことを考えさせられます。これがまず一点です。

二点目は、私がここに展示してある写真を見ていて、とても印象的で、ちょっと補足説明したほうがいいかなという写真がありまして、ひとつはこちらの写真です（口絵七枚目）。福島県郡山市にある朝鮮学校の校庭です。向こうに見えるブルーシートの下には手前に見える校庭の汚染された土を剥いで固めて置いてあります。福島県内の学校の除染には公的な費用が出ていますが、この朝鮮学校に対しては出ませんでした。その後さまざまな交渉の過程があって、半額は出そうということになりました。しかし除染は、一方的に受けた公害被害に対する回復措置であり、子どもの健康に関わる問題です。それなのに、費用の半額の助成にとどめるということは、人命の重さを半分に考えていると言わざるをえません。こんなところにも分断線が入れられています。

ところで、郡山の朝鮮学校の子どもたちは、震災直後から二〇一一年度中は新潟の朝鮮学校に集団疎開をしていましたが、避難区域以外で学校単位で集団疎開をおこなったのが、この朝鮮学校と日本の私立の学校一校しかありません。この二校は学校丸ごと疎開することで、大人たちが子どもを本気で守ろうとしたわけです。この無人の校庭の写真を見ると、そういうことを想起します。

もうひとつ補足したい写真がこちらにあります。柿の木の写真です（口絵六枚目）。福島県の北部で、伊達市からすぐ県境を挟んで宮城県の南部の丸森町や白石市に連なる地域一帯というのが柿の木が大変多い山地で、秋になると一面柿が実っているのが見られる、そういう地域です。同時に柿の木というのは非常に放射性物質を溜めやすい木でもあります。柿の実にも大変な放射性物質が含まれてしまっています。そのため、収穫して出荷することができません。

周知のように、一キログラムあたり一〇〇ベクレル以上の放射性物質が含まれる食品は出荷できませんが、原発事故後に実った柿は、それぐらいの汚染が出てしまいます。しかも、この地域の柿は多くが渋柿で、名産品は干し柿です。仮に一〇〇ベクレル以下だったとしても、干すと水分がどんどん出て、でも放射性物質は出ていきませんので、放射性物質が数倍に濃縮されて製品になります。しかも、外に干しているうちに周囲からも放射性物質が付着してしまい、結果的に基準値を超えて出荷できないということになります。伊達市の山を震災後に歩いたことがありますが、柿の木の表皮が除染のために白く剥がれて、そして収穫できない実がそのまま放置されてあるのをたくさん見ました。静かな、しかし痛ましい風景でした。

ところが県境を越えて宮城県の側では危機意識はぐっと下がってしまい、同じ山地に属し同等の汚染があるにもかかわらず、干し柿が作られつづけていました。放射能には県境はないのですが、意識や政策に境界があるのです。この写真は、福島県生まれで宮城県で被災した私にとっては、大変印象深い写真です。

原発・原爆を欲しているのは誰か

会場質問Aさん　展示されている写真を初めて見たときは、写真の意図はちょっとわからないなと思いながら鑑賞していたのですが、いまのお話を聞いていくうちに、まず韓国には四カ所の原発があるということで、写真集『不安、火−中』の写真を見ると、確かに原発のすぐそばで住民の皆さんが遊んでいる、危険を感じていない様子の風景にまずビックリしました。そのビックリしたのは、こちらが今回の原発事故でその危険性を知っているから、そういった目でみればビックリするわけです。

しかも原発の場所は民家と非常に近いですよね？　そういった危険と隣り合わせていながら危

険を感じない。そういった写真を見たあと、今度の日本の福島の写真を見て、確かに綺麗な風景だけれども、そこには、人は出てこないですよね。その綺麗な自然も、目に見えない放射能というもので壊されている。しかも意図的かどうかわかりませんけれども、人物が全然いないところがやはり対照的ですよね。韓国の住民がいる写真と日本の事故が起きた後の人気のないところに、対照的なものをまず感じました。

それから郡山の朝鮮学校の除染に関しての差別ですね。日本が朝鮮を侵略したということと合わせて聞きますと、東海林先生が「枠付け」という言葉を使われましたけど、「枠付け」は言い換えれば「格差」であり「差別」ですね。「自助努力」という言葉は綺麗だけれども、権力者の巧みな扱い方というのはまず感じました。

質問は、韓国の皆さんも日本の原発事故の恐ろしさを知っており、そのうえ、最終処理までできない原発というものをどういうふうにみているのかということを、鄭周河さんは専門家ではないですが聞いてみたいと思いました。

鄭周河　たくさんのお話ありがとうございました。写真を見る皆さんの鋭い視線を感じることができました。ありがとうございました。いまのご質問は、「写真家であるおまえは、この原発問題をどう考えるのか」というご質問のようです。実のところ私にはそれに答える力はありません。でも私は、この問題を韓国でも、日本でも、そして、アメリカでも、エネルギー問題だと考えています。このエネルギー問題を個々の市民が自分の問題として受け止めない限り、力ある権力者たちはいつも私たちを利用するのだと考えます。新自由主義の経済体制により世界が変えられていき、私たちは徐々にエネルギー消費主導型に追いやられています。生産されつづける自動車、昼夜を問わず輝く大都市のネオンサインなど、こうした問題が私たちのもとから消えない限り、私たちはエネルギー問題から自由になりきれないと思います。

ご存知のように、日本は五二基の原子力発電所が稼働しなくても、いま、エネルギー問題を無事に乗り越えています。現在、日本では、たった二基だけが稼働していると聞きました。日本の国民は、とても節約家で、このエネルギー問題をうまく乗り越えているのに、核マフィアたちだけが、エネルギーのために原子力発電所をもっと作らなければいけないと信じ、彼らと同調する権力者だけが、原発を再稼動しなければならないと考えています。ですから私は、韓国国民も、原発問題をエネルギーの問題と受け止め、一人ひとりが自分の生き方、暮らし方の問題として受け止めて初めてこの問題を解決できると固く信じています。写真をご覧になった皆さんの鋭い視線を感じて、とても有難く思っています。

原子爆弾の問題も、私は原発の問題と別なことではないと理解しています。私たちを危険な状況に追いやりながら、原爆は必要だと確信しているのは政治家です。政治家も入り込んでいる軍産複合体こそが原子爆弾の存在を求めている人たちだと思います。私たちがみな、平和を心の奥に持っていれば、原子爆弾をまったく必要としないのは当然でしょう。だから私は、がんばって自転車に乗ろうと努力しています。

弱いものを中心にして生きる

会場質問Bさん　東海林先生にお尋ねします。人間の「弱さ」を受け入れることが大切だ、とおっしゃっていたように思います。人間が自然を支配しようという考え方でここまで来てしまったのが、いまの原発事故の根底にあると思うのです。私は、「人間の弱さを受け入れる」というのは、人間は自然と一体となって、調和して生きていかなければならないのだ、といった意味で解釈したのですけれども、その解釈で正しいでしょうか？

東海林　非常に重要な点をおっしゃってくださいました。というのは、自然を征服するもの、自然を自分のために利用できる者が戦いに勝つんですね。私は、そういう考えで生きてきたということがどん詰まりにきているのだろうと思います。特にたくさんの原発が集中している東アジアでは、非常に危機的です。何かでちょっと、変なことで衝突が起こったら、もう平和はありえないですね。

ですから、やはり自然を大切にして、自分の欲望の手段にしないということです。自然と人間との共存を考える、自然を尊ぶことは人間の責任です。人間は自然との信頼関係を大事にする、そういうふうに作られているのです。私は「耶蘇《やそ》坊主」ですから言いますけども、キリスト教の根底にある被造物の世界というのは、神の人間に対する賜物《たまもの》なのです。ですからそれを、勝手に自分で処理して、自分の力、自分の欲望のために使ってはいけないという考えです。それから、人間同士についても、信頼関係の中でお互いに助け合う、むしろ弱いものを中心にした社会、弱いものを中心にして、その人たちが幸せであるようにするということが、神の愛に報いるあり方なのです。人間の隣には神と他の人と自然と、この三つに対してよい関係を心からつくっていく、そうすれば、もうそこから天国が始まります。

会場質問Cさん　かけがえのない命、弱いものを大切にするというお話がありましたが、やはり自然というのは調和でできているわけで、つまり、この虫がいなくてもいいわけではなくて、この虫がいて調和が保たれているわけですね、簡単に踏みつけられてしまうような小さな虫も、その虫のおかげでいろいろな環境の維持ができているのが自然だと思うのです。だから、ある意味では東海林先生のおっしゃることをもっと踏み込んでいえば、自然と調和して一体となってこれから人間は生きていかなければならない。「小さなもの」というのを私はそういう意味で捉えたのですが、解釈としてはよろしいですか？

東海林　本当にもうその通りです。

原爆の図の前で原発事故を語る

会場質問Dさん　素敵な写真を見せていただいてありがとうございました。日本は一九八六年のチェルノブイリ事故以来、原発反対の声がおばあさん、主婦たちを中心に拡がりましたが、それでも原発はなくならずに、この事態を招いてしまいました。日本は広島・長崎を経験していながら、チェルノブイリ原発の事故があり、そして福島の事故を引き起こしてしまったのですが、韓国ではチェルノブイリ原発事故はどのように受け止められて、原発反対運動はどんなふうに行われていまにいたっているのか、ということを教えていただければと思います。

鄭周河　一九八六年、チェルノブイリ事故が起きた当時、私はドイツのケルンにいました。ですので、とても生々しく原発事故を体験をしました。ご存知のように、福島の事故を受けてドイツは二〇二〇年までには、すべての原発を閉鎖すると決定しました。ドイツで、「緑」という市民運動が政党に発展し、その緑の党の力でそれを成し遂げたと聞いています。もちろん、韓国にも、反戦、反原発、反核などの運動団体があります。しかし、前大統領の李明博《イミョンバク》という人は、韓国の一九の原子力発電施設の建設に直接関与した建設会社の社長でした。

3・11の事故が起きたとき、李明博政権は、韓国が他の国に原発輸出ができるチャンスだと考えました。実際に、アラブ首長国連邦に原発を輸出しました。こうした政治的状況の中でどうやって市民運動が花を咲かすことができるでしょうか。広島、長崎への原爆投下も、ビキニ島の核実験の問題も、チェルノブイリも、今回の福島も、韓国にはほとんど影響を与えないかのように一般の人には見えます。なぜなら、いまの保守政権は、韓国の代表的なマスメディアを完全に掌握しているからです。ですから、一般市民は原子力問題がどんなものなのか正確に知ることもできません。そのため、福島の問題を、ただ、隣国の不幸な事故とだけ考えています。

けれども、地球は丸く、空はつながっています。絶対に日本だけの問題ではありません。韓国、または広くアジア全体の問題でもあり、もっと広く世界の問題であることを、韓国人は知らなければいけないと思います。ですので、こうした問題を国民に知らせるための「国民テレビ」（大手メディアを解職された報道人や市民団体などが設立を目指すオルタナティブな放送局）が募金を集めています。日本も同じでしょうが、韓国の国民もまずは正確な状況を知ってこそ、考えもし、行動もできると思います。いままでお話したことが韓国の反核運動の現状だと言えます。

会場発言者Eさん　私も今年（二〇一三年）二月の末に友人と一緒に福島に行きました。震災当初はボランティアで、釜石にも参りました。そのときの震災後の状態は空爆のあとのようでした。私が小学校のときに見た原爆の写真と同じような状況でした。ところが、国会では相変わらず政争がつづいていて、町の復興よりも権力闘争がつづいていました。大変失望しました。

飯舘村《いいだて》にも行きましたが、車がそのまま道端に止まっていて、日常生活があるようだけれども、人がいない、まるで神隠しにあったようでした。二年の間、復興が進んだと言われますけれども、原発事故で避難している方たちは、故郷を追われて、時間が止まったまま。そういう状況の中で、自民党政府はまた原発を再稼動させようとしています。それと同時に、すぐには原発再稼働はできず、新しい原発もつくることができないとなれば、ベトナムやインド、ミャンマーにも原発を輸出する、そういう経済至上主義の仕組みができあがりつつあるようです。

いま、日本中に散らばっている原発の被災者と同じく、例えば韓国で事故が起きたら、地理的に近い九州や中国地方でも、必ず日本にも影響が出る。そういう想像力を働かせたら、日本人は、経済至上主義というものの考え方、科学技術で自然を克服できて、経済成長するんだという価値観を変えなければいけない。それを大きな運動にして、未来にそういう社会をつくっていく、そのいちばんの契機だと思います。

早尾　それでは、最後に鄭周河さんと東海林先生からお願いします。

東海林　ひとつショックだったのは、干し柿の線量が高いということです。甘いものが好きなんです。砂糖は体によくないですが、干し柿は本当に甘い。好物なんです。今年もさんざん食べました。そこで放射能のことをいちいち考えなくてはならない、というところに自分たちの生活を追いこんできてしまったんだなと思います。それから、これからの世代の人たちの食糧とか健康はどうなのかと考えたら、われわれは後世の人びとを危険の中に放置してこの世を去っていかなければならないという、とりかえしのつかないことをしてしまいました。干し柿ひとつから考えても、あらためて思いました。

しかしそうは言っても、やっぱり絶望ではなく希望を持ちたい。その希望というのは、こしらえごとではなく、人間がいかに愚かであって、そして、じつは無力なんだと知らせてくれるような力、それが自然にきっとあるという願いです。そういう意味で、鄭さんの写真はすばらしい写真だと思いました。

会場発言者Fさん　ちょっとひとこと。私は第二次世界大戦のときに東京で浮浪児でした。昭和二三年（一九四八年）に日本国籍を得るまではどこの誰だかわからないまま生きてきて、それを七三歳のいまにいたるまでひきずっています。原発も戦争も根源はごく一部の人たちのエゴだと思います。もういい加減にしてもらいたいと思います。

早尾　いま、柿の話がありましたが、そのことが象徴しているのは、実はこの美術館があるこの地域をふくめて、汚染を免れているわけではなく、地つづきですし、空もつながっている、ということです。そういう意味では、別世界の話ではない。つながっている世界の中で、濃淡の違いはあってもここにも汚染はある。福島と比べれば一〇分の一かもしれませんが、でも確実に放射性物質によって土地が汚染されている。どこに行ってもそれは免がれず、完全な安全圏に身をおいて生活できる場所はない。3・11以降、私たちはそういう世界観を、柿ひとつから学ぶことができると思います。では、鄭周河さん、お願いします。

鄭周河　私はこの写真を日本と韓国で多くの方と一緒に見て、ひとつの希望を持っています。日本にこんな表現があるかどうかわかりませんが、韓国には「약이 오른다（薬があがる）」という言葉があります。薬が苦すぎて頭につきぬけるような、衝動的な怒りを覚えるという意味です。腹が立つじゃないですか？　あの美味しい柿が食べられないんです！　美しいところに行けないんです！　きれいな海なのに泳ぐこともできないんです！　皆さんが、怒り、腹が立っているなら、いいのです。それが私の希望です。ありがとうございました。

早尾　最後に、「原爆の図」のある丸木美術館でこの写真展ができたことは、とても縁が深く、必然的なものだとも思います。原爆の悲惨さや非人間性を私たちが受け止めることをしなかったことが原発を抱える社会を戦後に生み出し、事故をもたらしました。ある意味では、「原爆の図」を否認した帰結とも言えるでしょう。その丸木美術館で写真展が開催できたことは、原発社会の起源と未来をあらためて考えさせる絶好の機会になると思います。ありがとうございました。

3

東京

芸術の力とは何か

鄭周河×高橋哲哉×徐京植　司会 早尾貴紀

ギャラリー「セッションハウス・ガーデン」
二〇一三年五月七日
通訳：李《リ》昤京《リョンギョン》

第三回展の会場は東京都内新宿区のギャラリー「セッションハウス・ガーデン」。ギャラリー主の伊藤孝さんが本写真展の趣旨に共鳴して会場を貸与して下さった。同ギャラリーの地下スタジオでは日本と韓国のダンスの合同公演などを開催している。また、渡辺一枝《いちえ》さんの主催する「福島の声を聴く会」も開かれてきた。都心という理由もあってか、ギャラリートークには椅子が足りなくなるほど多くの来場者があり、活発に意見が交わされた。発言者は、鄭周河《チョンジュハ》さんのほか福島県出身の哲学者で実行委員会代表の高橋哲哉。同じく実行委員の徐《ソ》京植《キョンシク》。進行役は早《はや》尾《お》貴紀《たかのり》がつとめた。

早尾貴紀（以下：早尾）　ご来場いただきましてありがとうございます。最初にこの写真展を始めるに至るまでの経緯、それから三月の南相馬から、丸木美術館を経て、今日ここに来ました写真展の、これまでの動きなども含めて徐京植さんからお話いただきます。そのあと、鄭周河さんから写真撮影の背景、あるいは写真の補足を含めて、お話いただき、それを受けて高橋哲哉さんから、コメントをしていただきます。その後質疑応答の時間をもうけています。

ふたつの野を奪われた経験

徐京植（以下：徐）　こんばんは、よくいらっしゃいました。

二年前の震災のあと、二〇一一年六月に私は福島を訪れました。そしてＮＨＫのＥテレ『フクシマを歩いて』という番組（二〇一一年八月一四日放送「こころの時代〜宗教・人生〜」）に出演させていただきました。そのときに目にした風景が、およそ鄭周河先生が写真に撮られた風景なのですけれども、時計の写真は、ヨッシーランドという、南相馬市の萱浜《かいばま》という海辺にある老人施設が津波に襲われた後の風景です（口絵九枚目）。そういうものを見て、戻ってきて、私なりにいろいろ発言をしたり、文章を書いたりしておりました。

その年の夏に、年来の友人である韓洪九《ハンホング》さんという韓国の歴史学者から、写真家の鄭周河先生を紹介され、三人で原発事故の現場から何を考えるのかを話し合いました。

そのときに話したことは、これはいわゆる報道写真ではないということ。現場がこういうふうになっていますとか、事故はこういうふうに起こりました、ということを報道として、情報として伝えるということが目的ではない、むしろこの原発事故の現場から、私たちが何を考えるのか、私たちを知的な思索に導くようなことでなければいけない、ということです。

そして韓洪九先生から「奪われた野にも春は来るか」というタイトル、こういうコンセプトはどうかという提案がありました。「奪われた野にも春は来るか」というのは、朝鮮の一九二〇年代に書かれた詩です。ですから「奪われた野」というのは日本植民地主義によって「奪われた朝鮮の野」ということです。そこにも春は来るのかということを奪われた立場からうたっている詩です。

この詩を書いた詩人李相和《イサンファ》は、一九二三年当時、東京のアテネ・フランセで学んでいて、関東大震災のあとの朝鮮人虐殺を目撃しました。そうして、朝鮮に帰ってからさまざまな社会参加的な詩を書くようになりました。「奪われた野にも春は来るか」という詩は『開闢《かいびゃく》』という朝鮮の雑誌に載りましたが、この雑誌は当時の日本植民地権力によってさまざまな圧力を加えられ、李相和自身も繰り返し投獄されるという経験をして、解放を迎える前に世を去りました。

さて福島の原発事故に、そのようなタイトルをつけるということは是か非か、ということについて、私たちはその瞬間から現在に至るまでも、考えておりますし、議論もつづけております。

ひとつは、「野を奪われる」ということの意味、それが非常に長期にわたる、何世代にもわたる剥奪の経験であることを想像する、その想像の契機ということです。朝鮮人にとっては自分たちが日本によって「野を奪われた」という経験を、現在の福島ないし日本の人びとの経験に重ね合わせて想像するという契機としての提案です。

一方それは逆に、日本の人びとにとってはいま自分たちが経験していることを、かつて自分たちの国家が朝鮮に対して行ったことと重ね合わせて想像する契機になる、なってほしい、なるだろうか、ということです。そんな契機にはならないという人もいますし、そういう比喩自体が間違っているという人もいます。

それについてみなさんはどうお考えになるか、という問いかけをやってみようということが、韓先生と私と鄭周河先生の共通の出発点だったわけです。

その考えを念頭に置いて、現地に行って撮られた写真が、いまご覧になっているものです。二〇一一年一一月が最初ですけれど、そのあとも何回か現地に足を運んでおられます。

韓国で写真展が行なわれ、写真集も出て、今度は日本で展示できないかという話になったのですけれども、私が個人的に悩んだのは、現地南相馬でそれをやるべきであるという考えと、やれるだろうか、あるいはそこの人びとはどう反応するかということでした。

私の番組『フクシマを歩いて』にご出演くださった佐々木孝先生という、南相馬におられる方に思い切って相談しましたら、ぜひやろうということで、南相馬市の中央図書館が無料で展示スペースを貸してくださって、三日間ではありますけれども、展示をすることができました。ちょうど震災から二年目にあたる時期に行いました。鄭周河さんも現地に足を運ばれました。そのときの反応というのは正直言って私たちにさらに深く考える課題を与えました。

現地の方々の中には、「それでも春は来る」と勇気を得た、とおっしゃる方もありました。李相和の詩のように、自分たちが自由に故郷を懐かしむ、そういう権利すら奪われたのだという深い喪失感を感じる、そういうことを共感する、とおっしゃった方もありました。そのどれかひとつが正解というようなことではないのでしょうけれども、このように、鄭周河さんの今回の作品は、深い問いかけを私たちに投げかけつづけるものとなっていると私は信じております。

そのあと、一昨日まで埼玉県東松山市の原爆の図丸木美術館で展示をいたしました。丸木位里《いり》、俊《とし》ご夫妻の作品と、この作品が同じ美術館の中で、隣り合ったスペースで展示されるという非常に得がたい機会も実現しました。

丸木ご夫妻の原爆の図は、私はだいたい毎年授業として学生を連れて見に行くのですけれども、特に印象深いのは美術館の駐車場にある「痛恨の碑」という碑《いしぶみ》です。それは、あのあたりでも関東大震災のときに朝鮮人虐殺があったことを忘れないために、丸木さんご夫妻がご自分たちの土地にご自分たちの力でお建てになったものです。つまり原爆の被災というものをいわば個人的な被害、日本人の被害の経験としてだけ語るということを越えようとする、稀な、貴重な営みがまさにそこにあるということだと思います。

南相馬のことで一言だけ申します。実は南相馬という町には、高い電波塔があったのです。いまはなくなってその記念公園だけ残っているのですけれど、その電波塔は東京タワーができるまで、東洋一の高さだったそうです。関東大震災の二年前に立ったそうです。

佐々木先生がおっしゃってました。実はそれは囚人と朝鮮人の労働によって立ったものだ、と。高さ二〇〇メートルもの塔の工事は大変危険で、そのために犠牲になった人も多いと聞くけれども、公式な記録はどこにも残っていない。中央図書館で展示したのだから、まさにその町の歴史の文献があるところだけれどもそこには書かれていない。

だけど自分たちのような地元の人間は言い伝えでそれを知っていて、それは公知の事実だった。だけどそのことをあらためて思い出すことはなかった。東京など遠くに出かけて帰ってくると、高い塔だからどこからでも見えた。ああ故郷だ、と感じた懐かしさと誇らしさのシンボルでしかない、そのことに思い至った。そう語っておられました。

痛みに満ちたことかもしれませんけれども、しかしまさに被災地の中で最も苦しんでおられる方が、私たちの問いかけを受け止めて、自分たちの被災の経験と、他者、隣人に対して行われた加害の経験とを結びあわせる形で、想像力を働かせる契機にしてくださった。

しかしそれは未だ、ごく限られた動きです。この出来事から、わずか二年しか経っていません。未だ一三万人が家に帰れないのです。にもかかわらず、このあいだ安倍さんはトルコと原発輸出の契約を結んで来ました（二〇一三年一〇月）。「世界に誇る最も安全な日本の原発技術」と言っているのです。この年の三月にはねずみが一匹感電して二日間ぐらい停電し、またメルトダウンかとひやひやしていたのです。現地にいたらどんな気持ちでしょうか。しかしどこまでが「現地」なのでしょうか。福島でなければ安心していいのでしょうか。そのことを考えると、本当にまったくとんでもなくひどい事態がいま、進行しているのです。なぜそういうことになるのだろうか。それは政治的にも、あるいは社会的にも人間の心理という面でも、あるいは哲学的にも深く考察すべき出来事だと思います。

私は事故があってすぐに、おそらくこの事件は日本社会のファシズム化の契機になるだろうという予感を書きました。非常に残念なことですけれど日頃悲観主義者を自認する私の予感をも越えて、そのプロセスがいま進んでいるように思います。どれぐらい私どもがそれを阻むことができるか。今日ここに集まってくださったみなさんが、作品を前にいろいろ考えて、そしてまわりの方がたにも働きかけて、なんとか力に結びつけたい、そう思います。

早尾 それでは、鄭周河さんからお話をうかがいます。

「美しい自然」の中に何を見るか

鄭周河（以下：鄭） こんにちは。日本でのこの写真展が開かれるまでの過程をお話したいと思います。私は大学で芸術写真に関して教えております。芸術写真というのは、記録に基づくものであるべきだと私は思っています。私が福島の写真を撮るというと多くの方が報道写真を撮ると思うようですが、私は韓国でも、起きた事件そのものよりは、そのできごとの「徴候《ちょうこう》」に、より多くの関心を抱いて制作をしてきました。

私はドイツに留学したのですが、一九九二年に韓国に戻り、土を撮影して、「大地の声」という作品を制作しました。その後、韓国の西側の海を撮影をした「西方の海」を制作したのちに「不安、火-中」という作品の制作をすることになりました。

一連の私の作業は、最初は大地から始まって、その次は水、その次が火、と進んでいきました。

韓国にはいま、四カ所に原子力発電所があります。現在二四基が稼働していて、現在建設中のものを合わせると、原子炉はまもなく三二基になる予定です。

私は二〇〇三年から二〇〇七年にかけて原子力発電所のまわりに住んでいる人たちの写真を撮りつづけました。そこで私が見てきた、写真として見せたかったことは、その場で原子力発電所とともに住んでいる人たちが抱えている「隠蔽された不安」とでもいうものでした。「隠蔽された不安」というものは、原子力発電所のまわりに住んでいる人びとに、当然与えられるべき情報が国家権力によってほとんど遮断されていることを意味します。

皆さんもきっとご存知だと思いますが、韓国にも、原子力発電所の一〇キロ以内に住んでいる人びとに対して、国家が配布する物資があります。それは、事故が起きたとき、住民が着けるべき防護服や、そうした事態に飲まなければならない薬品です。しかし、最近、それらの大部分が村長の自宅の倉庫に眠っていたということが明らかになりました。これがまさに、彼らの抱えている「隠蔽された不安」なのです。

原子力発電所の近くに住みながら、まったく不安を感じずに暮らしているように見えますが、国家によって与えられるべき情報を手にすることができなかったからこそ、彼らは心の奥に不安を抱えながらも、その不安を表に出すことができないのだと思います。

いま申し上げたような状況を、二〇〇三年から二〇〇七年にかけて撮影し、二〇〇七年にソウルのソンジェ・アートセンターにて写真展を行いました。しかし、その頃、韓国では牛肉の輸入規制緩和に抗議するキャンドルデモで盛り上がっていたため、わたしの作品はあまり注目を浴びませんでした。

そして二〇一一年三月一一日、福島発の悲劇的な知らせを耳にしました。写真家であれば誰でもそうであるように、私も状況をメディアで見て、その現場に駆けつけたい欲望にかられました。しかし、そうした現象が見せる強い衝撃は、原子力エネルギーへの私なりの考えをかえって損なうと思い、気持ちを抑えました。

事故が起きたその三月の末ぐらいに知ったのですが、翌二〇一二年三月に、韓国のソウルで世界の首脳たちが集まって核セキュリティ・サミットが開かれることになったというのです。

米国のオバマ大統領の提案で第一回目のサミットはワシントンで開かれました。二年後の二〇一二年にソウルで第二回目の会議が開かれるということでした。そのことを聞いてから、原子力エネルギーにずっと関心を向けて制作してきた作家として、ソウルで福島のことを写真作品としてみなさんにお見せしなくてはいけない、と思いました。ここまでが私の制作が福島につながるまでの話です。

その後は、さきほど徐京植先生がおっしゃったように、韓洪九先生を通じて徐京植先生を紹介していただき、隣にいらっしゃる高橋先生と一緒に、二〇一一年の一一月、福島市を起点として、南相馬、郡山などを訪ねることになったのでした。そのあとは、二〇一二年の三月までに二度、合わせて三度、福島県をまわりました。

いまみなさんがご覧になっている写真は、晩秋と真冬の風景です。私の主な関心は「奪われたけれども、変わらず美しい自然」であり、そしてその美しい自然を通じて私たちは何を見て、何を考えるべきなのか、それを通して我々が何を見なければならないかという思いを共有することです。

私が福島に行くたびに、私を心配してくれるまわりの友人たちが、ふたつのことに気をつけろと言いました。「落葉を踏んだり落葉の中に入るな、水たまりは絶対避けろ」。

みなさんがいまここでご覧になっている美しい自然というのは、視覚的にはとても美しいかもしれませんが、それを触覚的に感じることは危険だ、ということなのです。

早尾　つづいて高橋哲哉さんのお話をうかがいますが、高橋さんは福島県の生まれで、高校卒業まで過ごされています。福島県育ちながら、東京での暮らしが長い中で、事故を起こした原発は東京電力のものであることに関して、ご自身がその電力の消費者であるという二重性の中で、福島について考えておられます。

また、この事故後に『犠牲のシステム　福島・沖縄』（集英社新書）という本を書かれました。おそらくさきほどの「奪われた野にも春は来るか」の問題提起とも重なることですけれども、沖縄の問題、いわば国内植民地的な地位に置かれつづけている沖縄と、東京の原発が置かれている東北地方、福島の問題とを重ねて考察された本を出されています。

「奪われた野」の普遍性

高橋哲哉（以下：高橋）　徐京植さん、鄭周河さんのお二人と一緒に福島に出かけたときのことから、話を始めたいと思います。二〇一一年の一一月、徐さんが説明されたような経緯で、韓洪九先生、鄭周河先生が日本に来られました。そして福島に行きたいということで、私は徐京植さんから「福島なら地元だろう」ということで、同行を許されまして、一一月、福島は寒くなっていた頃ですけれども、一緒に被災地をまわるという経験をしました。

私自身は、一昨年三月一一日のあと、最初に福島に入ったのは四月の一〇日頃だったと思います。それから半年ぐらい経って、もう一度ほぼ同じようなルートを一緒にまわることになったわけです。

そのときに鄭周河さんと初めてお会いしました。私は言葉（朝鮮語）ができないものですから、話したくてもなかなか通じなかったのですけれども、磐梯《ばんだい》熱海《あたみ》温泉というところで、大浴場に入っていましたら、ほとんどほかに人がいなかったのですけれども、鄭周河先生が入ってきて、ドボーンと私の目の前のお湯の中に入ってきて、突然ドイツ語で話しかけてこられたのです。びっくりして、ブロークンなドイツ語でなんとか対応しましたが、鄭周河さんはドイツに留学して写真を学ばれたということで、ドイツ語が達者であることがそのときわかりました。

その鄭周河さんがどういう目で、福島を写真におさめておられるのか、そのときはわかりませんでした。それがわかりましたのが、二〇一二年の三月です。このときも徐京植さん、韓先生と一緒だったのですけれども、韓国の陜川《ハプチョン》という町に行きまして、そこで非核平和大会に参加させていただきました。

この大会自体が、鄭周河さんの写真に「奪われた野にも春は来るか」という、李相和の詩の題名を冠して問題が提起されているということともかかわる、と私は思っているのですが、植民地支配のもと、広島、長崎で被爆した朝鮮民族の人たちの多くが、この陜川という、小さな山間の町に集まって住んでいるのです。被爆者の町「韓国の広島」と言われてきた町なのです。

そこで被爆二世の人たちの運動などがあって、問題意識が高まっていたわけですけれども、そこに3・11の福島の事故が起こったということです。韓国の側から、福島の問題についても、一緒に「反核平和」ということで、世界にアピールをしていきたいと、そういう呼びかけがあったものですから、私もそこに参加したわけです。

その後、ソウルに寄りましたときに、韓洪九先生がやっておられる小さな平和博物館がありまして、そこで今回と同じような鄭周河さんの写真展が行われていました。そこで初めて私は、鄭さんの福島を目にすることになったのです。

最初の印象は、懐かしい、ということでした。懐かしい福島の光景をとてもきれいに撮ってくださっている、というのが私の印象だったのです。しかし考えてみますと、これは原発事故をテーマにした写真なのではないか、原発事故、しかも世界史に残るようなチェルノブイリ級の、「disaster」という英語がありますが、災厄、大きな災いに襲われた福島を、私にとってはとても懐かしく、しかも美しく撮っている、このことをどう考えたらいいのだろうか。最初は私の中にとまどいが生じました。

そうしたら、この写真展に、朝鮮の詩人李相和の名作「奪われた野にも春は来るか」という詩を重ねて、問題を考えているのだという、そういう問題提起が実はここで行われていたのだということを知りました。そこからいわば、朝鮮との関係を通して、私がもう一度故郷を見つめなおし、そして故郷にこの事故が起こったということを考え直す。そういうプロセスが始まりました。少し大げさないい方をすればそういうふうに言えるかもしれません。

徐京植さんがさきほど紹介された南相馬の電波塔の話は私にとってはまったく初耳でして、これも灯台下暗しと言いますか、知らなかったわけです。それだけではありません。二〇一一年の一一月に福島に入ったときに最初に訪れたのは、郡山市の郊外の朝鮮学校でしたが、私は高校まで福島県で育ったにもかかわらず、福島県に朝鮮学校があることを知りませんでした。

その朝鮮学校の先生や生徒さんたちも、当然ながら日本人と同じように、この原発事故を経験した、被災者になったということなわけですね。

校庭の一部を除染されて、剥ぎ取った土が隅の方にブルーシートをかけられてありましたけれども、除染の費用も当初は県の援助から除外されていたそうですし、当時は朝鮮学校の生徒さんたちは、放射能を避けるために新潟の朝鮮学校に行って、週末に帰ってくるのだということでした。

こういうことを、果たして日本人は、福島の経験ということでどれだけ共有しているのだろうか。そもそも私自身、福島の出身でありながら、そういう生徒さんたちのことを知らなかった。そのとき初めて気が付いたわけです。

それから、鄭周河さんと磐梯熱海温泉でお風呂に一緒に入る直前には、高玉金山《たかたまきんざん》というところを訪問しました。これは日本でも屈指の金山だったということですけれども、福島県のほぼ中央にあって、いまでは坑道から入って中を見学できるようになっていますが、ここでも朝鮮の人たちが戦時中、強制労働させられていたのです。私は高玉金山のことは学校で教わった記憶がありますが、ほとんど憶えていません。そして朝鮮人の強制連行、強制労働があったということは、まったく知りませんでした。これも原発事故がなければ、私は知らないで終わっていたかもしれない、そういう歴史なのです。

それを鄭周河さんと一緒の旅で、私は知ることができました。そして、なんといっても李相和の詩が重ねられて問題提起がされている。これをどういうふうに受け止め、この問題提起に応答していったらいいのだろうか。そのことを、ずっと私も考えていきたいのです。

二〇一二年一月、『犠牲のシステム　福島・沖縄』という、小さな本を上梓しました。一昨年の3・11の前に、大きな問題になっていた沖縄の在日米軍基地、とりわけ普天間飛行場の移設問題、鳩山政権がつぶれるような出来事がありました。実は3・11の前も、私は沖縄の米軍基地問題を指して「犠牲のシステム」という言葉を使って書いたり話したりしていました。戦後は憲法九条があって、平和だったということが一方的に言われますが、それはさまざまな問題を含んでいただけでなく、とりわけ沖縄の犠牲というものがあってはじめて、成り立ってきたとしか言えないものではないか、この犠牲をどう考えるのかがあらためて突きつけられているのではないか、ということを考えていたわけです。

そこに大震災、原発事故が起こりました。私はもちろんこれに大きな衝撃を受けましたし、自分の故郷を失いかねないという、恐れおののく経験もしたのですけれども、実はそういう多大なリスクが、原発立地地域にはあらかじめ押し付けられていたのだ、ということがはっきりしたと思います。さきほど早尾さんがおっしゃったように、私自身が東京電力の電力を消費する人間として、故郷にそれだけの巨大なリスクを負わせていたと、このことをどう考えればいいのか、ということもありました。

そのほかにもいくつか論点があるのですが、原発そのものが「犠牲のシステム」だと言っていいだろう。そう考えたときに、福島と沖縄――似ている面と、それにもかかわらずきわめて違う面と両方あるのですけれども――両方をきちんと捉えなければいけない。あえてこのふたつをつなげて「犠牲のシステム」という問題提起をしまして、原発の問題を考えると同時に、沖縄の問題を考えていくべきだ、ということを提起したつもりだったのです。

李相和の詩は、日本の帝国主義によって植民地支配されて、さまざまな苦難を強いられた朝鮮民族の人びとの思いを、とても美しい詩文に込めて表現していると言ってもいいでしょう。その詩を通して、朝鮮民族の人びとが、福島の苦難を想像しようとしておられるわけですね。それはしかし同時に、私たちのような、日本人である者にとっては、今回の福島の「disaster」、災厄をただそれだけにとどめるのではなくて、そこから、かつて私たちが、私たちの国が「奪ってしまった朝鮮の野」と、そこに生きる人びとの苦難をどこまで想像できるか、そういう問いが突きつけられているのだ、ということもだんだんわかってきたわけなのです。

あらためて考えてみますと、李相和の詩のタイトル「奪われた野にも春は来るか」は、沖縄にもそのままあてはまるといってもいいと思います。さきほど徐さんがおっしゃったように、「野は奪われた」状態なのです。それはいつまでつづくのか？　きわめて長期にわたってそれが強いられる、ということがひとつのポイントだとおっしゃいましたけれども、沖縄はどうでしょう。沖縄戦以来、もう七〇年近く米軍が居座っていて、そして日本国が日米安保体制、日米安保条約を結んで、そしてそれを必要だから置いているのだ、ということで、沖縄の人びとの抗議を未だに無視して、さまざまなことを強行しようとしている。

まさにいま、現在進行形の問題ですよね。沖縄の膨大な土地が、「銃剣とブルドーザー」で米軍によって奪われてきた。日本に復帰したにもかかわらず、そこが返還されず、むしろ日本国政府によって必要とされているという、こういう状態だと。まさに沖縄についても「奪われた野」があり、そこにいつ「本当の春が来るのか」ということが、問われつづけているのだと思うのです。

そういう意味で、鄭周河さんの写真、そこに重ねられた「奪われた野にも春は来るか」という、李相和の詩の問い、これはものすごく大きな問題提起の射程をもっているのではないかと私は思います。李相和の詩の言葉の普遍性をあらためて感じているところです。

早尾　いま高橋先生のお話で出てきました朝鮮学校の写真が展示されています（口絵七枚目）。グラウンドのはずれのほうにブルーシートがかけられた除染した土の山があります。除染費用については、結局その後の交渉で、半額助成をすることになりました。校庭の表土が放射性物質に汚染されて高い放射線を発している状態ですけれども、それを取り除くのに、ひとつの校庭で一〇〇〇万円という単位でお金がかかるわけですが、全額公的な助成の出る日本人の学校とは異なり、朝鮮学校には出ない。それをカンパを集めてでもやろうということになったわけですが、結局半額出すという決着がつけられました。そうすると半額とはいったいなんだ、人の命の重さが半分なのかということで、また大きな批判も出た、といういきさつもある校庭の風景の写真です。

体制側の開き直りに従う男性たちを変えていく

会場発言Aさん　私は主婦をしていますが、こういうことを知ったとき、普通の主婦がどうやって社会に働きかけたらいいのでしょうか？　アドバイスをいただければと思います。

徐　「普通の主婦」とはなんなのか、ということはなかなか難しいのですが（笑）、私はこういうことを思っています。3・11以前と以後に分けると、3・11以後はそれ以前の建前すらも失われて、非常に露骨な、あからさまなものが表に顕れている。たとえば野田政権が原発事故の収束宣言（二〇一一年一二月一六日）をしましたね。ほとんど誰もそれを信じてないのではないですか。でもこれは収束したのだということにしよう、というふうに日本国民の多数がしたのです。これは、ある種の自発的共犯関係を結んだということに通じます。

いまもそうではないですか？　外国に対して安倍政権が言っていることは、原発推進派の人たちすらそこまでは思っていません。「日本の最高の安全技術が」みたいなことまでは思ってないのです。いろいろ言ってもこれしかないのだ、あからさまな、とにかく金儲けのため、目先の安楽のためにこれしかない。固いことを言っていては駄目なのだ、という本音主義が台頭して、それまでは建前の上で遠慮していたものが棄て去られ、開き直りが出てきた。開き直りの極致が石原慎太郎氏とか、橋下徹氏ですよね。

「普通の主婦」という概念で言えるかどうかわかりませんけれど、世論調査を見ますと、女性と男性の間には明確な違いがあります。やはり女性のほうが再稼働に反対という数が多いですね。それから、福島と、それ以外の土地でもやはり違いがあります。福島ではやはり半分以上の人が再稼働に反対ですけれど、それ以外では、それは三割ぐらいにしかならない。男性と女性では女性のほうが圧倒的に多い。

それはつまり、福島から離れた男性のほうが、しがらみの中で体制側の開き直りに従って行っているということだと思います。逆に言うと、女性たちの感性とか感覚は、ヒステリーだとか、あるいはあまりに直感的だとか、アレルギーだということで、押しのけられようとしているのですね。ですから私は、おおいにヒステリーであるべきだと思います。ヒステリーであることが当然なのですね。ヒステリーであるしかないような状況なのです。

私はいまは具体的な助言めいたことは言えませんけれども、女性のみなさんは、そういう自分たちの直感、不安感というものにもっと忠実でいい。それを自分たちのまわりに発していいと思います。とくに自分と一緒にいる男性とか、近所の男性にそれを出されたほうがいいと私は思います。

会場発言者Bさん　渡辺一枝と申します。私も二〇一一年の八月から南相馬に通っています。現地の方の声を雑誌に寄稿するなどして発信していますが、それは私を通した言葉であって、当事者の声ではないというもどかしさを感じました。そこで福島の人の声を直接聞いて欲しいと、ここセッションハウスを会場にして現地の方に来ていただいて話を聞くトークの会「福島の声を聞こう！」をつづけています。

私は東京に居る時には金曜日の官邸前抗議行動に参加していますが、そこにも福島の声は、あまり届いていないように感じます。現地の声を聞くと、暮らしを足もとから引き剥がされてしまった深い哀しみを感じます。鄭さんの写真からは、現地の人のそうした思いを感じます。抗議行動をする人たちにも、一度でもいいから現地に足を運んで欲しいと思います。その剥がされてしまった哀しみを感じた上で再稼働反対を言えば、これは福島だけの問題ではなく私のこととして感じられるのではないかと思うのです。沖縄も、かつて朝鮮半島も台湾も、中国も、いま現在他の場所でも、同じようなことが起きている。それらと自分がつながれるのではないかと思います。先ほどの方は普通の主婦と言われましたが、ぜひ一度現場に足を運んで欲しいと思います。

不安を押し殺す現地の空気

会場発言者Cさん　福島に行かれてどのような福島の方と会われて、どのような対話をされてきたのでしょうか。

高橋　私は先ほど申しましたように、一昨年（二〇一一年）の四月を最初に被災地――原発立地地域は入れませんでしたが、飯舘《いいたて》村や南相馬市など――へ行き、福島県へは二〇回程度いろいろな理由で足を運んでいると思います。

そういう意味ではいろいろな人たち、原発から近い人、比較的遠い人、あるいは研究会やら講演会に来た人たちなどに各地で質問を受けて来ています。これを全体としてまとめるというのは難しいのですけれども、たとえば会津地方は原発から比較的遠いですから、放射性物質がそれほど降りそそがなかった、空間線量が低いというので、ただ風評被害がひどいと、そういうふうに言われてきました。

つまり本当は大丈夫なのに、米や農産物が福島だというだけで駄目になってしまった。観光も福島だと言うだけで駄目になってしまった。

昨年の秋には南会津に行きました。会津のいちばん南の本当の山間部です。そこでいまお話したように、実害はないのに風評被害にやられているということだったのですが、つい先週、白河市に行ったときに聞いたのは、南会津で最近薪を燃やしたところ、八〇〇〇ベクレル／キロくらいの値が検出されたというので、実は会津も全然無傷ではない、実害があるのだということを聞きました。

そのほか、もちろん福島県境の内側に限られたことではなくて、被害は実は広範に広がっている。福島県内はどこへ行ってもやはり放射能の不安からは免れられない、そういうところがあるのではないでしょうか。

浪江町の警戒区域だったところに、その地域に実家がある私の友人の関係で一時立ち入りをしたことがあるのですが、友人は、非常に線量が高くてもう戻れないと覚悟を決めているということでした。そのお宅のまわりに雑草が大量に生い茂っていて、人家というのは一年も放置しておけば駄目になってしまうのだな、と思いました。

また、この友人の子どもさんたちは「実家に戻りたくない、戻ったら死んじゃう」というふうに言っているそうです。子どもたちにもそういう恐怖心、不安が広がっているのですね。

ただそういうことを公に言い出せない。心配だとか、怖いとか、危険なんじゃないかとか、そういうことを言うと、不安をあおるというふうに見られて、むしろ白い目で見られかねない状況があると言います。みなさん非常に難しい空気の中を生きておられる、そういう感じです。

早尾　わたしは福島県の郡山市の生まれです。事故当時は宮城県仙台市に住んでいて、原発から九〇キロくらいの距離でしたので、事故後まもなく子どもを連れて避難しました。

すぐに、あとから避難してくる人の受け入れ活動をやっていましたが、収束宣言が出てしまったりすると、安全キャンペーンが始まり、すぐには動けない。それに写真にあるように、放射能は見えませんから、大変な量の放射能があるけれども、それを見ないようにして日常生活を送っているように振舞えるのです。そのような状況で、表だって口に出して言えないけれども不安を感じている。

その状況をどうすればいいのかを考えて、僕自身はいま、現地相談会ということで、全国での受け入れ活動とのマッチングや情報提供をやっています。完全に移住してしまう人もいれば、当面ということで、母子疎開——疎開などという言葉が使われるのは戦時以来だと思うのですけれども——子どもを連れてお母さんだけ来て、お父さんはとりあえず仕事と家を守っているというような方もあれば、春休みと夏休みとか、数日間の保養に出かける人もあります。いろいろなかたちでとにかく出よう、という人の相談を受けるために、原発事故被災地に通っています。

そこで共通して聞かれるのは、近所や職場でも被曝不安の話ができる雰囲気がなく、孤立している、ということです。たとえば、先日はとくに汚染の酷い伊達市に行ってきましたが、そういう場所でさえも、会場に来たお母さんたちは、「線量計をもっていたら白い目で見られ、頭がおかしいのではないかと言われた」と言っていました。線量計は不安を煽るものと見られてしまう。

だから測れないしゃべれない。

外から来て相談会をやると、一定数の人たちが集まり、「あ、自分以外にも不安を感じている人たちはいたんだ」となる。ですから相談会では、相談、説明をするだけではなくて、お茶飲みスペースを作って来場者が不安を吐露するのをひたすら聞きます。不安を口にしていいのだということができて、じゃあ次に何ができるのかと進むことができる。潜在的に言えば、不安を感じていない人は一人もいないのではないかと思います。ただ、それを話せる場所がないのです。

被災地では、まわりからの圧力、メディアの圧力に加えて、ものすごい安全キャンペーンが繰り広げられています。大丈夫、安全だという「専門家」を連れてきて、安全安心を説く講演会が地域単位でいっぱい開かれているのです。しかし逆に、外のいわゆる安全圏で、「なんであんな汚染地帯で暮らしているのか、さっさと出てくればいいのに」という態度でいるのも、やはりこれは現地の空気、雰囲気を見ていないということだと思います。それは、先ほど「一度でいいから現地を見てほしい」と発言された方のおっしゃる通りだと思います。そこには、あまりにも大きな埋めがたいギャップがあるのです。

「いまここで」ではなく、「いまここから」

会場発言者Dさん　私は生まれも育ちも東京ですが、父のお墓は猪苗代にあります。この震災を機にいろいろな記憶がよみがえり、涙が出て、自分でもおどろくほど心の中が泣くような気持ちになりました。現場に行くことの重要性はそのとおりだと思いますが、放射能は見えないものですし、写真を見ることによって、現場にはいかないけれどもある種の現場性を感じることができました。これまでも、芸術家の人たちが「復興だ」と異常なハイテンションで地域に行って子どもたちとアートをやるというような活動もありました。それもひとつの大切な活動だったと思いますが、よく見ているとおどろくほど「福島」というものがでてこないんです。しかし、鄭さんが見せてくれたように、見えないものを、どんどん遠ざかっていくものを、私たちはいかに、現実感を持って可視化する作業、あるいは言説化する作業、あるいはそれを共有する場をつくり、私たち自身が、相談会などがそうだと思いますが、それをどう共有していくか、ということが非常にもとめられている。

それと、李相和の詩で、かつて私たちが奪ってきたことについて、何十年も経ったのだから関係ないではなく、福島もまさにそのような道に入り込んでいるということを自覚しつつ、一緒に考えていくことをしていかないと、ますますおかしな方向に行きそうだと、鄭さんの作品を見て改めて感じました。

そこで、日本での写真展での手ごたえやお感じになったこと、あるいはこれから、こういうことをやりたいなどありましたら、教えて下さい。

徐　ちょっとその前にお知らせしておきますと、当初この巡回展示はここで終わる予定でしたが、沖縄の佐喜眞美術館から、今年（二〇一三年）の七月二四日から八月二六日にかけて展示したいとご要請をいただきました。これは今回の展示の手ごたえのひとつだと思いますが、丸木美術館と佐喜眞美術館、どちらも丸木位里・俊先生の作品が展示されている日本の中の特定の場所であるということですが、いいことだと思いますのでご紹介いたします。

鄭　私は写真家で、私ができることには限界があると思っています。しかし、私がまず初めにするべきと感じたことは、このことを韓国にいる若い世代にうまく伝えるということです。

私がいま福島で感じることは、「いまここで」ではなく、「いまここから」ということです。韓国も決して放射能の問題から自由ではありませんし、韓国と日本が連帯してともに努力してこそ、この問題を解いていけると信じているので、韓国の若者にいまの福島のことを知らせたいと思っています。しかしそこには難しい点もあります。もし、私が韓国の若者たちと一緒に福島へ行く、と言ったら、彼らの親たちが許してくれるでしょうか。彼らは、一方では不安を隠蔽しながらも、他方ではその不安というものを自分を守るための手段として積極的に使いもします。

だからこの不安のふたつの地点を行き来しながら若い世代に何を話し何を知らせるのか、いまの私に課せられた宿題です。……なので、とりあえず自分の子から連れて来ようと思います。

早尾　最後におひとりかおふたり。まとめてご発言を受けたいと思います。

会場発言Eさん　新潟から来ました。今回写真を観させていただいて、本当に福島の美しさが現れていて、心が洗われたのと同時に、なんとなく放射能を感じられるような気がして、それはどうしてなのか、ということを私はこれから深めていく必要があるのかなと思いました。

もうひとつ、新潟の柏崎《かしわざき》刈羽《かりわ》原発について、原発立地自治体の刈羽村の村長選挙がありました。3・11の後ですから、脱原発派が勝って、状況は変わるんじゃないかという期待がありましたが、結果は再稼働を求める原発推進派の候補者が当選しました。これはなぜなのか、福島の原発事故を見て、全国的には脱原発派の集会も増えている。けれども、原発立地自治体を変えるのは非常にきびしい。

　これをどうするかということですが、さきほど女性がヒステリーにならなければならないという発言がありました。こういう段階になった以上、我々男性もヒステリーにならなければならないと思っています。

テキストが必要ならたいした写真家ではない

会場発言者Fさん　鄭さんの写真を観ていて思うのは、写真とテキストの関係についてです。鄭さんはテキスト、つまり写真説明をつけないというお考えがありました。だけど、この柿の木の写真とかテキストがなければ本当にきれいな風景の写真なわけです。でも、鄭さんは写真を見てほしい、と言う。

写真とテキストが持つ緊張関係といいますか、僕はどちらかというとテキストよりなので、テキストが欲しいと思ってしまうんです。写真から観てそれからテキストがあればいいのかもしれませんが、写真とテキストの関係について、鄭さんにお話いただければと思います。

早尾　テキストの一例を報告しますと、柿が実っていますこの写真（口絵六枚目）は、僕のいちばん印象に残っている写真です。阿武隈山地の中での写真で、そこは柿の名産地で秋になると赤い実がたわわに実っているところが延々とつづきます。

しかしこの柿は穫られることがなく、木に実ったまま捨てられるか、あるいはあえて落として地面に固めて置いておくしかない、出荷されることがない柿です。なぜかと言うと柿は放射性物質を集めてしまう性質をもっていまして、この地域の柿は、出荷規制がかかるセシウムの値が一キロあたり一〇〇ベクレルを軽く超えてしまうような、二〇〇ベクレルとか、そういう数字も一年目の秋に、出ていました。

一年経って少しずつ放射性物質の濃度は下がってはいるのですけれども、この地域の柿は干し柿にする柿なのです。干し柿にするということは、干して水分が飛びますが、放射性物質は飛びません。そうすると四倍ぐらいの濃度に濃縮されるので、五〇ベクレル／キロぐらいに下がったら売ろうかという話もあったけれど、干したらやはり二〇〇ベクレルになってしまう、ということがあります。ですので、柿という果物はこの地域の名産であると同時に放射能との関係でいうと、見えない放射能に形象を与えているようで、写真を見ると、私は胸がざわざわしてしまいます。

鄭　写真とテキストに関して話そうとすると長い時間が必要になります。テキストが必要なのであれば、その時点でたいした写真家ではないことになります。なぜならば、写真で語れないものを、テキストで補おうとすることになるからです。

もちろん基本的な情報がまったく抜けることで、それがなんなのかが分からなくなる場合もあります。しかし、セザンヌ以降の芸術は大衆と決別しました。たとえば、キュビズム、または、カンディンスキーら青騎士派の作品を見たままに理解できる大衆はいません。翻って言えば、見る人の自由な想像力に私の作品をゆだねようと思います。この作品はもう私のものでなく、みなさんのものなのです。

懐かしくて、美しくて、居心地の悪い写真

高橋　今日みなさんからいろいろ出たご質問やご意見をふくめて最後に一言ということになると、やはり、私にとってはとても懐かしい光景、写真集の表紙になっている野原なんかが典型ですが、田んぼの中に神社の建物がある、ああいう景色、海が見える丘の上に白い月影があがっているような眺めなど、全部、私が子どもの頃に日がな遊びまわって、そろそろ家に帰ろうかなというときに見ていた光景なのです。

だから本当は懐かしいのです。それをとても美しく撮っていただいているのですが、そこに「奪われた野にも春は来るか」というタイトルが重ねられているということになると、いったいこれはなんなんだろう、というところから自分の探求が始まります。自分にとってとても懐かしく、親しみがあり、そこに行けば安心できると思っていた故郷というものが、何か不気味なものに変わってくるというか、居心地が悪くなったり、不思議なものになってくる。そういう経験を今回したのかなと私は思っています。

そのことから、私たちの国、そして福島も経験してきた近代の歴史がこの中でいろいろ絡み合ってくるということがわかってくる。「普通の主婦」に何ができるかという問いがありましたけれども、私たちの「普通」さ、自分にとって「普通」だと思っている、あたりまえだと思っている、安心できる安全な場所だと思っている所が、実はそうではないかもしれないということが、今回の原発事故によって起こったことのひとつの大事なポイントではないか――それをこの写真を通して、私たちはまた感じることができたのではないかと思いました。

そういう視点から歴史をみる、柿の木の写真にもいろいろな歴史が込められている。私たちにとって実は居心地が悪くなるような、そういう歴史も実はそこに潜んでいる、というようなことを考えていくと、いまこの国で起こっている政治家のヒステリーですね、これがいかに歴史を見るという点からすると茶番にすぎないか。「主権回復の日」とか、福島の原発事故が起こったのに原発を輸出しはじめたとか、再稼働するとか、なぜドイツやイタリアやスイスが福島事故で原発をやめたのに、日本は再稼働になるのか、この辺も歴史的に見て、本当に理解不能なことになっていると思うのです。

そういうことをすすめている人たちの視点とはまったく別の視点で、私たちの身近な、懐かしいところから、だいじな歴史が実は開かれてくる、ということを考えていけたらいいのではないかという思いです。

早尾　実は福島県には戦時中に採掘していたウラン鉱山もあります。なぜウランを戦時中に掘っていたのかというと、日本も原爆の開発をしようとしていたからなのです。戦時中は原爆開発はいくつかの国が競争してやっており、日本が手をつけたのはアメリカよりも先です。ただ爆弾を作るのに十分に良質なウランの鉱山が見つからなかったり、濃縮技術も劣っていたりして、アメリカに先を越されたというわけです。しかし、日本だって原爆を開発しようとしていたし、そのためにウラン鉱山を国内外で掘り返していた。その中で最有力なウラン鉱山に指定された鉱山が福島県にあったということも、埋もれている歴史で３・11のあとにようやく想起された世界史の一断面だと思います。

「絆」や「癒し」に動員されない芸術が訴えるもの

徐　テキストと作品との関係の話もありましたけれども、われわれがなかなか言語化できない、テキストとしてはなかなか了解できないものの表現を試みるのが芸術の役割ですね。証拠はあるのかとか、数字で示せとか、いつになったらどうなるんだ、言えないなら黙ってろみたいな、そういう力に対して立ち向かっていく力というのが、やはり芸術的なものなのです。

つまり、利潤のために動いている人たちに対して「異様なテンション」で違った尺度をぶつけるということです。その違った尺度というもの、もちろん芸術的に表現したらすべてその瞬間に全員に伝わるということではないのだけれども、それを伝えようとするのが芸術の仕事だと思います。

そういう点で、鄭先生がおっしゃる通り、これはみなさんにゆだねられていることですから、それがどういう効果をもっていくかということは予断を許さないことですけれども、少なくともそういう芸術の領域での営みが、３・11以降、日本でどれぐらいあるかということは、深刻に問われなければならないと思うのです。「絆」だとか「癒し」だとか「がんばれニッポン」みたいなところに芸術は動員されています。文化は動員されています。

でもそうではなくて、もっと違う尺度、もっと長い尺度、放射能は一〇万年、危険性が無くならないのです。わずか七〇年前の植民地時代の歴史すらもう隠蔽されようとしていて、それをつなげようとするような試みは、反日であるとか、自虐であるとかというふうに退けられています。つまり、より短い尺度、より狭い視野の中に入ろう入ろうとしているわけです。

しかも非常に重要なことは、高橋さんがほかのところでもおっしゃっていますけれども、「戦争の時は我々は騙されていたんだ」というような話はもうできないのです。我々はどんどん騙されていく過程を同時進行でいま見守っているわけです。しかも進んで騙されようとしている人たちを見ているわけです。

ですからそういう点で芸術が、いまこの尺度、この瞬間に何かを阻む力があるとは思わないのだけれども、そういう想像力を私たちが持つべきであるということを訴えてくださっている作品だろうと思います。だからこれは一般の人びとに対する警鐘でもあるけれども、日本で文化にたずさわっている人たち——物書きも芸術家も音楽家も——に対しても非常に厳しい警鐘として私は受け止めるべきだと、そういうふうに思います。

4

沖縄

「苦痛の連帯」の可能性

鄭周河×韓洪九×比嘉豊光×鎌倉英也　司会 徐京植

佐喜真美術館　二〇一三年七月二七日　通訳：金英丸《キムヨンファン》

第四回展は沖縄県宜野湾《ぎのわん》市の佐喜眞美術館で行われた。普天間《ふてんま》基地に隣接して立つ同美術館には丸木夫妻による「沖縄戦の図」が常設展示されている。発言者は、韓国の歴史学者で平和博物館主催者でもある韓洪九《ハンホング》さん、沖縄在住の写真家・比嘉豊光《ひがとよみつ》さん、ドキュメンタリー映像作家の鎌倉英也さん。韓国の小説家・徐海誠《ソヘソン》さんからも発言があった。進行役は徐京植《ソキョンシク》。

この日のトークでは比嘉豊光さんがウチナーグチ（沖縄ことば）で発言されたため、知念ウシさんが通訳を買って出て下さり、それをさらに韓国平和博物館の金英丸さんが朝鮮語に通訳することになった。このことからだけでも、認識を共有し連帯することの困難さが浮き彫りになったといえる。しかし、そのことは私たち全員がそれぞれの立ち位置を確認しながら「連帯」を求めていくために必要な経験であったと思われる。キーワードは「苦痛の連帯」（韓洪九）である。

佐喜眞　いま沖縄は、福島の問題を通して自分たちのことが非常に明快になっているところがあります。福島を見ることは私たち沖縄を見ることでもあります。しかし、福島の問題を議論するときに反原発の問題はよく言われますが、いまいちばん肝心なことは被曝のことだろうと思うのです。この問題は解決していません。どんどん放射性物質が放出されて、我々もどんどん被曝しつづけている。この先何がどうなるのか、非常に不安なことが起こっていますけれども、それは隠蔽されています。そういうことが分かる展覧会をしなければなりません。

沖縄と福島の問題を重ねてどう考察できるのかと考えたときに、いろいろな写真集を見ました。鄭《チョン》　周《ジュ》河《ハ》先生の写真には、破壊された風景ではなくて、いろいろな歴史を積み上げてきた人間の営みがそっくりそのまま写されています。ところが、人間はひとりもいません。ひとりもそこには住めないのです。そのことの重大さを伝えてくる。これを理解するためには、私たちに想像力が必要ですけれども、想像力を喚起するこの作品に触れる展覧会をぜひやりたい、ということを徐京植さんにお願いして実現しました。

徐京植（以下：徐）　私は、日本生まれの朝鮮人で、いまは東京経済大学で教えております。今回の写真展の実行委員会を組んで全国を巡回して、ここが四カ所目になります。そのことについて、福島県南相馬市で開かれた写真展で鄭周河さんに同行取材したＮＨＫの番組『奪われた野にも春は来るか——写真家・鄭周河』（二〇一三年五月一二日放送「こころの時代〜宗教・人生」

ＮＨＫ・Ｅテレ）を見ていただくとわかりやすいと思いますので、それをまずご覧いただいてからトークを始めたいと思います。

『奪われた野にも春は来るか』鄭周河インタビュー　抄録　（二〇一三年三月　南相馬にて）

二〇一一年三月一一日以後、福島から大量にとどく報道を見ながら、私は多くのことを考え、福島の事故をとおして私は何をみつめるべきなのか悩みました。津波による被害の様子や失意のどん底にいる被災者の姿、彼らの苦痛やさけび、そのようなものを私は撮って見せるべきなのか、と自問しました。

ここは本当に美しいところです。まるで韓国の江原道《カンウォンド》の山里のようです。江原道は大変貧しいところですが、季節をとわず本当に美しいところです。私はここに来て、江原道を歩いているような印象を持ちました。私が最初に訪れた一一月は秋がまっさかりの時期でした。美しい紅葉に満ちあふれ、豊かに彩られていました。ここで私は、新鮮な空気、晴れ渡った空――その中に放射性物質もまじっていたのですが――に出会えたのです。それは数万年、数百万年ものあいだ変わらずそこにありつづけてきました。これからも四季は絶え間なくつづき、その姿は変わらないでしょう。

私は、そのような動かすことのできない本質を写真を通じて見せることで、ここ被災地に暮らしている方々が「ここはどこなのか、私たちは何を見ながら育ち、どこに住んできたのか」ということをまっすぐ見つめてもらえるなら、私の写真もよりよいものになるのではないかと考えました。というのも、私たちが本当に見なければならないのは、「ここはどんな場所だったのか」ということだろうと思うのです。

私はこれまで日常の中にひそむ「兆し」、「徴候《ちょうこう》」に目を向けて作品を制作してきたと思います。そのようなものを写真で表現しようとしてきたのです。

私の作品制作の方法は、撮影を終えてからタイトルをつけるのではなく、自分が何に取り組むのかをまず考え、それについてよく勉強してから撮影を始めます。言葉にして意味を考え、テーマとモチーフを吟味し、何を撮るべきか、長い時間をかけて考えるのです。

留学先のドイツから帰った私は、大地をテーマにした「大地の声」、つづいて水をテーマにした作品「西方の海」を発表しました。次に、火のテーマでは何に取り組もうかと考えていたとき、偶然、

「大地の声」より

霊光《ヨングァン》にある原子力発電所に行くことになりました。そこを見て私は、実際の火を撮るのではなく、火をつくりだす装置としての発電所、それも原子力発電所を撮ればどうだろうかと思い、勉強を始めました。

韓国南西部の海岸沿いにある霊光原子力発電所は、私の家からも比較的近く、何度も訪れました。原子力発電所の周辺を歩いてみると、そこで暮らす人々の様子がおかしいのです。原子力発電所の近くなら恐怖感があるはずだと思いますが、人々は近くの海で釣りをしたり、貝をとって食べたり、泳いだりして日常を過ごしているのです。一方、人々は発電所から聞こえてくるウーンウーンという唸るような運転音のせいで眠れないと訴えます。早く家を売って引っ越さなければ、という不安も抱えています。

この正反対の現象はどうして共存できるのだろうかと悩みました。見つづけた結果、私がたどりついたのは、不安は内側に潜んでいるということでした。不安を内に抱えながら、外目にはそうでもないように生活をつづけている。不安が常にきびしく存在していることだけは確かだと思いました。原子力がつくりだす火の内側から不安が生まれ、人は火の内側で暮らしている。そう思ったのです。

ですから作品のタイトルは、朝鮮語で「不」、「安」と同じ発音の「火」、「中」を入れて意味を重ね、「不安、火（不）―中（安）」としました。撮影するときには、住民たちのおだやかな日常と、その背景に原子力発電所が並んで見えるような構図を考えました。ただ普通に見ただけでは分かりません。けれども、目をしっかり開いて見れば、その状況がいかに非日常的で不安なものなのかが見えてきます。

原子力発電はほかの発電とちがって、存在すること自体が不安なのだと思います。火をつくりだすプロセス自体が不安なのです。外から見ていると自分とは関係ないと思うかもしれませんが、問題が起これば外の人も否応なく引っぱり込まれてしまいます。水力や火力とちがい原子力発電には内と外の境界がないのです。

福島の人々に犠牲を強いることで東京の人々が豊かに暮らす。どうして、だれが福島の人々を窮地に追い込めるでしょうか。福島だけではありません。韓国で原子力発電所がある霊光、蔚珍《ウルジン》、月城《ウォルソン》、古里《コリ》みんなおなじです。どうすれば住民の内側にある不安を外に引きだし、彼らの省察を引き出せるだろうか。その人々が直視すべき現実をさらけだすために、もっとやさしい方法が必要だと思いました。「やさしい」とは「ソフト」という意味ではありません。みなで一緒に観察し、見抜いていかなければなりません。私たちがともに深く学ぶべきことは何か、私たちは誰か、どんな現実に生きているのか、それをともに提示すべきということです。

「西方の海」より

福島で撮影しているとき、南相馬での展示を決めていたわけではありません。けれども私は、地元の方たちの後ろに立って、その方たちの考えを貫くようにしてここを見ようとしてきましたから、その思いを共有したいという気持ちはありました。

福島に入ってから最初に見たのは郡山にある朝鮮学校でした。校長先生によると生徒は避難させて、汚染された運動場の表面の土を集めシートをかぶせたそうです。空っぽの運動上の隅にあるブルーのビニルシート、その風景を茫然と眺めているうちに、私は本当に福島にいるのだ、放射性物質に汚染され被害を受けた地域に来ているのだと、心の底から実感しました。

山のほうに行くと、何も動くものはなくがらんとしていました。不安がつのりました。吹いてくる風に放射性物質が含まれているかもしれないという恐怖もありました。誰もいないことからくる不安と恐怖が心に残りました。南相馬の海も、海辺の被災地も、美しい秋の被災地も見ました。実にさまざまな体験をしました。

ある日、私の祖母を思い起こさせるような小柄なおばあさんたちに出会いました。彼女たちはあちらこちら壊れている廃墟のような場所で作業をされていました。汚染された干し草を集めて片づける作業でした。私は日本語は片言しか話せないのですが、近づいて名乗り、あいさつすると、とてもよろこんでくださいました。ちょうど休憩になり、みなさんはアイスボックスから飲み物を出して、お餅を食べ始めました。そして私にもひとつくれました。私もお腹がすいていたので一緒にいただきました。餅はのどに詰まるからと、お茶も一本くださいました。私は、この方たちは行動することを通して現実を見据えているのだと感じました。

海がこんな災いをひきおこしたので、海に対する感情もありました。最初にここに来たとき、私はレンタカーを借りてあちこちを回り、海辺では、車の中で寝泊まりしました。一一月の寒さの中、なぜそうしたかというと、海を感じたかったからです。海よあなたは何者なのか、あなたのしたことは何だったのか。もちろん海に意図はなく罪はありません。けれども、防波堤にぶつかる海によって大地がどのように震えるか、私は体験してみたかったのです。

防波堤の上に木彫りの人形が置いてありました。津波が去ったあとに誰かが置いたものでしょう。その人形は海の遠くを見つめていました。私はその視線と海を一緒に撮影しました。永遠に向けられたような視線、まっすぐに海を見ているその表情、それがいま南相馬で暮らしている方々に見てもらいたい視線、表情ではないだろうか、と考えました。

私の写真には霊山《りょうぜん》の紅葉のような、美しい風景がたくさん写っています。その美しさは3・11以前と同じものでしょうか。テレビなどでは毎日のように、空気中にある重い放射性物質が沈殿して蓄積されている可能性があるので落ち葉には触れるな、足を踏み入れるな、ということが言われています。水たまりも高濃度に汚染されているだろうから入るなと注意されます。そういうことを知っている人たちは私の写真の美しい風景はたんに美しいだけではないと思うことでしょう。もちろん、そのような知識がない人には、その風景はカレンダーでよく見るような平凡な写真に見えるかもしれません。けれども、体験を共有し、認識している人たちには、一見普遍的な美しさのように見える写真も単純な風景には見えないはずです。ですから、私のような写真家は、私たちが共有する知識や経験を利用し、対象に向き合う姿勢を通じて、私自身が見たものを伝えているのだと思います。写真はある技術を通じてのみ、思いをつたえることができるものです。私たちがお互い経験や知識を共有してこそ、目に見えないものを見えるようにさせたり、感じさせられるのではないかと思っています。

大学在学中、私は高い下宿代が払えないので、村の農家の好意で庭に小屋を建てさせてもらい、自炊生活をしていました。そんな生活を始めて一週間のころ、散歩をしていて、一キロほど先の山間にある家を見つけました。暗い感じで表札には「恵生院《ヘセンウォン》」と書いてありました。気になって村の人に「あの家はなんですか」と聞いても誰も教えてくれません。それから毎日のように周りを歩いてみて、だんだん分かってきました。そこでは病んでいる様子の人たちが行き来していました。

私は恵生院を何度も訪ねて、ある日、院長にこう頼みました。「私はこの村で自炊生活をしているが、電気代と水道代だけひと月に三〇〇〇ウォン（約三〇〇円）ほどを払って生活させてもらっている。近所に何か恩返しがしたいので、週末だけでも手伝わせてほしい」と。院長から許しをもらって、週末ごとに恵生院に通うようになりました。学期中は土日に、休暇中には一カ月ほど泊まり込みました。

当時、そこには七〇人あまりの人が入所していましたが、職員は三人でした。院長と院長の義理の弟、事務員の三人です。夜、ひしゃくに水を汲むと、みなを立たせて薬を配ります。病気を治す薬だと言うとみな飲みます。あとでそれが睡眠薬だと知りました。みなを部屋に入れると、外からカギをかけます。

私が通い始めて何カ月か過ぎたころ、彼らが聞いてくるのです。「お前は何者か」と。学生だと言うと「何をする学生か」と問うので、写真科の学生だと答えました。すると彼らは、「なぜ自分たちを撮らないのか」と言うのです。それまで私はカメラなど持っていけませんでしたが、それからは気をつけながらカメラを持っていき、彼らを撮り始めたのです。

彼らは自分から、はめられている手錠を見せたり、積極的にカメラの前に自分をさらそうとして、避けることはほとんどありませんでした。このとき、疑問が生じました。この人たちはいったい誰なのか、心の病とは何か。なぜ自分ではないのか、ずっと悩みました。始めて聖書も読んでみました。聖書にこんな話があります。ある日、イエスが村に行くと人々が集まってきました。その中に足の不自由な人もいて、病気を治してほしいと願っていました。イエスは「おまえの罪は許された。さあ、寝台から起きて歩いていきなさい」と言い、するとその人はさっと起きあがって群衆へと歩いていった、そういう内容の章があるのです。それを読んだとき、私はその足の不自由な人がどのような罪を犯したのか分かりませんでした。神学者は人間の原罪という話で説明されるのですが、私の理解はとどきませんでした。

相手の光を集めて私が撮るのが写真です。だとすると、すくなくとも気持ちのうえでは、相手と私の間に距離があってはいけません。なのに、私は相手の存在そのものが分からないのです。誰かを撮って表現して良いとか悪いとかではなく、私自身が相手を理解しなければならない。なのに理解できないのです。

ですから、しきりに疑問がわき、どんどん内側に入り込んでしまいました。自分が本当に無知であることがはっきりしたのです。写真の技術的なことは二の次で、まず勉強しなければならないのはこれだと思いました。それで、とにかく哲学を勉強しようと思ったのです。

当時私が通っていた大学が、キャンパス拡張のため恵生院を買収して取り壊すと知って、私は抗議して大学を中退し、ドイツに留学しました。ケルン大学の哲学科には大勢の学生がいました。頭脳明晰な人たちがヘーゲルやカントを学んでいましたが、博士過程で勉強している彼らが一五年も二〇年もかかってまだまだ終わらないというのです。それを見て、私は自信を失い落ち込んでいきました。私は、哲学を学ぼうと留学したけれども、それは哲学者になるためではなかったはずだ、哲学は私が撮ろうとした写真に足りない思考を養うためだったと考えなおしました。

ケルンで見たドイツの社会はうっとりするくらい完璧だと思いました。システムがととのって安全で道で誰に会ってもみな礼儀ただしい人たちです。私のような外国人にもとても親切にしてくれました。老人たちもおしゃれで、レストランで麗しく食事している光景もよく見かけました。けれども、ある程度時間が経つと、ドイツ社会でも実は老人たちがさみしい思いをしていることがわかってきました。人間関係において孤立していることが見えてきたのです。それはただ通り過ぎていく人には分かりません。暮らしてみて初めて分かることです。

恵生院での撮影を通じて、私には人間に対する悩みがありました。誰かの負の部分を撮影してさらけだす資格が私にはあるのだろうか、そのような表現に問題はないだろうか、ということです。自問自答のすえ行き着いたのは、結局相手ではなく、私自身の側、写真が持つ暴力性でした。

それで私は、意図的に町で老人たちに会うたびに、写真の暴力性の中でももっとも強いフラッシュを昼間に光らせてみることにしたのです。道を歩いていて、突然ピカッとカメラのフラッシュを浴びせられれば、当然、それを受けた人はすごく驚きます。そのことによって、孤立している老人たちの姿を写真としても孤立させて映し出したいと考えたのです。

写真はそれ自体が非常に暴力的です。朝鮮語で「写真を撮る」とは、「斧で人を打ち下ろす」という意味もあります。英語の「shooting」も、「拳銃で撃つ」と同じです。こういう過程を経て私がつくったのは、『写真的暴力』というタイトルの写真

「恵生院」より

集でした。

写真そのものが暴力性を持っていますから、私は福島に来て、住民たちやこの地域が抱え込んでいる難しい問題をはたして自分がきちんと写せるのか、と考えてきました。結局は「位置」という問題かもしれません。撮る者と撮られる者のお互いの位置を確かめること、相手が私に見せる姿を超え、私が何を把握できるか深く考える。そうしてこそ、もうすこし意味のあることができるのではないか、学んできたのはそういうことでした。

私の福島での一連の写真のタイトルを李相和《イサンファ》の詩から引いた「奪われた野にも春は来るか」にしようと考えたとき、私は悩みました。李相和は一九〇一年生まれです。日本が朝鮮半島を植民地にしていた時代に青年期を過ごしました。アイデンティティを奪われ、他者の支配と収奪のもとで生きるというのは想像を絶することです。植民地時代にそうした支配を受けたひとりの若者が、奪われた土地を歩いて湧きあがる感情を詩に表現したのです。地震や津波で土地を奪われた日本人の体験と、私たちの歴史を同質化することにならないか、日本が朝鮮半島を支配したという過去を私たちが免罪していると思われないかと懸念したのです。私は悩みに悩みました。

みなといろいろと話した結果、これは免罪符を与えるとか与えないとかいう問題ではなく、「奪われる」という経験を互いに共有することが重要なのではないかと考えました。そうすることで、過去の日本人の行いについても考えを巡らせ、歴史への向き合いかたも意味の深いものになるのではないか。そう思うようになりました。李相和の詩のテーマになった朝鮮民族の心と被災した福島で暮らしていく人の心を、政治の立場から考えるのではなく人間の問題として捉えれば、自分の住む場所、ふるさとを奪われた人間としての心は同じではないかと考えたのです。

人間は苦痛に慣れることなど決してありません。けれども、苦痛により、理解できる地点が生じるかもしれないと思います。それがどの程度、真の共有になるかが問題です。

李相和の詩には絶望感さえただよっています。この詩の最後の一行はこう書かれています。

「しかし、いまは野を奪われ、春さえも奪われようとしているのだ」

はたしてこの「春」とはどんな意味なのか、私はどう解釈すべきなのか考えてきました。「春」とはただ季節を指している言葉なのか、そうでなけ

「写真的暴力」より

れば何なのか。季節の春には希望や自由や温かさとかなどの意味があるでしょう。一方で朝鮮語の「春」の音には「見る」という意味もあるのです。それもただたんに「見る」のではありません。「直視する」「しっかり見る」という意味です。

しっかり見ることは考えることを意味するのではないでしょうか。見ることを通して本質を理解すること、悟ること、それが何よりも必要だと訴える、それが「春」の意味だと思いました。「春」があるからこそ心で読み解くことができるでしょう。「春」が希望だとしたら、希望とは希望がないところに見つけるものです。「春」がないからこそ、わたしたちは「春」を待つのではないでしょうか。失われた「春」は、与えられるのではなく取り返すのです。時間がめぐって、自然に与えられるのだったら、それは季節の春です。それだったら、夏と変わりません。私が考える「春」、李相和にとっての「春」は、直視することを通じてどう取り返すのかという「春」、それが、私が考える見せたい「春」なのです。

南相馬での写真作業をとおして、私は変わっていかなければならないでしょう。同じような問題を過去にも抱き、考えつづけてきたことですが、今回は撮影する相手に対して人間としての配慮と思慮をもって接近しなければならないと痛切に感じました。

被災地は被写体自身があまりにも強いので、その強さに少し触れただけでも写真が撮れてしまいます。そうしたものはたくさんあります。私自身はそうしたことを苦心して避けつつ、しかし、そこからさらけ出されてしまうものを撮ろうとしてきました。それが私にとっての「配慮」という意味です。配慮をもってさらけ出し、共有しなければなりません。それは未だにできているとは言えません。

南相馬での仕事がたんに私のプロフィールの一部になってはならないことだけは、はっきりしています。すくなくとも年に一度はこちらに来て、撮影しなくても変わりゆく姿をこの目で見たい、共有したいという思いがあります。それも私の写真作業のひとつなのです。自分が見つめてきた対象が、たんに写真を撮る活動に使われるだけであってはならないと私は信じています。撮影する対象として選んだ相手と私自身との関係が自分の生きる幅を広げてくれるとき、私はそのことに意味を見い出してきました。

ここ南相馬でも私の命がつづくかぎり繰り返し訪れて、この場所とのつながりが私にとってただの素材だけではないことを確認したい。誰かに見せるためではありません。私自身が確認したいのです。大地を撮ろうが、海を撮ろうが、人間という存在そのものを見つめなおすということ。大地とは空気とは私たちにとって何か、人間の欲望とは何か。そういうことを学びつづけたいのです。それが私にとっての写真です。

徐　では、ここにいらっしゃる方々をご紹介いたします。写真家の鄭周河さん、写真家の比嘉豊光さん、ＮＨＫディレクターの鎌倉英也さんです。鎌倉さんは、いま、皆さんにご覧いただいた番組を構成演出された方です。それと、韓国の著名な歴史学者で平和博物館を主宰されている韓洪九先生です。この巡回展覧会の企画は韓洪九先生とともに始め、進めてまいりました。最初の展覧会もソウルの平和博物館で開催しました。最初に韓洪九先生から、まずは一言いただきたいと思います。

絶望感を共有できるか

韓洪九（以下：韓）　みなさん、こんにちは。今日は二〇一三年七月二七日です。韓国ではとても意義のある日のひとつです。一九五三年に朝鮮戦争が休戦協定を結び、休戦に入った日から六〇周年にあたります。しかし、みなさんご存知のように朝鮮半島に平和はまだ来ていません。南北関係は非常に緊張しています。また、朝鮮半島だけでなく日本と韓国の関係を見ると、六〇年の間に歴史が少しずつでも進んできたという印象もありますが、一面では本当にそうなのかとも感じます。なぜなら、一断面をみると、日本では岸信介の孫が、朝鮮民主主義人民共和国では金日《キムイル》成《ソン》の孫が、そして大韓民国では、朴正熙《パクチョンヒ》の娘が権力を握っている状況です。それは一九三〇年代末あるいは四〇年代初頭の旧満州国、大日本帝国、そして植民地朝鮮の関係の構図をそのまま受け入れているものではないでしょうか。岸信介は日本が侵略によって中国東北地方につくった傀儡国家「満州国」の政府高官であったし、金日成はその日本に抵抗して満州で抗日武装闘争を展開しました。そして、朴正熙は満州国軍人として抗日武装闘争の「討伐」に従事しました。ある意味で東アジアに平和はまだ来ていないという現実を示していると思います。

しかし、一九三〇～四〇年代と違って平和に対する脅威というのがもうひとつできたと考えられます。それは核爆弾、そして核発電所です。東アジアは核爆弾が戦争で使われた世界で唯一の地域です。しかしながら、全世界で核発電所が最も密集している地域でもあります。そして、大きな事故が起きて、その事故の影響の下で私たちは生活しています。

二〇一一年の3・11の後、この事故を私たちはどのように受け止めるべきなのか、あるいは私たちは何をすべきなのか。私は反核運動や反原発運動をやってきた者ですが、そういう者として何をすべきなのかを悩むようになりました。そして、福島の現場に一度行きたいという気持ちはありましたが、どのように行ったらよいかわかりませんでした。けれど、ちょうど徐京植先生から、徐先生が出演された鎌倉ディレクターの『フクシマを歩いて』という番組（二〇一一年八月一四日放送「こころの時代～宗教・人生～」NHK・Eテレ）があるという話を伺ったので、私は、徐先生に「そのルートをたどりながら、もう一度行きましょう」と頼みました。そして徐先生を通して知り合った東京大学の高橋哲哉先生にも、ぜひ一緒に行きたいと頼みまして、福島を訪ねることができました。

そのときに、『不安、火‐中』という写真集を通して韓国の原発のことにずっと取り組んでこられ、また韓国の陜川《ハプチョン》に多く住んでおられる在韓被爆者のことを取り上げられていた鄭周河先生にも、一緒に現場を訪れて福島を記録し、ぜひ韓国の人びとに福島の問題を伝えて欲しいという気持ちでお誘いしました。

実際に福島を訪ねる前の段階で、写真をどう撮るべきかを相談する中で――もちろんそれを考えるのは鄭周河先生の役割だと思いますが——津波の被害の現状、事故の悲惨さといったものは、日本のメディアを通して多く伝えられているので、鄭周河さんにはもっと違った視点で写真を撮ってほしいと考えました。韓国と福島の間に距離感があるのと同じく、日本と韓国の間も距離があります。ですから、距離を置いた別の視点で写真を撮ってほしい、そういう願いが今回の写真として現われました。タイトルは「奪われた野にも春は来るか」とつけました。植民地時代に発表されて、のちに曲がつけられて韓国で多くの人びとに歌としても知られている有名な詩のタイトルです。

私は植民地時代に野を奪われたというのは絶望的な状況だと思いますが、その時代に独立運動をやった人たちは、この地を永遠に奪われたのではなくて、「必ずこの地を取り戻す」という気持ちがあったと思います。沖縄も、第二次世界大戦の最後に大きな被害を受けましたし、朝鮮半島も朝鮮戦争を通して被害を受けました。しかし、六〇年、七〇年経ったいま、私たちはこういうふうにこの地で、そして韓国で生きています。

鄭周河さんの写真で見られるところは、福島の中でいまでも人が行くことのできる場所です。しかし、六〇〇〜七〇〇年後、二〇キロ圏内に本当に人が生きることができるだろうか、そういう疑問を感じます。その奪われた絶望感を共有すると考えることができます。植民地あるいは戦争の被害を受けた人びとが感じる絶望感とは質が違うかもしれません。しかし、植民地支配、あるいは戦争で被害を受けた人びととともに、福島で野を奪われた人びとの気持ちを共有したいという気持ちがありました。

それぞれの経験は違うかもしれませんが、ぜひ、自分が住んでいる地＝野を奪われた人びとの間での苦しみの連帯をしたいという気持ちがありました。3・11の一周年のときに、ソウルの平和博物館でこの展示が始まって、日本全国を回るこういう展示をすることができました。この展示を通して、日本、韓国、そして東アジアの傷つけられた人びとの中での「苦しみ」「苦痛」の連帯を一緒に拡げられるようになればと願います。

沖縄と福島で何を撮るか

徐 では、トークを始めますが、簡単に私自身のことを申します。私は日本で一九五一年に生まれまして、沖縄に初めて来たのは九〇年代の半ば、いわゆる少女暴行事件後の反基地運動がいちばん高揚しているときでした。それから時間が流れて、問題は解決しないどころか、さらに深刻化して絶望に近い状況になっていると思います。「植民地」というのが、今日のキーワードのひとつだと思いますけれども、当時あまり耳にすることがなかった「沖縄は日本の植民地なのか」という問いかけが、この一、二年で大変多く聞こえるようになってきたと思います。韓洪九先生から、「苦痛の連帯」という言葉が出ましたけれども、植民地支配を経験した朝鮮人と沖縄の人たちと、いま福島で苦痛を受けている人たちが、そのキーワードをどう考えるかということは解決していない問題ですけれども、その概念を真ん中において話し合えるのではないかと思っています。

それから、この佐喜眞美術館では、ここに展示されている丸木位里《いり》・俊《とし》ご夫妻の「沖縄戦の図」の前で、ラジ・スラーニさんというパレスチナのガザ地区を拠点に粘り強く活動している人権運動家と私が対談する番組が二〇〇三年に撮影されました。それはエドワード・サイード（パレスチナ系アメリカ人の文学研究者。ポスト・コロニアル理論の成立に多大の功績を残しただけでなく、パレスチナ／イスラエル問題でも常に抑圧される民衆の側に立って発言した。二〇〇三年九月没）が死去した年であり、イラク戦争が始まった年です。ちょうど一〇年前です。その番組のディレクターも鎌倉さんでした。パレスチナと沖縄と在日朝鮮人がこの美術館で出会ったのです。そしてそのときから一〇年後の状況は、いま申し上げたとおり困難がつづいています。

その後の二〇〇五年だったと思いますけれども、憲法記念日に私は那覇で講演をしまして、そのときに李相和の「奪われた野にも春は来るか」を朗読したことを記憶しています。植民地時代の朝鮮人の経験と、野をいまも奪われている沖縄の人たちの経験とを照らし合わせようとしたのです。今回また福島ということを経験した後、もう一度李相和の詩をひとつの参照点として我々が出会うことになったのだと思っています。

私はできるだけこれ以上の話はしないことにして、鄭周河さんには作品そのものについての話をしていきたいと思いますけれども、まずはＮＨＫディレクターの鎌倉さんから、番組を作られて、いまお考えになっていることをお話しいただきたいと思います。

鎌倉英也（以下：鎌倉） 鎌倉と申します。今日はお招きいただき、ありがとうございます。お話させていただくにあたり、まずはこれがＮＨＫという組織を代表するものではなく、僕個人としての考えであることを申し添えさせてください。

実は、３・11のとき、僕は辺野古でロケをしていました。辺野古の砂浜を米軍基地の境界で分断する巨大な「分離壁」のようなフェンスが建設されている工事の過程を撮っていたのですが、その日の撮影を終え、クルーと共にいったん東京に戻ろうと那覇空港へと車を走らせていたとき、関東東北地方で起きた巨大地震の連絡を受けました。

そのとき撮っていた番組は、ＮＨＫスペシャルの「ジャパン・プロジェクト」というシリーズ企画で、明治開国以来の日本が現在まで抱えてきた問題、要するに、大日本帝国が何をやってきたのか、敗戦を経て、それは現代に何をもたらしているのかということをテーマのひとつとする番組でした。僕はその最終回を担当することになっていたのですが、そのようなテーマは沖縄から見ることによって明らかにされるだろう、またその視点によってこそ考えてゆかなければならないと考えていたのです。けれど、３・11が起きたことによって、その番組はＮＨＫの組織的な判断で中止されることになりました。番組がなくなったので、つづけてきた僕の沖縄取材もいったんそこで途切れました。その後は、他の職員と同様、被災地に入って番組を作ることになりましたが、そのとき最初に企画して通したのが、徐京植さんにご出演いただいた『フクシマを歩いて』という番組です。

そのときは、僕自身の問題意識の中で、「目に見えないものをどう写すべきか」という、ある意味では鄭周河さんと同じ意識を持っていました。人間の細かな表情や言葉を丹念に追うことによって、その困難な表現が可能になるかもしれないとも考えましたが、その作業の中で僕が訴えたいと思っていたのは、「何が奪われたのか」ということだったのではないかと思います。それは、なかなか目に見えるものではありません。ＮＨＫの番組は昨今、ビジュアルなもの、つまり目に見えるものをわかりやすく、メジャーな視点から描くようなものが企画として通りやすく、そういう番組が多過ぎるようにも感じていたのです。

福島の被曝問題に関しても、そこに住んでいる「日本人」がどう被害を受けたのかということばかりに注目する報道や番組ばかりでしたが、福島に住んでいたのは「日本人」ばかりではない。在日朝鮮人の方もいっぱい暮らしていますし、そのお子さんたちが通う学校もあります。他の「日本人」の小中学校では、グラウンドの土の除染などに補助金が出されていましたが、同じ年齢の子どもたちが通う朝鮮初級中級学校には行政の枠がはめられ補助金が出にくくなっているという問題、これは僕の知る限り、ＮＨＫや他の放送局や新聞では取り上げていませんでした。僕はそういうところを見つめたいと考えたのです。

つまり、「核」という問題を考えるときに、それが破壊的状況を生み出したら、そこには性別も民族も国境も何もない、放射線を前にそうした境界は意味がないはずなのです。だからいま、被曝の問題では福島ばかりがクローズアップされますが、僕はこれは福島だけの問題ではないと思っています。周辺の県も被曝していますし、もっと広げれば東アジアの問題でもある。そのように考え、徐京植さんと一緒に被災地を回り撮影したわけです。

僕が沖縄の番組を中断して――というより「沖縄をやっている状況ではなくなった。NHKの総力は被災地に向けられる」という方針によって当初のNHKスペシャル番組は消えてしまったのですが――福島を回りながらも、僕の頭の片隅から離れなかったのが、実は沖縄のことでした。これについては、後ほど沖縄と福島の関係について議論する時間もあると思います。

僕が福島で作った番組は、徐京植さんと被災地を訪ねた『フクシマを歩いて』という番組、それから今回の鄭周河さんの『奪われた野にも春は来るか』という番組です。ご覧いただいたように、この番組は鄭周河さんへのインタビューが軸になっています。どういった人生の経験をされたか、どういう視点を持っていまを生きていらっしゃるかということをじっくりお話を聞きながら伝えるレギュラー番組の枠で、NHK教育テレビ毎週日曜日の朝五時から一時間放送されている「こころの時代」という番組のひとつとして制作しました。この番組枠は、朝五時からの放送なので視聴率はきわめて低いです。しかし、特集やスペシャル番組などは、編集中から幾度となく、時にはさまざまな部局から編集室に来る上司などによっても試写がくりかえされ、放送前に頻繁に事前チェックが行われるのですが、この「こころの時代」は担当セクションに試写が委ねられていることもあり、実際の現場を見てきたクルーの皮膚感覚や意識が比較的伝わりやすいという側面もあると思います。

鄭周河さんとは、福島で徹底的に何度も何度もいろいろな話をしました。六〇分の作品ですが、あの時は現場で五時間くらいのインタビューをして、それを編集してゆきました。鄭周河さんがそこでおっしゃっていたことは、まさに自分がいつも問われてきた問題だと思いましたし、そういった意味では、鄭さん個人だけの問題ではない普遍的な問いにもなったような気がしています。福島という問題だけに限定されない、沖縄の問題であったり、東アジアの問題であったり、そういったものに通じる部分もあるように思いました。

番組とは突きつめれば「人間として主体的にどう見るか」という問題だと思います。この番組で、鄭さんの写真作品をビデオカメラで接写するときも、そこで何を感じとり、何を伝えるのかという問題に直面します。これは鄭さんがカメラを人間ではなく風景に向けたときに意識されるのと同じ問題なのではないでしょうか。そこで僕がどのようにその写真を感じとるのかということがないと、それは単なる風景写真になってしまう。この番組は、自分自身にとっても、そのようないろいろな問題を問われるものとなりました。視聴率はミニマムだったとしても、このような番組枠で放送することができて幸いだと思っています。

余談になりますが、辺野古で取材していた番組は「ＮＨＫスペシャル」では実現できませんでしたが、衛星放送の番組として再提案し取材を再開させました。辺野古の他に与那国や高江にもカメラを据え、グアムやオーストラリアなどといった沖縄の米軍海兵隊の移転先とされる場所にも取材網を広げ、去年の夏、それをまとめた番組として出すことができました。注1

徐 ありがとうございました。ちょっと私から鎌倉さんに聞きたいと思います。まず朝の五時なので人がほとんど見ないということですけれども、今回の鄭周河さんのこの番組は、高齢の方が多いのですけれども、それでもたくさんの方から反応がありまして、「見て良かった」という反応を私も喜んで聞いたのですけれど、そういう反応は鎌倉さんのところには来ていますか。否定的なものも含めて。

鎌倉 NHKに寄せられた感想の範囲では肯定的なご意見が多かったと思います。この「こころの時代」という番組を意識的に見ていらっしゃる方は、自分の問題として考える方が非常に多くて、NHKも含めたメディアが何を伝えているのかということを批判的に見ようとしている方々もいて、そのような視点が反映された感想が多かったように思いました。

もうひとつは、「奪われた野」というタイトルについての反響です。かつて日本が朝鮮半島を侵略したことと、いまの福島の原発問題を同じタイトルとして括っていいのかということですね。これに関しては、否定的な意見も肯定的な意見もありました。「奪われた野にも春は来るか」というキーワードは、否定的であれ肯定的であれ、非常に大きなインパクトがあったように思います。

徐　それと、今日は美術館でやっているアーティスト・トークですから、もうちょっと補充して聞きたいのですけれども、映像作家である鎌倉さんが、写真作家を撮るということには特別な難しさがあると思うのです。先ほどおっしゃったように、彼の作品をただ出しただけでは済まない。例えば、鄭周河さんの写真を接写するときに、照明が映りこんでいるとか、見ている人の顔が映りこんでいるとか、そういう場面だってありますよね。映像作家として、鄭周河さんの写真を紹介するときの映像的工夫について、何か意識されたことはありますか。

鎌倉　ドキュメンタリーを撮っているとき、僕は特別な「映像的工夫」といわれるようなことはあまりしないタイプだと思います。そこはカメラマンの現場での意思や視点に委ねることが多いのですが、今回、小嶋一行君という若いカメラマンに伝えたのは、「鄭周河さんに張り合って現場で風景を撮るようなことは絶対にしないでほしい。僕らが撮る風景とは基本的に鄭周河さんがいる風景であって、鄭さんがともに映っているべきだよね」ということでした。

同じ場所に行っていますからそれをビデオで撮ったら、もちろんアングルなどは変わると思いますけれど、鄭周河さんが撮っている風景と物理的には似たような風景が写るかもしれません。そういったものではなく、「人間がどう考えているのかを撮ろう」ということだけはカメラマンに訴えたつもりです。

徐 もう一点だけいいでしょうか。最後の結びで、朝鮮語で「チェサ」と言いますけれど、海岸で死者の霊に対しての儀礼として鄭周河さんがお辞儀をされる場面がありましたね。あれは「演出」じゃないですよね。

鎌倉 二〇一一年三月一一日からちょうど二年目、その午後二時四六分というその瞬間に、どこにいたいかということを、僕から鄭周河さんにお聞きしたんです。すると、鄭さんは、「自分は海岸に行って立っていたい」と——そのときは追悼の儀礼をされるとは思わなかったのですが——おっしゃいました。僕らクルーも、鄭周河さんが福島で撮り重ねてきた写真のモチーフのひとつでもある南相馬の海へ行ってそのとき何を感じるのか、何を語るのかということにとても興味が湧きました。僕が「海に行きましょう」と言ったわけではありません（笑）。鄭周河さんが選択された場所に僕らがついていったのです。

徐 ドキュメンタリーを撮るときの、「報道性」と「作家性」というものの境目みたいなことはなかなか難しい話だと思いますけれども、とてもおもしろいお話でした。

沖縄からの問い

徐　それでは比嘉さんから一言お話いただきたいと思います。先ほどお名前が出ました高橋哲哉さんは、ここにお越しになれませんでしたけれども、沖縄でこういうイベントをやるときに、沖縄の人を除外してやることは許されないと強くおっしゃって、まったくその通りなので、比嘉豊光さんにも加わっていただきました。鄭周河さんの作品を見て、あるいは先ほどのドキュメンタリー番組を見て、まず写真作家としてお考えになっていることをお話しいただきたいと思います。

比嘉豊光（以下：比嘉）　佐喜眞美術館では何度も展示会をしていますが、その前に、（と、シマクトゥバで話し出す。知念ウシが「私が通訳をします」と言って出て行き比嘉の後ろに座る——知念注）

徐　では、いま助けてくださるのは知念ウシさんです。朝鮮語は私は聞けるから、ここでヤマト言葉しかわからない人はちょっと不便だけど、シマクトゥバを朝鮮語にするだけでやりましょう。

比嘉（シマクトゥバで）　三人、外国人ということになりますね三人、外国人ということになりますね（「外国人」とは、トークで聴衆の前に出ている徐、鄭、そして比嘉自身のこと、あるいは、自分以外の徐、鄭、鎌倉を指すと思われる——知念注）。私は日本語も上手なんですが、シマクトゥバでいいでしょうか。写真の話だけをすべきなんですが、韓国の方が意識的に福島の写真を撮って沖縄に持っていらっしゃったわけなんです。私たち沖縄と福島は一緒ではないですから、まず、なぜ韓国の方がわざわざ福島の方もやらないのにその写真を撮って沖縄に持ってくるのか、という話をしてもいいだろうかと思うんですが。日本人にはよく分からないだろうけど、どうしようか。写真の話は日本語でできるが、入り口のこの話は日本語ではできないので（「豊光さん、がんばれ」と会場からシマクトゥバで声がかかる――知念注）。

徐　進行役として一言。私は断乎として母語の権利を支持する立場です。けれども、大変申し訳ありませんが、ヤマトグチを使ってくだされば、時間が節約できると思います。マジョリティの便宜のためにこういう譲歩を迫られるのがマイノリティです。そのことは私も立場上良く分かっておりますので、私がこんなことを言うのは皮肉なことですが、私からお願いいたします。

比嘉（知念が比嘉に向かってシマクトゥバで「私が通訳しますので、シマクトゥバでどうぞお話しなさって下さい」と言う。比嘉はシマクトゥバでつづける）　いや、写真の話になると日本語が混ざってしまうんだけど……。この佐喜眞美術館で、鄭周河先生の今度の福島の写真で、「写真の流れ」というものを見ると、私の内地の友だちの写真家たちも福島のことを撮っている人が多いですが、日本人が撮っている福島と植民地を体験した韓国人が撮っている写真は違う。それと私たち沖縄の人間が撮る写真も違います。鎌倉さんが撮った番組もすばらしくパーフェクトで、そうすると、鄭先生がおっしゃっている言葉と写真がそれぞれのものになってしまい、写真が言っていることと、どのように撮ったかということが混ざって、結局、写真はどうなるのか。

また、鎌倉さんの番組の中には、鄭さんの写真を見た福島の人が否定的なことを言っている場面が出てこないですよね。私は福島の人はこれを見て本当に納得したんだろうか、と。私はそうではないのではないかと考えました。そして、私たち沖縄の人間がこれを見て韓国の人と連帯することは考えられるけれど、福島と連帯することは本当に考えられるのか、と。どうしてかというと、原発で被害を受けたから沖縄と連帯するということになると、日本全国が沖縄と連帯できるには、日本全国の原発が全部放射能漏れしないといけないのか、ということになる。

私たちの沖縄というのは「撮られる沖縄」なんですが、先ほども言ったように、福島と連帯というのはできない。だから、「復帰四〇年」が過ぎましたが、沖縄の問題はもう沖縄だけで解決しないといけないと思っています。韓国も日本帝国主義による植民地を体験したわけですが、この写真を福島に持っていったことについて、沖縄と福島はちょっと違うということをわかったうえでお話になっているのでしょうか。

どうしてかというと、今日はもっと写真の話をしようと思っていたのですが、ＮＨＫの番組を見て、鄭先生が写真の話をなさるので、写っている写真と写真の主、芸術家、撮る側との関係。撮られた現場に写真を返すときに、「撮られている福島」というのは語っていなかったよね。撮るときは人と対話して配慮をしているが、展示された写真には、人の気配がするけれど人がいない。その意味で配慮がないのではないか。写真には撮る側、撮られる側、見る側の三者があると思っています。撮る側見る側の二者関係ではない。このへんが沖縄と違うなあと。沖縄では写真を撮ることを「ヌジュン」と言います。「魂を脱ぐ」。ようするに「shoot」じゃないわけよ。この点からも沖縄は違う。

人を撮らなかった理由

徐　なかなか連帯は困難だけれども、しかしその困難を経験しながら、進めていくということをいま実践しているのだと思います。では、鄭周河先生から、これを受けて、というのも難しいとは思いますが、お話をお聞きしたいと思います。

鄭周河（以下：鄭）　実際、今日、私はしゃべりすぎだと思います。この場ではいま初めてマイクを握って話を始めますが、その前にご覧いただいた鎌倉さんの番組の中で、一時間ずっと騒いでたじゃないですか。私は、私がここで自分の思いを話すよりも、皆さんが写真を見て感じたことや気になること、教えたいことがおありでしたら、それをお聞きしたいです。

さきほど比嘉さんが、私が撮影するとき対象についての配慮はするが、大衆に見せることへの配慮ができていないのではないかとおっしゃいました。胸に刻んでおきます。他の方ももしご意見がおありでしたらおっしゃってください。

徐　予定していた進行と少し違うのですけれども、それではドキュメンタリー番組と作品そのものについて、お聞きになりたいことがありましたら、質問をお受けするのがいいと思います。

会場発言者Aさん　私は沖縄語を話しますが、ここでは日本語で話します。まず写真の中に人物がいないのが、とても気になりました。春を待つ風景、その中にちょっと希望がありますけれども、もっと生きている人の、人間と土地との関係、そして大きな規模の地震や津波が起きたこと、それから何万年あるいは何百万年被曝したこと。そこには人が入れない、それも大変深刻な問題です。ですから、避難している人たちの声にならない声というのも知らなければいけないと思います。そのことが写っていないのがとても残念だな、と思います。

確かに、悲惨な風景も分かります。それは情報メディアでもよく分かりますけれども、要は人間ですね。単なる写真報道ということではなくて、一人の人間としてその場に立って自分が考える、という意味があります。そして、政治的なことでは括れないというようなニュアンスがあったと思います。いわゆるアート、表現とはそういうものなのではないか、ということもおっしゃっていたと思います。社会、そして生活者との関係と、大きなテーマですけれども、これはアートなんだ、そういうことを強く受けました。ありがとうございます。

徐　それではもうお一方お聞きしてから、鄭周河先生にお答えいただいたらどうかと思います。

会場発言Bさん　さっきの方と似たところがあるのですが、私も写真をやっていますけれど、長い間、新聞社で人間ばかり撮っていたものですから、人間が出ないものは、コミュニケーションがとりにくいということが体質としてあります。鎌倉さんがお作りになった番組は、とてもよくできた番組だと思います。いくつか鄭周河さんの写真が番組の中に出てきましたけれど、その中で学生時代に撮られた施設の写真（一三九ページ参照）を見ますと、こういう写真だったら、十分コミュニケーションがとれました。朝鮮語と日本語とウチナーグチの違いがあっても、あの写真を見ればすごくそう思いました。僕は人間が出ている写真が好きなものですから、そういうことを考えました。

徐　では一度このあたりでお答えいただきたいと思います。

鄭　ありがとうございます。はい、その通りです。私の写真には人がほとんどいません。それはなぜかというと、この作品で私が人を撮らなかったのは自信がなかったからです。どういうことかというと、あの場所にずっと暮らしていらっしゃる方を撮影するとすれば、彼らの苦痛の内側にカメラを持ち込まなければならず、私はあの当時、それをやりとおす自信がなかったのです。それは、私がジャーナリストになれない理由でもあると思います。なので私が選んだ道は、彼らの苦痛や破壊された現場そのものを見せることで人に怒りを感じてもらうより、その出来事の裏にあるものを見せることで見る人が自分自身を見つめてくれるようにすることでした。

幸い、世界の勇敢で能力のある多くの写真家たちが、事故の直後そしていまに至るまでジャーナリズムに立脚したいい仕事をしてきています。彼らとその仕事に敬意を表しながら、私は私が選んだやり方で、ここ沖縄の皆さんにも、福島の皆さんにも、そしてまた韓国にいるたくさんの皆さんに、原子力エネルギーが持つ問題を自分自身で見つめてもらえるよう制作したいと思っています。まさにこの点が私の作品に人が入っていない理由でもあります。

それに私はこの作品を通して見せたい個人的な欲望はとくにありません。虚無主義のように聞こえるかもしれませんが、私が知るところでは、有史以来、芸術が人間の行動を純化させたり変化させたりということは成し遂げられていません。私がここでただひとつ望むことは、「芸術」あるいは「純粋芸術」という名のもとに、私たちが生きる時代に起きる多くの卑劣なできごとに目を閉じて生きることだけは避けたい、ということです。それが私の率直な気持ちです。ありがとうございました。

福島と沖縄を貫く「富国強兵」

徐　それでは、もう少し話をしてから会場のご意見を聞く機会をつくりたいと思います。正直に申し上げて、ウチナーグチがわかりません。私は日本生まれの朝鮮人ですけれど、その朝鮮人である私が人と疎通をするときに支配者の言葉であるヤマトグチでしかそれができないという、まさに不条理なのですけれども、我々に押しつけられた現実のせいです。帝国の支配下にあった人たちは、例えば、イギリス帝国の支配下にあった人たち同士はイギリスと戦いながら英語でコミュニケーションするしかないような状況を強いられているのです。ですから、私と沖縄の方々がヤマトグチで話すことは、当然でもないし正しくもないけれども、いまのところは避けられないことだということは確認しておきたいと思います。これは当然のこととして要求しているわけではないのです。

そのことがありますので、比嘉さんのおっしゃったことを私が十分に理解しているとは私自身言えません。でも、断片的にしかわかりませんが、とても重要なことをおっしゃっていたと思います。というのは、「福島と沖縄の違いというのをわかっているのか。わかって撮っているのか」という言葉でした。これは非常に重要で深刻な話だと思うので、どこまで話せるかわかりませんけれど、簡単にでもそのことについてのコメントを聞いてみたいと思います。

まず、鎌倉さんは比嘉さんの問いをどれくらい正確に捉えられたかわかりませんけれど、この問いに対してどうお答えになりますか。

鎌倉　これは自分にひきつけて考えると非常につらい問いです。僕は沖縄や在日朝鮮人の方々の番組を数多く作ってきましたけれど、ヤマトから来ている人間なわけですから、言ってみれば「加害者」の一員であるわけです。「自分の免罪符のために沖縄とか福島とかあるいは在日問題などに取り組んでいるんじゃないの。それは偽善なんじゃないの」というような言葉を投げられることもあります。僕は、いつもそのことに番組を作るジレンマや限界を感じてきました。

「福島と沖縄の違い」という観点から申し上げると、先ほどの話のつづきになりますが、3・11が起こって僕の取材地も沖縄から福島へ移ったわけですが、そのとき福島の被災地を回りながら思ったことがあります。僕の頭に浮かんだのは、「富国強兵」という言葉でした。それは、福島と沖縄を結ぶ認識という意味での僕自身のキーワードのひとつとなりました。

「富国強兵」というのは、明治以来の大日本帝国がつくりあげたスローガンですね。「富国」というのは、日本が西洋に負けない経済的強さを持つこと、そのためには産業を発展させ物資を増産するためのエネルギーが必要になりますが、天然資源に乏しい日本はその問題を補うために「外」に目を向けた。しかし、敗戦によって「外」の資源を軍事的に収奪することはできなくなる。そして、戦後、最終的なエネルギー問題の解決策として到達したのが原子力発電だったと思うのです。

一方の「強兵」というのは何かというと、大日本帝国という国は軍事力増強路線をひた走った結果として崩壊し、軍隊を持たない国となった。自国の「強兵」を拡大し組織化する手段を放棄した結果が、その後の別のかたちでの「強兵」を継続させる理由にされていった。沖縄に集中する在日米軍です。

敗戦によって大日本帝国は滅び、日本国として生まれ変わり、その反省と教訓の上に「富国」も「強兵」も途絶したように考えられていたけれども、実は「富国」に対する国家的欲望の方は原子力発電というかたちで経済最優先の拡大路線をつづけた。それが破綻したのが「福島」だったのではないか。そして、「強兵」のほうは、自前の軍事力増強の道を断った日本が「沖縄」の犠牲の上に築かれた米軍基地によって、つまり世界最強といわれている米軍に居場所を提供し、それに寄り添って日本を守ってもらえる、という衣を着替えた「強兵」手段によって戦後もつづけられてきた。それもまた、沖縄の人びとの根強い闘いによって破綻しつつある。

つまり、日本が軍事力によって領土を拡大しようとした歴史的過程を支えていた国家的な欲望や思想は、一九四五年の敗戦でも完全には終わらせることができなかったし、福島の原発事故を経験したいまですら終わっていないというのが僕の考えです。そういう意味においては、国家の権力者たち、自分が支配する側だと思っている人間たちがいま、何を考えているのかということに関して言えば、福島と沖縄には共通点があると僕は思っています。

しかし、それぞれの場所はそれぞれ違う歴史的経験と苦難を歩んできたわけですから、それを同列化して見ていいのか、という問題は常に考える必要があると思っています。沖縄では、こういう話をすると、「沖縄と福島は全然違うよ」と言う方に何度もお会いしました。どう違うのかをお聞きすると、違いのひとつは、「福島の人は自分たちの選択によって原子力発電を地元に呼び込み、自治体として原子力発電の中で暮らしていく道を選んで生きてきたでしょう。沖縄の私たちは軍事基地においてそんな選択をして来なかった。いくら拒否しつづけても押しつけられてきたのだ」と。「ここが福島と沖縄が大きく違うのだ」ということを僕は取材中に何度も聞きました。

ですから、沖縄や福島を見つめるときは、より厳密な視点が必要になると言うか迫られると思っていますし、一方では、どう考えても僕などは、現在もつづく歴史の中で「押しつけてきた側」に身を置いていますから、そのような立場から沖縄に寄り添ったふうの番組を作るのは偽善なんじゃないかと言う人はヤマトの中にもたくさんいます。また、ＮＨＫでは「客観的かどうか」ということがよく問題にされますが、現場に入り、「外」からでは聞けなかったような、見ても来なかったし伝えても来なかったようなことを描こうとすればするほど、「これはあまりに地元にのめり込んでいないか」「客観的ではないのではないか」という議論が出てきます。では、「客観的ではない」とは一体どういうことなのか。僕としては「客観的」に見て、それぞれの主張が情報量においても圧倒的に不公平であり不公正な状態だと思うので、「客観的」にそれを正すべきだと考えているわけですが、一方で、番組にしても報道にしても、人間が感じたり見たりして事実を切り取っている以上、あたかも自分が神様になったかのような「客観性」など持ちうるはずもない。そこには、「客観的」に見つめたときに不公正だと感じる人間という「主観的」存在があるはずです。僕は「主観的」に伝えるべき「客観的」問題があると考えているので番組を作ろうと思うのですが、同時にいつも思うのは、福島にいる人、沖縄に暮らす人、その方々のことがすべてわかって、その方々の視点を完全に伝える番組を作ることは僕には不可能だということです。ですから、僕は僕の見方の中で、自分なりの問題への向かい方といいますか、そういった中で作っていくしかないなと思っています。

こういったことは、仲間うちでもよく議論になるのですけれども、ドキュメンタリーを志している後輩のディレクターたちも取材現場で、「お前はどこから来たんだ」「お前は違うんだ」「お前に分かるはずがない」というふうにその場所に暮らす方々に言われたりして、しょぼんとして帰ってきて、それで悩みを抱えて作れなくなってしまうことが起きます。いくら一生懸命作ろうと思っても、この双方の「壁」を崩すことなどできないと考える人たちはたくさんいます。

さっき徐さんもおっしゃいましたけれど、そういった連帯は非常に難しいと思います。これは、「コンパッション」いわゆる「共苦」が可能なのかという問題とも通じていると思いますが、そこを放棄してしまうと、それぞれの場所や状況で孤立させられているバラバラの集団でしかなくなってしまうという思いは、僕の中にすごくあります。それではいけない、それがつながるようなことを少しでもやってゆければと思っています。

徐　ありがとうございました。いまの発言に対して、比嘉さんからのご意見をお聞きしたいのですけれど、その前にちょっと私から申します。「地元」と「中心」という対比で語られるのですけれど、例えば福島でも地元にいろいろな対立があるのです。いま、福島の人たちの中にもあんな経験をしても再稼動に賛成している人もいるし、自民党に投票している人もいます。「それが地元なんだ」ということを主張している人たちもいます。沖縄もそうでしょう。朝鮮も植民地時代に、日本の植民地主義に協力して親日派として活動した人だっているのです。ですから、地元と中心は違うのだけれど、地元ということでそれを一色に塗ることもできない。

けれども、やはりそこにはある普遍性があるのです。いろいろある地元の中で、どの地元を私たち自身が自分の主観で選択するのかということが問われているのです。その主観は、いますぐ出会えないような者たちが、出会えるような地平を求めた普遍性の志向の中にあるのだと私は思うのです。しかし、その普遍性は、言葉ひとつにしてもなかなか通じない中で求めていく普遍性ですから、簡単なことではありません。しかし、「ヤマトでこうで、沖縄でこうだ」「日本でこうで、朝鮮でこうだ」というふうな立場の違い、置かれている歴史的文脈の違いを十分に深く理解しながら、しかしそれを一色化せず、内部にある対立の中で自分の責任でどういうふうに選ぶのか、それが問われていると思います。

「骨や遺体をなぜ撮らないのか」

徐　比嘉さんのお考えを聞くための糸口として、ひとつお聞きしますが、比嘉さんは写真家でおられて、3・11の後、この3・11を主題として写真を撮ろうとか、福島の原発事故があったとき、「自分も撮ろう」とか、「自分ならこう撮るのに」とか、そういうことはお考えになったことありますか。すなわち、沖縄の人間として、この事件を見たときに、「こう見えるし、こう撮るべきだ」ということはありますか。

比嘉　（日本語で話しだす――知念注）一応、肩書き写真家で、映像も撮っているので、テレビとかいろいろな情報で福島の悲惨なところ、震災の悲惨な映像は見たことがあります。また、僕の友達は東京の人が多い。どういう写真を撮っているのかとか、いろいろな展示会の反応などを見ますと……あ、間違えているね。いつの間にか日本語で話している。日本語で質問されると思わず日本語で話してしまった。

（シマクトゥバに戻って――知念注）私も写真家ですが、最初は報道写真とか、私にも「撮らないといけない」という写真はあり、三年前に沖縄戦の犠牲者の骨の写真を撮ったことがあります。ちょうどその時に3・11があり、福島の悲惨な光景を見ながら、そこでどうして写真家は亡くなった人の遺体とか骨とかの写真を撮らないのだろうかと思いました。なぜかというと沖縄戦でも米軍が撮った映像というのがありますし、私たちウチナーンチュの記憶の記録としては言葉というのが最後に残るのではないかと思っていました。しかし、沖縄戦から六〇年が過ぎて、この沖縄の土の中から骨が出てきたのです。このくらい人間というのは証拠というのか、起きている当時の悲惨さ、気持ちとかを死んでも伝えようとしているのではないか。死体に記憶が残っているのではないか。その骨を見て、どんなふうな気持ちでどんなふうに死んでいったのか、ということに興味を持ちました。いまは誰でも映像を撮り、いろいろな映像がたくさんありますが、やはり悲惨ではあっても、死体とか骨まで、そしてそれはちゃんとした写真家しか撮れないのではないかと思います。

徐　ありがとうございます。残された時間で必ずしも映像とか表現とかにこだわらずに、現在の沖縄と福島、あるいは東アジアの状況みたいなことまで話していきたいと思います。その糸口として私から申したいのですけれども、この写真展の実行委員会代表である高橋哲哉さんが、「犠牲のシステム」ということを福島の原発事故後におっしゃいました。つまり、中心部である日本のマジョリティの利益のために、不条理な負荷を強いられる構図。そういう意味で福島も沖縄も植民地主義的な――学術的な意味での「植民地」とまでは言えないけれども――差別と搾取の構造の下におかれている、ということを言われたわけです。

現実にそうかどうかは別として、先ほど「富国強兵」という話がありましたが、日本国中心部が近代を通じていままでやってきたこと、これからもやろうとしていることに、周辺化された人間たちがどのように抵抗していくのか、どういう理念に基づいて手を握るのかという問いでもあると思います。それは先ほどから言っているように、簡単なことではないのです。それぞれの置かれている文脈は違うのです。

とくに朝鮮、韓国、在日朝鮮人の中には、「福島と朝鮮は違う」という断固たる意見があって、私も半ば以上それにはもちろん賛成しているのです。福島は日本国の中で明治維新後の内戦によって内国化された場所ですけれども、しかしその日本国が武力をもって植民地支配をしたときにはその尖兵となった人たちも多くいるわけです。東北地方の軍隊は東アジア侵略のときの最前線で戦った人たち、侵略の尖兵でした。そういう人たちがいま、受けている被害、自らの選択として、自らの政府が起こしたことによる被害――「自害」という言葉を使った人がいましたけれども――それと我々が受けた被害を一緒に語っていいのか、とんでもないことだという考え方もあります。

そのことを、韓洪九先生も鄭周河先生もご存知ないのではなくて、十分知った上で、でも「奪われた野にも春は来るか」という詩とその詩人の心を投げかけてみたわけです。日本国のマジョリティに投げかけるのと、沖縄の皆さんに投げかけるのとではそれはまた違うわけです。投げかける人間の態度も違うし、受け取り方も違うでしょう。そのあたりをどのように考えるかということを、後半で少し話してみたいと思います。

まず、いまの問題について登壇しているお三方の中でご意見のある方はどうぞ。鎌倉さん、さっきもいろいろとおっしゃったけれど、この場に座っている唯一のマジョリティで、でもそれは引き受けなきゃならない負荷ですよね。ご自身のことを別に告白的におっしゃる必要はなくて、あなたは東京に住む人間としてこの状況をどう見るか、こういう働きかけが日本のマジョリティに対してどういう効果があるのか、あるいはまったくないのか。そのあたりをちょっとお聞きしたいのですけれど。

鎌倉　僕はいまここにマジョリティのひとりとして座っているわけですが、僕自身はマジョリティの中において日常的に居心地が悪いというか、マジョリティの中のマイノリティさを感じてきたという思いがありますので、徐さんがおっしゃるマジョリティへの「効果」をマジョリティの心理に即してお答えできるかわからないのですけれども、ひとつはいまの状況を考えますと、日本がいわゆる「近代国家」と言われるような道を歩み始めてから現在の二〇一三年七月まで、そのマジョリティ的意識や欲望は根底的に消え失せず生きつづけている、というのが僕自身の考えていることです。一通りの教訓や反省を得たような「セレモニー」が毎年八月に行われています。敗戦の日、それはつまり、大日本帝国がその国家的思想もろとも滅びた日であったはずですが、そこで本当に自分たち自身で止めを刺したのかということに関して言えば、全然そうはなっていないと僕は思っています。

先ほども申し上げたように、そのひとつが戦後の原子力発電による増産体制にあらわれる問題だと思いますが、余談としてお話しますと、僕は原子力発電という問題、「核の平和利用」と言われている問題と核兵器「戦争に使われる核」という問題は、「核と人間は共存できるか」という問いから考えると、実はひとつのものであると考えて、原発事故で被曝したチェルノブイリの人たちや広島や長崎の原爆被害、さらには原爆投下時に広島に住んでいたために被爆して韓国に戻られた方たちがいる韓国の陜川という町の取材をして番組を作ったことがあります。ここでの問いは、結局、核の暴発が人間にもたらすものは同じではないかということだったのですが、放送直前に行われた局内試写のときに、「そのふたつは一緒じゃない」という意見が強く出されました。要するに「核の平和利用」には理由があり「核の軍事利用」とは違うという批判が出て、試写の場は喧々諤々になりました。「平和利用」であれそれが制御不能になれば、「軍事利用」で原爆を投下した場合と同様に、人間は放射線に曝され核の脅威から逃れることはできないという事実を伝えるのだと訴えた挙句、なんとか放送することができましたが、そういった経験は何度かしてきました。

沖縄に関しては、具体的な出会いで言いますと、僕はＮＨＫに入局したのが一九八七年ですが、初任地となった名古屋局で「中学生日記」という番組を作っていたときのことです。この番組は主にドラマで作る番組ですが、まったくのフィクションではなく、実際にあったことを取材し、そこから見えるテーマをドラマ化してゆくわけです。その取材の糸口として、全国の中学生に自分が体験したことや思っていることを書いた作文も募集していました。その作文の中で、僕が一本だけドラマではなくドキュメンタリーとして作らせてほしいとプロデューサーにお願いした作文がありました。当時の沖縄水産高校野球部の栽弘義監督の娘さん、志織ちゃんが書いて送ってくれた作文でした。そこには「お父さんの背中には、幼いときにガマの中で斬られた大きな刀傷が残っている。それを背負って甲子園に行こうとがんばっています」と書かれていたのです。僕と沖縄の最初の出会いはそこから。いまから二五年くらい前です。それからずっと、いわゆる「本土」と言われている人の中にありがちな視点、基地問題を彼らが扱うときに見られるような俯瞰的社会的な視点のみに陥らず、人間としての視点から見つめたいと思ってきました。

その後、一九九六年、米兵による少女暴行事件が起こった翌年に、普天間基地返還の日米合意を当時の橋本首相とモンデール米駐日大使が突然発表しましたが、その瞬間にも沖縄にいました。当時はまだ「象のオリ」（読谷村《よみたんそん》にあった米陸軍楚辺《そべ》通信所のこと。二〇〇六年に土地が返還されたが、通信所は沖縄県金武町《きんちょう》米軍キャンプ・ハンセン内に移設された——知念注）があった頃ですが、僕はそのとき読谷村にいて、知花昌一《ちばなしょういち》さんにお話をうかがいながら取材をしていたのです。

また、さらに沖縄での番組を作るきっかけとなったのは、二〇〇三年の「イラク戦争」でした。その開戦直前、僕はエジプトのカイロにいたのですが、そこでエドワード・サイード、ラジ・スラーニというふたりのパレスチナ人と一緒に番組を作っていました。「イラク戦争」の開戦をカイロで迎えて、戒厳状況になり、外国メディアは厳しい監視下に置かれたのですが、ラジ・スラーニというそのパレスチナ人弁護士といろいろ話しているうちに、彼は、「イスラエルの軍事力に日常的にさらされているパレスチナ人として、沖縄にはいつか絶対行ってみたい」と僕に話していたのです。エドワード・サイードはその後わずか半年で白血病で亡くなりましたが、ラジさんは沖縄に来ることができました。そのときもラジさんと一緒に読谷村の知花さんのお宅に行って泊まらせてもらいました。

沖縄とは、僕にとってそのような場所です。そういうふうにしてやってきました。その中で突き当たるのが、さっき徐京植さんもおっしゃっていたような非常に難しい問題なのですが、沖縄と自分の関係、僕にとっての距離感の問題だと思うのです。僕という人間としてどう考えるのか、いつもそれが問われるのです。

ＮＨＫの中でもそうですが、ＮＨＫと関係なくてもジャーナリストとかドキュメンタリーを撮っている人間はよくこう問われるのです。例えば、現場の人びとの原発反対の叫びであったり沖縄の基地は絶対許せないという声をメッセージとしてとりあげた番組や作品を作ると、「お前は加害者の一員なのに、向こう側（被害者側）から見たふりをすることによって、自分の免罪符を得ようとしているのではないか。お前は自分のためにやっているのだろう」と。そういうことを言われることが非常に多いのです。心が挫けそうになります。しかし、そこで僕自身の心が挫けたら終わりが来ます。だから、そこは作っていくしかないのです。どんなに「お前は俺とは違うんだ」「お前には分かるはずがない」と言われても、それはその通りなのですが、その中で、僕なりに考える怒りであるとか、僕なりに考えるものを作っていきたいという気持ちです。いわゆるマイノリティ側の訴えに共感する人間をマジョリティの側で増やすために作るのだというような野望、そういう目的は、僕としては番組を作る動機の筆頭に来るものではありません。ひとりの人間として、そこで起きていることや、そこでの人間としての怒りに触れながら、何とか自分の人生の貧弱な体験の中から近いものを自分の頭の中に思い巡らせながら、その気持ちはいかばかりだろうかと考える。あらゆることを試しながら想像してみる。しかし、現場の状況は自分自身が経験したものとは比較にならないほど過酷だと思いますから、自分の想像を絶するところまで何とか踏み込んでゆかなきゃいけなくなる。そういうところを深く考えてゆかなければならないと思っています。

比嘉さんがさっきおっしゃっていた中に、「骨や遺体をなぜ撮らないのか」という問題がありましたけれども、それについては僕もジレンマを抱えています。つまり、そういうものを撮らずして、それを想起させるためにマイルドに置き換えた別の映像で現実を表現するだけでいいのだろうか、そこにいったん自分が身を置いた以上、自分が見たものは伝えなきゃいけないのではないかという思いです。これはNHKの同僚に聞いた話ですが、インドネシアのバンダ・アチェというところで大津波（二〇〇四年一二月二六日に発生したスマトラ島沖地震による）がありましたね。あのときもNHKのニュースや番組に、その現場はたくさん映像で出ましたけれども、実際にそこに取材に行った同僚によれば、そうした映像はカメラの画角が決まっていたのだそうです。その画角から外れて横に少しでもカメラを振るとそこはもう累々と積み上げられた遺体の山。息苦しくなるほど凄まじい死臭が漂っていたと言うのです。けれどもＮＨＫが撮ったカットには、横におびただしい遺体があってもそれは絶対に出てこない。福島でもそうだったと想像できます。例えば、原発事故後、二〇キロ圏内の民間人の立ち入りが禁止された警戒区域では、一度津波にさらわれ呑み込まれた人たちが再び海岸に打ち寄せられ、まだ生きていても救助が届かないということが起きました。実際にそうした状況から奇跡的に生還した人の証言もあります。助けがない中で疲弊と寒さから亡くなっていった方もいたことでしょう。そうすると、どこも報道していませんが、今年（二〇一三年）立入禁止が解除されて人びとがそこに入っていくと、比嘉さんがおっしゃっているような、海岸にたどり着いたにもかかわらずそのまま力尽きて骨になってしまわれたような遺体もあちこちにあったと思うのです。

そのような現実がもし本当に伝わっていけば、と考えるのはそういうときです。「日本が抱えるエネルギー問題を考えれば、即、脱原発なんて言えないだろう」とか「原発というものによって支えられている部分だってあるだろう」というような議論もありますけれども、僕たちは本当に取り返しのつかないことを起こしてしまったということが、そのような惨状を知ればもっと強く認識されるかもしれないという思いはあります。戦争や、沖縄に関しても、もちろんそうです。不特定多数の視聴者に開かれているテレビという媒体であることを考えると難しい側面はありますけれど、僕はいつも、少なくともそういうことを考えて撮らなければと思っています。

ですから、徐京植さんがおっしゃるような連帯は非常に難しいし、果たして本当の連帯ができるかどうかはわからないのですが、僕は僕個人が考える人間の問題として考えようと思います。自分としてどういうふうに考えるか、どのように認識したのか、という過程を確認するために撮っていると言いますか、「お前はまだ前進していない。全然理解が浅い」と自ら問いつづけるためにも、そういうことを積み重ねていこうと思っています。

会場発言者Cさん　いまのお話を聞いて、鎌倉さんに聞きたいのですけれども、いいですか。やはり僕は、「加害者としての共犯性」とか「痛みの共有」なんて、とんでもないと思います。いま我々が使っているこの日本語、共通語は、世界で英語を使うやり方のコピーではないですか、東アジアの。彼は在日朝鮮人なのに日本語が使える、私は琉球人だけど共通語として使える。

「自分の問題」「自分たちの痛み」「自分の痛み」。報道する側は、沖縄に来て番組を作っている時間があるんだったら、むしろ日本の中のことを報道するべきじゃないでしょうか。自分たちが都合の良いように放送している。そういうことをテレビ局としてやっている。さっき死体を写していないと言いましたよね。都合の悪いことは放送しないのです。非常に悪いです。ひた隠しにしています。あなたが作った番組も朝五時の放送でしょう。見てないですよ、誰も。とんでもないですよ。大変な屈辱的なことですよ。あなた自身がそれをどう考えるかですよ。そういうこと自体を、あなたはもっと主体的にやるべきですよ。そんな外からの客観視的にやっているようじゃ、とんでもないですよ。みんな逃げているでしょう。コントロールされている。自己コントロールもしている。その配下にある。そのことをどうお考えですか、と聞きたいです。

沖縄の「奪われた野」を取り戻す動き

徐　いまの問いには鎌倉さんからのお答えは必ずあると思いますけれど、鎌倉さんに限らず、我々全員に対して、どなたでも結構です。何かご質問なり、ご意見があればいま、お聞きしておこうと思います。

会場発言者Dさん　良いお話ありがとうございます。私は本当に素人なのですけれども、写真を見て「これはどこの写真なのだろう」と思いまして、タイトルや説明をつけるということは、芸術写真としてはどうなのか分かりませんが、私たち素人の大多数が見るには、これはどこを写したものなのか場所を示したり、あるいはタイトルをつけることによって、「奪われた野にも春は来るか」ということが訴えとして伝わる。コミュニケーションというお話がありましたけれども、そういう意味では見る側と写真が訴えることとのコミュニケーションというのはそういう形のとり方もあると思うのです。

もうひとつは、福島・沖縄・韓国の問題というのは確かに原子力だけから見たら、沖縄の軍事基地の問題と別だとは思うのですけれども、しかしいずれにしても、人間の欲望に発する国策として原子力が推進されてきた。だから、やはりこれは国策として捉えた場合には、やはり同じ問題というかたちで解釈して、私たちも対処しなければいけないのではないかと思います。

徐　お答えは後でまとめてしますので、いまは質問をまずお聞きします。

会場発言者Eさん　鄭周河先生は先ほど「私は人間を撮らない」とおっしゃって、なぜ撮らないのかというと、やはりいろいろな事象の向こうにあるもうひとつの人びとの願いというか祈り、あるいは自然というのを感じとってほしいから、人間は撮らないのだということでした。資本主義的な仕組みの状況にはいろいろな矛盾があり、我々はその矛盾の中に生きているわけですけれども、それをどう乗り越えていくのか、どうつながっていくのか。これは次元が違うのです。次元を越えなければ、手をとることはできないのです。そのことを伝えたいと思っている映像は私の目の前にあります。そのアートとしての側面を考えながら、乗り越える糸口を感じ取って欲しい。そういう議論にして欲しいです。

会場発言者Fさん　皆さん、人がいないのがわかりづらいという意見が多かったですが、私は違う感じ方をしたので、緊張しているのですけれど、言いたいと思います。人がいないことで、私が最初にこの写真を見たときに感じたのは、自然は何を思っているのかということでした。その中で人が生きてきて、人は人のことばかり考えていて、そういう「欲」ということが番組の中でも出てきましたけれど、その欲に駆られて、自然がなければ生きていけないのにその自然をまったく無視して来てしまった。それを、もうちょっとちゃんと見て感じなければいけない。それはたぶん私個人の感じ方なので、でもそういうことをしていかないと何も変わらないということをすごく感じています。制度とかいまの社会の流れであるとか、何々主義とかではなくて、もっと生き物としての生き方というものを考えさせられる写真ですごくよかったです。ありがとうございました。

知念ウシ　今日はようこそ沖縄にいらしてくださって、韓洪九先生、鄭周河先生、徐京植先生、鎌倉さん、皆さん、ありがとうございます。

私が今回思ったのは、正直に最初に言ってしまうと、この「奪われた野にも春は来るか」という写真展が、誰から誰に言われているのか、ということでした。この沖縄で私たちが見に来ているということは、私たちに言われているのだろうか。でも、「私たち」って誰なんだろう。そして、誰から言われているのか。つまり、これは朝鮮の解放を願っていた朝鮮の詩人の方の言葉で、それを写真展のタイトルに選んだのが韓国の、現在の朝鮮半島を生きている方で、それを在日朝鮮人を生きている徐京植さんがコーディネートして、日本の鎌倉さんが番組を作って、それを沖縄の佐喜眞さんが一緒にここでやろうということになって、いろいろな思いがこもっているのですが、私は写真を見て、まず、福島の方と出会いたいなと思ったのです。ただ、この写真の中にはいらっしゃらないし、会場にもいらっしゃらないようです。でもたぶん、それはいらっしゃれない状態なのだということだと思います。沖縄人と朝鮮の人との関係を作らないといけないし、沖縄と福島の関係を作らないといけないし、福島と朝鮮との関係をつくらないといけないし、また福島以外のヤマトゥ（日本）との関係を私たちは作らないといけない。また沖縄にいる日本人との関係も。だからこのメッセージは誰から誰に来ているのか。沖縄で展示会をするということは、私たちに来ているということなのですけれど、朝鮮の方と出会うのか、福島の方と出会うのか、同時に出会うというのはできるのだろうか、できるとしてそれはどんなことか、どんなふうにして？　などと、私はちょっと混乱しています。

福島の原発事故で沖縄に避難している方はたくさんいらっしゃるのですけれど、沖縄で暮らしている私たち沖縄人からすると、避難してきている人にはだいたい二種類あるとよく言われています。それは東北から来ている方と関東圏からお金を持って自主避難で来ている方です。東北の方は土地とのつながりが沖縄の人と似ていると言われています。その人たちは「避難してきているけど帰りたい、帰りたいけど帰れない、だけど帰りたい、でも心配、でも帰る」といって悩みながら帰っていった人が多いそうです。一方、関東近辺から自主避難で来ている人たちは、なんというか、どうやら私たちより裕福そうで、ちょっと様子が違うのではないかと言われているのです。

9・11が起きた後は「(米軍基地のたくさんある) 沖縄は危ない」と言って観光客が大量にキャンセルされ、沖縄経済が打撃を受けました。ところが3・11の後は「沖縄は安全だ」と言って今度は人が来ました。このように、沖縄は一方的に外から危険だと言われたり安全だと言われたりします。こんなふうに来なかったり来たりする人々とどうやって出会ったら良いのか、と私は悩んでいる最中です。

先ほど韓洪九先生が東アジアのお話をしてくださいました。いま、東アジアで権力を握っているのは、金日成の孫、朴正煕の子ども、岸信介の孫とおっしゃいました。本当だなと思いました。でも私は、琉球として、一番小さいながら東アジアの他の「国々」と肩を並べさせていただくと、沖縄でいま、権力を握っているのは仲井眞弘多《なかいまひろかず》という「県知事」です。この人は誰の子かというと、仲井眞元楷《げんかい》です。仲井眞元楷というと、私が知っているのはウチナーグチの継承と普及に取り組んだ人です。沖縄の文化遺産に関する本をたくさん書いた人で、ウチナーグチでラジオDJをしたり、話したりしていた人です。いやもしかしたら、別にたくさん「悪いこと」もしたかもしれないのですけれど、老人になってからのこの活動が一番沖縄人の中で人気があります。息子のほうの仲井眞は官僚出身で自民党系の政治家ですが、彼が「いい人」かどうかという話ではなくて、沖縄人の力で彼の公約を変えさせたことが重要です。「辺野古移設容認」だったのを「実質的に無理だ」「県外移設」と言うようになりました。[注2] これは沖縄人が沖縄の最高権力者の公約を変えさせたということです。

いまちょうど普天間基地の野嵩《のだけ》ゲート前で米軍は新たなフェンスをつくっています。これは「沖縄への弾圧」だとよく報道されるのですけれども、それはちょっと違うと思っています。米軍はああやることで実は野嵩ゲートを自分たちで封鎖しているのです。オスプレイがまた一二機来ることで、住民が再び反対の座り込みをすることが怖いから、自分たちで先に自分たちをシャットアウトしているのです。私たちが怖いから。そうするといま、普天間基地は第一ゲートしか開いていなくて、つまりそれは基地機能が落ちているということではないでしょうか。それだけ沖縄は住民が頑張っています。もちろんいつだって紙一重でギリギリではありますけれど、沖縄人は頑張っています。だから、東アジアはもちろん危機がつづいていて大変なのですけれど、沖縄人はここ沖縄、琉球で頑張っています。希望を持ちつづけ、「奪われた野」を取り戻そうと努力しています。皆さん、どうぞそのことを感じてお帰りになってください。

五つの星

徐　ありがとうございました。では韓国からいらした徐《ソ》海誠《ヘソン》先生が一言おっしゃるそうですので、お願いいたします。

徐海誠　鄭周河先生が、自分はあまり話はしないので、作品についていろいろな話を伺いたいということをおっしゃったので、それに関して、ちょっと長く話したいと思います。韓洪九先生が先ほどおっしゃったのですけれど、韓国では今日は本当に大事な日の七月二七日です。一九五〇年六月二五日から七月二六日まで、地球上でいちばん多くの爆弾が朝鮮半島に落とされました。その爆弾は皆さんが住んでいらっしゃる沖縄から発進した飛行機から落とされた爆弾です。沖縄の人々ではないと思うのですけれど、沖縄の地は朝鮮半島にとってはある意味で加害者の地でもあります。

昨日は沖縄のサトウキビ畑にぜひ行ってみたいとあちこち回ったのですけれども、そのたびに上空を米軍の飛行機がうるさく音をたてながら飛んでいました。私の故郷は韓国の南のほうにある全羅道《チョルラド》のほうなのですけれども、私は昔から南のほうから飛んでくる多くの戦闘機を見ました。いつも疑問に思ったのは、私が住んでいたところより南のほうには飛行場はないのに飛行機はどこから飛んでくるのだろう？　ということです。そういう形で沖縄と韓国は本当に密接な関係を持っているように思います。もともと韓国では標準時刻は日本より三〇分ほど遅れていたのですが、いまは日本の時間を使っています。一九六一年に朴正熙がクーデターを起こして、いちばん最初にやったことが韓国の標準時刻を沖縄の時刻に合わせるということでした。アメリカに対しての忠誠心を、時刻を変えることによって最初に見せたのです。この沖縄の基地から発進する飛行機の時刻を韓国の時刻に合わせたのです。これ以外にも多くの縁があると思いますけれども、七月二七日の今日にあたって、このことを皆さんにご紹介したいと思いました。

鄭周河さんがここで展示されるということには、特別な意味があると思いました。短く言うと、沖縄というところは、戦争によって「ジェノサイド」を経験したところです。福島は文明による「ジェノサイド」を経験しました。そのふたつの「ジェノサイド」がこの地で出会うのではないかなと思いました。その意味で、そういうことがこの会場で行われていることに、本当に驚きました。

私は、写真とは自分の住んでいる家と同じだと思いました。自分の家がどこにあるのかが大事であるように、写真もどこに飾られているかが大事だと思います。二〇点の鄭周河さんの写真が沖縄のこの場所に飾られていることによって、日本でそういう傷を共有することができるのではないかと思いました。

ここに飾られている福島の写真は、他の福島の写真と違います。被害とか破壊された場面がひとつもありません。だから、私たちが普段思っている期待を裏切ります。そのために、この写真が本当に新しい写真であり、生々しい写真であると私は思います。この写真の中で、人が出ているのは一枚だけです。これで十分だと、作家は言うのではないかと思います。

ふたつのことを私は感じました。ひとつは日本人のもっている「沈黙の暴力」です。福島事故が起こったあと大きなデモはほとんど起こりませんでした。あまりにも静かな日本に対して私は大きなショックを受けました。私はこの作品の中に、そういう沈黙を読むことができました。私は作家からどういう意図なのか聞いたことはありませんが、その「沈黙」を告発しているものではないかと、この写真を通して私は感じました。この作品たちの中にある静かさの流れ、それを私は強く受け取りました。

もうひとつ感じたことは、ここまでの討論自体はおもしろく、興味の湧くものですけれど、あまり作品に対しての話がないのはちょっと不満です。例えば、あの作品は暗い海を表現したものです（口絵二〇枚目）。近づかないと見えないのですけれども、その中に大変小さな星が見えます。私はここに座って、いくつかの星を想起し区別してみました。一番目の星は、ヴィンセント・ヴァン・ゴッホの星です。これは視覚的な星です。二番目は尹東柱《ユンドンジュ》という詩人の星です。日本で大学に通った植民地時代の抵抗詩人です。この星は良心の星だといえます。三番目の、全世界の人が愛しているサン・テクジュペリの星は想像力の星です。もうひとつはどこの国の軍隊でもある、将軍たちの星、暴力の星です。もうひとつは、ここにいらっしゃる徐京植先生のお兄さんたちも長く入れられた、韓国の監獄の中で付けられる星があります。韓国では牢屋に入れられたということを「星をひとつ付けられた」と言います。これは実践としての星です。そして、私の心の中にもうひとつの星が浮かびました。それは福島の星です。その星は死の星です。私の故郷では、人は死んだら青い星として生まれ変わるという話があります。だから、星を「魂の火」と言います。

その写真の中の星を見ながら、私はそれらが「魂の星」ではないかと思いました。絶望を長く経験すれば、その中で希望の光を見出せる、星を見ることが出来るというふうに思います。私はここでもうひとつの星をいただいて戻ります。福島の星です。この福島の星を沖縄でいただいて、私は故郷に戻ります。ありがとうございました。

痛みを感じた人だけが、他人の痛みを共有できる

徐　それでは順々に今日の全体について、それから是非これだけは言っておきたいということを一言ずつ言っていただきたいと思います。では、鎌倉さんからどうぞ。

鎌倉　先ほど問われたことが非常に重く僕の心の中に残っています。自分自身がないところからは何も始まらないのですけれども、しかしいま、東京を中心とするところで何が起こっているのか、「まずは自分の身近のところに注意すべきではないか」というご意見だと思いますが、まったくその通りだと思うような自責の念です。「東京みたいなところから来て、例えば福島を見る沖縄を見る、そういうことをする前に、まず自分のいる場所の人間たちがどんな加害的な行いをしているのかというところを、あなたの持ち場でしっかり見つめるべきだ」というご指摘は、非常に重い問いかけとして、僕にのしかかって来ます。

先ほど知念さんがおっしゃっていたことですが、沖縄では仲井眞知事の公約を沖縄の人々の力

が変えさせてきた、と。ついこの前も参議院議員選挙（二〇一三年七月二一日）がありましたが、沖縄の自民党議員の選対本部長は仲井眞さんでしたが、そのときも彼は、当選を目指す候補者たちに選挙中は「基地の県外移設」ということを訴えつづけてくれと言っていたそうですね。それは選挙用のものだったのかもしれませんけれど、そう言わざるを得ないくらい人々が非常に強い力で行政そのものを変えさせているということを見るにつけ、東京やヤマトを見たときにそうなっているだろうかということを強く感じます。そのことを、ここに来て、改めてこの身に沁み込ませ、刻んで帰るべきだと自分自身で思いました。今日はありがとうございました。

比嘉　六人のおばあさんの写真（口絵五枚目）がありますよね。鄭周河先生のことを僕は好きだなと思うのは、いちばん最初の写真集とか、ドイツに行ったときのドイツのおじいさんたちを撮った写真とか、やはり人物をお撮りになっているということです。番組を見てもおばあさんたちとたくさんお話なさっている。今日はそれで、なぜ人が写っていないのか、それがさっきから話題になっています。また、このタイトルとの関係は何なのだろうか、と。

ところでいま会場に知花昌一さんがいらしていますけれど、私、二日前にトリイ・ステーション（沖縄県読谷村にある米陸軍の基地。トリイ通信施設とも呼ばれる――知念注）の中に入っていきました。軍用地契約拒否というのをしたのです。（知花さんに向かって）「象のオリ」の中にお入りになったのは何年前でしたか？（知花昌一さんが会場から「一九九九年だった」と答える――知念注）。

実は私も親から遺産を相続していて、軍用地を持っています。二〇年単位の契約というのがあって、今年は契約更新の時だったのですけれども、それに対して契約を拒否しました。これは沖縄の中では一〇〇人くらいの人が契約拒否をし、トリイ・ステーションという米軍の基地に関して、三人の人が契約更新を拒否しています。一九五二年、私が二歳のときに、強制的に基地に取られたものです。当時二歳だったので、生まれた土地を覚えていませんでしたが、初めて中に入りました。この写真展のタイトルを思うと、何か因縁のようなものを感じます。

鄭 来ていただいて、私の写真を見てくださって、本当に感謝いたします。それだけです。ありがとうございました。

徐 では、最後に韓洪九先生からお話を聞きますが、その前にちょっと自分の思っていることを申します。植民地主義とか帝国とかいう中心があって、その周辺化されている部分同士は文化的にも分断されています。お互いが出会ったり、対話したりすることはとても困難です。むしろ、お互いが敵対させられるような歴史を辿っているわけです。それについては、先ほど徐海誠先生からもお話があったと思います。あるいは、福島の人たちがいまは被害者ですけれども、その中には加害的要素もあるわけで、そういう二重性を帯びながら生きているわけです。

そういう私たちがそのように分断された状態のままで抵抗していくことは難しい。そのことを良く知っているから、相手（政治権力）は分断をつづけていこうとしているのです。ですから、それを越えていくことにはもちろん政治的、社会運動的な知恵も必要ですけれども、おそらくより広い「想像力」ですとか、より長い「尺度」というものが必要だと思うのです。まさに見えない向こうに及ぶような「尺度」です。

例えばいま、パレスチナにいるラジ・スラーニという彼、一〇年前にここで私と話をした彼、一緒に知花さんのところでチビチリガマ（読谷村にある洞窟。沖縄戦当時の一九四五年四月、避難していた島民一四〇人中八三人が強制的集団死によって命を奪われた）を見た彼がいま、ガザでどういうふうに暮らしているか、何に苦しんでいるかということを想像するような力です。それが全世界的に結びつけられていかなければ、この時代に打ち勝っていくことができないのです。

とても残念なことですけれど、その結果は短い時間の中には見えないのです。五年とか一〇年とかでは見えないのです。若い頃は私もそう思いませんでした。だけど、いま、自分がこの歳になってみると、「あゝこの前、知花さんと会ってからもう一〇年経ったのだ」とか「その一〇年の間に我々は何を得て何を失ったのか。自分に残されている時間はどれくらいか」と考えると、それは簡単には答えが見えないのです。

だけど、その長い尺度というのを念頭において、そして見えない世界までも視野におさめて仕事をする人たちがアーティストだと思います。アーティストなら誰でもそれができるということではないのです。アーティストの中の何人かの優れた人たちがそれをできる。我々とは違う尺度のために働くことができるのです。鄭周河先生がそうであるかどうかは、私ではなく皆さんが決めることです。

だけど、そういう試みが韓国の朝鮮人の側からなされた。在日朝鮮人である私がそれを言うのは少し躊躇を憶えますけれど、これは本当は日本から、ヤマトからなされるべきことです。ヤマトから、「自分たちが奪った野にはまだ春が来ないけれども、春が来るために私たちはこれをする」ということを彼らが提案するべきです。しかし、残念ながら、歴史上そういう提案は非常に例外的な場合以外はありません。

とても不条理なことですけれど、周辺化されて、いわば孤立化されている我々の側から手を差し伸べ、言葉を投げかけ、進路を示さなければなりません。こっちに行ければ出会えるかもしれないよと。全世界で多くのマイノリティがそういうことをしてきたのです。別に日本とか東アジアのマイノリティに限らずです。つまり、その彼らはマジョリティを救うために、自らを犠牲にして手を差し伸べたのです。

マジョリティがそれを要求するのは間違っています。「あなた方がそれをすべきだ」ということは断固として拒絶しなければいけないけれど、私たちの側はそれをしてきたし、これからもそれをしなければならないのだと、そしてその闘いは目の前に見える政治的闘いであると同時に、いま言ったような長い尺度、広い視野というものを、つまり、マジョリティの人たちが閉じ込められている視野を広げてあげる仕事もしなきゃいけないのです。そういうことを、私はいつも思っていて、そういう試みのひとつであると思うのです。

今日は、ある種の厳しい議論になりましたけれど、こういう議論こそが望まれたこと、やりたかったことなのです。しかしこれは残念ながら、まだ中心には届かずに周辺でだけ行われているのです。だから、中心に向かって問いかける、投げかける。私たちが歩み寄って迎合する必要はない。だけど、問いかけるということは諦めるわけにはいかない、と思っています。

とても卑近なことをひとつ言いますけれども、大阪の橋下徹市長がいますね。彼は過去、日本軍「慰安婦」の人たちに対しても、在日朝鮮人に対しても、侮蔑的、差別的なことを昂然と述べているのです。昂然と述べているが故に支持を得ているのです。彼は失言をしているのではないのです。ああいうことを言えば言うほど支持が集まることを知っているのです。そしてそれを日本の主流の保守の大政党から民主党までを含めてが、心の中では喜んでいる。自分たちの代わりに言ってくれる。その彼が沖縄について何を言っているか。沖縄について彼が言っていることは、例えば「沖縄の女性たちが防波堤になってくれたんだ」とか「沖縄の負担を少しでも減らすために八尾市にオスプレイを持って来る」とか言っているわけです。

いわば、これは皮肉ですが、彼のおかげで、朝鮮と沖縄は出会ったのです。つまり共通の敵をなんとか潰そうということで出会うことができた。その共通の敵というのは橋下という個人ではなくて、マジョリティの中にある心理であり、しかもそれがかつてはそれなりに抑制されていたものですが、いまはそれをさらけ出せば出すほどいいのだという時期を迎え、そしてそれを抑制する勢力がヤマトの「本土」には非常に少ない。鎌倉さんはその中でも少ない、マジョリティの中で頑張っている方です。そういうふうに私は思います。
我々を出会わせているのは我々の共通の敵です。それは原発であり、基地であり、戦争という脅威であり、憲法改悪の脅威であると思います。そういうふうに出会うということは気持ちのいいことではないですけれど、しかし我々がうまく出会うことができなければ勝つことはできない。そういうことを今日も改めて思いました。長い時間ありがとうございました。最後に韓洪九先生からお話をいただきます。

韓　私は核の問題、原発の問題に関して、徐京植先生と高橋哲哉先生といろいろなところへ行きながら、座談会をしました（『フクシマ以後の思想をもとめて　日韓の原発・基地・歴史を歩く』として平凡社より二〇一四年二月に刊行）。日本で原爆が落とされてから一〇年も経たずに、原発が作り始められました。それをいちばんに先駆けたのは中曽根康弘と正力松太郎の二人です。本当に驚いたことは、中曽根康弘は戦時中、海軍の将校として占領地のインドネシアで、「慰安所」設置の責任者でした。正力のほうは関東大震災の時に警察幹部の一人として、朝鮮人虐殺を引き起こしたデマを流した人物と言われています。
日本帝国主義の植民地支配の先頭に立って犯罪を犯した人々が、被爆国である日本を「アトミック・サンシャイン」（戦後憲法の制定過程で、「原子力の日向ぼっこをともに楽しもう」と米国高官が日本側に語り、日本側もそれをよろこんで受け入れた）の名の下で、核発電所、原発をつくるのにいちばん先頭に立って仕事をしたということです。私は冒頭で「苦痛の連帯」という表現を使いましたが、それに対して、それはすごく困難であるということは今日、フロアからもいろいろな意見がありましたし、私もそれが簡単ではないということについては共感しております。苦しみのひとつひとつは全部性格が違うわけです。この指が傷をつけられたと言っても、刀に傷つけられたものと油で火傷したものとは違うのです。また傷つけたものも、それがガラスなのか、刀なのか、紙なのかでも全然痛みの質が違います。

しかし、痛みを感じた人だけが、他の人の痛みを共有することができるというふうに私は考えました。痛みに関してこういう場面があります。「あれは何で痛いの？　私の方がもっと痛いだろう」。しかし「私が痛みを感じたから、あなたの痛みを私は分かる」ということもあるのだと思うのです。例えば、正力や中曽根は、決して自分たちではそういう話はしていないと思うのです。なぜならば、ふたりの利害は一致するからです。私たちがなぜ連帯しないといけないかというと、私たちは「違う」からなのです。そして、皆あちこちに散らばっていて、力が弱いので連帯しないといけないのです。

実は写真というものは言葉が要らない芸術なのです。しかし、私たちは話をするために朝鮮語と日本語、それからウチナーグチ、それで通訳がふたりも必要でした。こういうふうに連帯は本当に難しく、複雑な過程でありますけれど、私たちはそういうふうに一緒に団結しないといけない状況なのです。現実としては。なぜならば、向こう側は利害関係がひとつで、力もあって、ものすごく強い力で進んでいるのだけれども、私たちは分断されていて、力も弱い。だから、難しい道であるけれども、そういうふうに連帯していかないといけないということです。

私は歴史を専攻している学者ですけれども、特に国家暴力に関して研究を進めていて、誰かを殺す、殺される話、その方法もいろいろあって、その方法やその被害者のトラウマとかそういうことばかりずっと研究しています。それを事実として見せるためには、先ほどの討論の中でも出ましたが、遺骨とか遺体の山とか、溢れている血とか、そういったことを話さないといけません。私もそういう作業を通して、自分自身がそういうことを言いつづけることがしんどいということもあります。それを見せることに関して、人によっては反応を見せる人たちもいるのですけれど、多くの人はそこから目を背け、それを見ようとしないのです。

それを知った上で、しかしそれを見ようとしない人々を掴んで連れ戻す力は芸術にある。アートにあると私は思います。芸術にそういう力があるというよりは、芸術がそれをしてくれなければ、他にそれをできるものがあるだろうか、という気持ちです。そういう苦しみの中で、例えば虐殺とか国家暴力があったという事実と関係ないように生きている人々に、どうやって私たちがその意味を伝えるのか。そういう取り組みが、ここに美術館を作って展示をなさっている佐喜眞館長、あるいは福島に行って写真を撮った鄭周河さん、あるいはこの展示会を実行させた徐京植先生によってなされています。そして私たちも韓国平和博物館という運動をやっているのですけれど、そういう取り組みのひとつひとつが、さまざまなところで、それぞれの苦痛をどうやって人々に伝えられるかを探ることができればいいと思います。

注1
『クロスロード・オキナワ――世界は沖縄をどう見ているか』
二〇一二年五月一一日放送「ＢＳ1スペシャル」ＮＨＫ・ＢＳ1
『オキナワとグアム――島が問うアジア・太平洋の未来』
二〇一二年八月二六日放送「ＥＴＶ特集」ＮＨＫ・Ｅテレ

注2
二〇一三年一二月二七日、仲井真知事（当時）は一転して、普天間飛行場を名護市辺野古へ移設するため日本政府が提出していた埋め立て申請を承認したと発表、県民の怒りをかった。翌二〇一四年一一月一六日の県知事選で、辺野古移設反対を公約にした翁長雄志氏が仲井真氏に対し一〇万票近い差をつけて勝利した。

私が比嘉豊光さんの通訳をした理由

知念ウシ

比嘉豊光さんがシマクトゥバ（琉球諸語読谷山《ユンタンザ》楚辺《スビ》言葉《クトゥバ》）で話し出した時、会場はざわめいた。通訳をしようと私が瞬間的に立ち上がったのは、たまたま前方に座っていて出やすかったのと、比嘉さんの意図にピンときたからだった。

徐京植さんが「日本語で話してほしい」と頼むことになったが、それは日本語を押しつけられた者同士が逆にそれを「連帯の道具」として用いよう、との呼びかけだったと思う。同時に会場からはシマクトゥバで語りつづけることを望む声もあがり、比嘉さんもそうだった。比嘉さんは写真のみならず、東アジアにおける、朝鮮半島、韓国、在日朝鮮、福島、日本、沖縄という関係性を語るには、自分自身のポジショナリティーとアイデンティティーを明確にする言葉でなくては発せられなかったからではないか。また、これまで「方言」「よくない劣った言葉」として貶められてきた母語を復権させ、公的な空間でも堂々と使おうとする沖縄現地の文脈もあった。

しかし、もちろんそれはその言葉を解しない人々との理解、交流を難しくする。外国人、ヤマトゥンチュ、他シマの人、またシマクトゥバ自体を奪われている若い沖縄人世代にとってそうである。私はそのどちらの要望に対しても可能な限り満たせるような接点になれたらと考えた。

しかし、私自身シマクトゥバを勉強中であり、通訳をするなどとは初めてのことで、うまくできたとはいえない。そのため参加者にじれったい思いをさせてしまったのではないかと思い、申し訳ない。なので、今回録音から比嘉さんの発言をあらためてすべて訳出できたのはよかった。

そもそも、シマクトゥバに通訳をつけて議論するという国際シンポジウム自体が現代琉球史上初なのではなかったか。徐さんのおっしゃる通り、立場性、言葉などというものからも「連帯」とは簡単ではない。しかし、あの時、あの場で、このような試みに立ち会い共有してくださったすべてのみなさんに感謝したい。この写真展だからこそできたのではないかと思うし、これも出発点のひとつになってほしい。

ちなみに、私はこの体験に刺激を受け、その二カ月後アメリカでの学会で、報告こそ英語でしたが、その後の質疑には私のシマクトゥバ（琉球諸語首里言葉《シュイクトゥバ》）で応じ、英語の通訳をつけた。その時会場にはハワイ先住民の人々が来ていて、彼女彼らにこの試みの意味が伝わったと、その後、関係者から知らされた。

5

長野

芸術の力とその役割をめぐって

鄭周河×窪島誠一郎×徐京植

信濃デッサン館　別館　槐多庵《かいた》

二〇一三年一〇月二七日

通訳：李昤京《リリョンギョン》

信濃デッサン館は一九七九年、長野県上田市に設立され、村山槐多、関根正二、野田英夫、戸張孤雁《とばりこがん》、靉光《あいみつ》、松本俊介ら夭折の画家たちの作品を展示している。一九九七年には戦没画学生の遺作を集めて展示する「無言館」が同地に設立された。鄭周河《チョンジュハ》写真展第五回展は信濃デッサン館別館の「槐多庵」で開かれた。

館主の窪島誠一郎さんは『漂泊・日系画家野田英夫の生涯』（新潮社）、『わが愛する夭折画家たち』（講談社現代新書）、『無言館ノオト―戦没画学生へのレクイエム』（集英社新書）など多数の著作のある美術評論家でもある。自然にトークは鄭周河作品の「芸術」的理解というテーマを中心に進んだ。進行役は徐京植《ソキョンシク》。

窪島誠一郎（以下：窪島）　館主の窪島と申します。鄭周河さんの「奪われた野にも春は来るか」という写真展が今日から開催されます。そのスタートということで、今日はこの展覧会そのものの運営をされている徐京植先生にも来ていただいております。冒頭に鄭先生から、この二〇点の作品についてお話いただき、それからそもそもこの展覧会がどういうふうにして、日本という国で行われるようになったのか、その経緯、いままでの道のりを徐京植先生にお話いただければと思います。

戦没画学生の銃の向こう側を忘れない

徐京植（以下：徐）　こんばんは。私は東京経済大学というところで教えている教員ですけれども、日本生まれの在日朝鮮人です。東日本大震災のときに、福島の原発の事故が起きまして、私は東京に住んでおりますから、そのときにはずいぶんと心配もしましたし、実際問題として避難しようかなんてこともちょっと考えたような一時期がありました。

ご存知のとおり、いまも少しもその心配は消え去っていないわけで、まったく事故は収束していないのに、「完全にコントロールされている」なんて、この国の首相が全世界に向けて言ってしまっているのですけれど。日本に住む者として、そういう不安を皆さんと共に分かちもって暮らしております。

その事故が起きて三カ月後に、私は被災地を訪れ、南相馬市をはじめとして、当時は立ち入り禁止地域だった二〇キロ圏の周辺まで入って、私が現地を歩くという形で、NHK・Eテレの「こころの時代・フクシマを歩いて」という番組を鎌倉英也ディレクターが作ってくれました。

実は韓国でも、今回の原発事故後とても心配していたのです。それは当然のことで、事故による被害には壁はありません。それは地図の上にあるだけで、放射線が拡散すれば境界を越えてどこへでも拡がるし、海に流れれば全世界の環境を汚染するわけですし、しかも人間もモノも行き来していますからなおさらです。

それで、私の友人である歴史学者の韓洪九《ハンホング》さんが、自分も現地に行ってみたい、だけど福島へどうやって行けばいいかわからないし、どこを見ればいいかもわからないから、案内してくれないか、ということでもう一度、二〇一一年の一一月に、現地に再び行くことになったのです。そのときに鄭周河先生をソウルで紹介されまして鄭周河先生からも現地を撮影したいという申し出があり、一緒に行くことにしたのですけれど、私たちが悩んだのは、アートである以上は、いわゆる報道写真として、原発がこういう場所にあるとか、こういう状態にあるとか、そういう事実や情報を伝えることが目的ではなく、より長い射程の、より深いメッセージを伝えなければなりません。それはどういうメッセージであるかということと、どうやって伝えるかということが、芸術家にとっては大きな試練だったのです。

韓先生との議論の中で、日本が朝鮮を植民地支配していた時代にそのことの深い悲しみをうたった李相和《イサンファ》という詩人の「奪われた野にも春は来るか」という詩に重ねて、原発事故によって国家や企業に土地を奪われた福島の人たちの悲しみに共感をよせてみようという考えが出てきたのです。それはまた逆に、私から見れば、日本の人たちが――とくに福島や東北の人たちが今回大きな被害を受けたわけですけれども――、歴史的に見ればアジアの人たちが侵略や戦争によって受けた被害に対して、原発事故を経験して想像力を馳せる、共感をおよぼすという機会になれば、これは双方向的な対話の経験になるかもしれない、そういう考えがありました。

ただし、そのときは、このような写真展までやる考えはありませんでした。展示は最初、二〇一二年の三月にソウルで行いました。写真集もソウルで出しました。日本でも展示ができないかなということを思っていたのですけれど、私は実はそれはおっかなびっくりというか、日本の人たちがどう反応するかということ、とくに被災地の人たちが下手をすると傷つくかもしれないし、怒りだすかもしれない。あるいは逆に「綺麗な絵が見たい」というふうに消費されるのも本意ではない、というようなことで迷っていたのです。

けれども、ちょうど震災二周年にあたる二〇一三年の三月に、震災および原発被害の現地である南相馬でやってみようということを、佐々木孝先生を初めとする現地の人たちがおっしゃってくださって、実現しました。やる以上は日本各地でできないかということで、南相馬の後、埼玉県の原爆の図丸木美術館、それから東京都内のギャラリー「セッションハウス・ガーデン」、この三カ所の巡回を予定して展示を始めました。すると、幸いなことに三月の南相馬での展示の様子を含めて鄭周河さんが出演する番組が、まさに『奪われた野にも春は来るか』というタイトルでつくられ、NHKのEテレの「こころの時代」で放映されました。

それによって、ある程度の注目を集めるようになって、沖縄の佐喜眞美術館から声をかけていただき、今回信濃デッサン館の窪島館主から、じゃあうちでもやろうと言っていただいて、日本各地の五カ所で巡回することになったのです。

これがこの写真展の簡単な経緯ですけれど、せっかくここでやりますので、もう少しだけお時間をいただいて、私の思いをお話したいと思います。

私は個人的にはこちらのデッサン館に展示されている村山槐多や、野田英夫、関根正二らの大ファンでして、若い頃から何回もここに来ています。無言館がまだ無いときです。窪島館主のお名前も、本を読んで知っていました。無言館ができてからは、大学の学生を連れて、ときどき無言館に研修旅行に来ています。

それで、あれは昨年（二〇一二年）だったと思いますが、窪島館主とお話をして、まだこの写真展開催の話は決まっていなかったのですけれど、大変大事な話をされたのです。無言館は戦争のために画業を中断せざるを得なかった、筆を折らざるを得なかった若い日本の戦没画学生の遺作が集められている素晴らしい美術館だと思います。私も教育上意味があると考えて、学生を連れてくるわけです。ところで、「記憶のパレット」という碑を見ますと、そこに朝鮮人画学生の名前があります。帝国美術学校、現在の武蔵野美大に学んでいて、学徒動員されて亡くなった方です。無言館で出しておられる名簿の中にも、私が気づいた限りで三人、そういう人の名前が出てきます。そういう人たちは韓国でもほとんど知られていません。画家になるという志なかばで理不尽に戦死させられたうえに、祖国でもほとんど忘却されているという、そういう運命を強いられた方々です。その人たちの存在を、無言館のほうで発掘してくださったわけです。

そんな話をしていたのですけれど、館主が自ら、銃を取って戦地に行った日本人戦没画学生たちの、その銃の向こう側に、アジア人の、彼らと同じような若者がいたんだということも忘れたくない、というお話をしてくださいました。つまり、この戦争とその被害の物語が、日本の内側にだけ閉じた、自己満足的な話ではなくて、そこにいた相手側のまなざしも通して、もう一度反省する、何回も噛みなおしていく。そういうお考えを館主がもっておられるということに、感銘を受けました。

そして、鄭周河さんの展示をここでやることには深い意味があると思いました。もちろん鄭周河さんは現在の人ですし、幸いにしてまだ戦争は起こっていませんけれども、無言館がある信濃デッサン館というこの場所で、こういう展示をするということには、特別の意味があると私は思いまして、感慨深く思っているところです。

ちょっと私が時間を取り過ぎました。鄭周河さんをご紹介します。

鄭周河（以下：鄭）　皆さんにお目にかかれて大変うれしく思っております。今朝、私は散歩の途中で一人の農家のおじさんに会いました。この近くにある別所温泉の街はずれで偶然会ったのです。実は、私は昨日こちらに着いて、実行委員会のお二人とこのあたりに泊まり、今朝、三人で散歩していたのです。そのおじさんは、うれしそうに招いてくださり、畑で育てた野菜を抜いておみやげにくださいました。こうしたことは、日本にもあり、韓国にもあり、たぶん世界のどこででもありうることだと思います。けれども、3・11以降、こうした厚意にあふれた野菜のおみやげがありふれたものではないと思いますし、その厚意を受け入れるのもまた、簡単なことではないかのようになってしまいました。でも私たちはとてもありがたくその野菜をもらってきました。

私は韓国の小さな美術専門大学で写真を教えている鄭周河と申します。年は五五歳、息子一人に娘が一人います。ごく平凡な中年ですが、約一〇年前から韓国の原子力発電所の周辺風景を撮りつづけてきました。二〇〇三年から二〇〇七年にわたって、原発周辺に住む人たちの日常の姿を撮り「不安、火-中」というタイトルで写真展をし、写真集も出しました。

そして、二〇一一年三月一一日に福島で起きた津波による原子力発電所の崩壊をさまざまなメディアを通して生なましく経験しました。それからは、いろいろと考えがまとまらず複雑な思いで福島を見ていました。この出来事が我々のこれからの人生にどんな影響をおよぼすのかと怯えながらも、徐京植先生の助けを借りて福島を回ることになり、制作をし、いまこうして皆さんに見ていただくことになりました。作品についての詳しい話はまた後ほどお話します。何よりもこんな意味深い美術館で私の仕事を皆さんに共有していただけて、光栄に思います。ありがとうございます。

写真は言葉と密接な関係にある

窪島　テレビで拝見した時はもうちょっと老け顔の方だと思っていたのですが、鄭周河さんは思いがけず、とてもきらきらした青年なので少しうろたえています。僕はちょっと鄭さんに質問をしたいと思います。

お話を聞いていてわかったのは、鄭さんはすでに韓国にある原子力発電所を長年自分の被写体に、ある意味で定点観測をされていた方なのです。今回の福島の未曾有の大変な事故を耳にして、南相馬に飛んできたわけです。そして、ここに今日は二〇点の作品が並んでいます。一九二〇年に書かれた李相和の詩「奪われた野にも春は来るか」というタイトルが示す通りに、ここに並んでいるのは極めて平穏な、静かな、ある意味で時の止まったような、とても素敵な、むしろ心穏やかになる風景写真です。ですから、これは説明を受けませんと、なんでもない田舎の風景です。「ああ、のどかでいいじゃないか」という。

僕は、鄭先生が、自分の写真にはテキストはいらない、簡単に言うと説明はいらないのだ、写真家としてそういう態度だということを知りました。これは、僕の営んでいる、この無言館にも共通することなのです。無言館も、どうでしょう？「戦没」という言葉を取って、「慰霊」という言葉を取って、あの絵が並んでいたとします。そして、あそこには、戦死公報や召集令状や、彼らの出自、それから死んでいったあの戦争という背景の資料が並んでいますが、あれも全部取ってしまったら、実に和やかな絵が並んでいるだけです。

大好きな奥さんを描き、大好きな恋人を描いて、古里の風景を描いて、日ごろから敬愛する父や母を描いて。なんとのどかな、まるで家族写真を見るような絵が並んでいるのです。しかし、一度それが戦没した若者の絵である、という冠が付いた途端に、ただの平穏、ただの静寂、ただの安穏ではない、もうひとつ別の空気というものを感じざるをえないですね。

今日、写真を見ていて感心したのは、全てにパースペクティブがあるのです。パースペクティブというとハイカラな言い方ですが、地平です。水平線です。地球の水平がどこにもあるんですよね。それは、こっちから鄭さんが歩いていく道であると同時に、向こう側に自分がいるという道でもあるのです。地平が、パースペクティブが二〇点には共通してそういう発想がありますす。いまもお話を聞いていますと、韓国の原発を撮っていて、３・11の出来事で大凶事が起こって、彼が歩き出した道は、「韓国だから」とか「日本だから」「福島だから」ではなくて、全部つながっているパースペクティブの中に包含されているのではないか、という気がします。

それで、僕もよく人から問い詰められてうろたえてしまう質問があるのですが、今日は、鄭さんにその質問をしたいと思います。あなたの写真にとってテキストというものは、どんなものなのですか？　その説明というものは、いまのあなたは不要だと思っていますか？

鄭　ありがとうございます。それについては、私の仕事の主題から少し離れて、写真の本質的な部分についてお話したいと思います。普通、人びとは写真を絵と似たようなものだと考えています。しかし、写真は絵より言葉とずっと深い密接な関係にあります。私たちが「りんご」と表現すれば、それは「りんご」という言葉が表象する事物としての「りんご」を示すことになります。すなわち、「りんご」という言葉についての知識を前提として、「りんご」という言葉でそれを表現します。そうして、その「りんご」という言葉を通じて「平和」とか「幸福」とか「健康」などの意味までをもそこから紡ぎだすということもあります。それは言葉の使い方、使う状況によるのです。ひとつの表象の中に場合によって伝えられる意味が数限りなく含まれているものを言葉といいます。

絵画とはちがって写真も言葉と同じで、りんごを撮ると、そのりんごという表面にある事物自体をまず人に伝達します。その次に、「ああ、りんごが地球のように丸いんだ」とか、「りんごの表面が恋人のほほのように赤いんだ」という意味が伝達されます。ですから、写真というものは、私たちがすでに言葉を通してこの世界と対話してきた、言い換えると、言葉を構築してきた「理解の通路」を基盤として想いを取り交わす媒体なのだと信じています。

ですから、写真家の腕は、すでにテキスト化された写真をいかに、コンテクスト（文脈）化するかということにかかっています。だからこそもし、写真一枚一枚にテキストという名の説明をつけることになれば、写真家が生み出そうとしていたコンテクストの意から離れて、言葉にしばられるという愚に陥りかねません。それゆえに、私は写真ひとつひとつにテキストをつけることに対して警戒するのです。

さらに、写真はまるでテキストのように水平に読まれていきます。言葉においては、文章が上から下、左から右に意味を推測し、その行の間で蓄積されたものを通じて、全体を理解していきます。写真もまたひとつの主題をいくつかの写真をならべてコンテクスト化することで、作家の意図することが伝達されるわけです。言ってみれば、たった一枚の写真で考えを伝達することはとても難しい。報道という立場ならあり得ますが、芸術写真においては、作家の深い考えを伝達しようとするとき、当然、いくつかの写真をつくることになります。このこともやはり絵画との違いだと思います。

そして、最後に写真を理解するのに大切なことは、写真家は自分の意図するものを前提に作品を制作するわけですが、見る側は見る側でこの世界への記号が個別に構築されていることが当たり前です。だとすれば、写真家が前提とする枠に沿って見る側が何かを受け止めたり、感じたり、理解したりすることは矛盾しています。そうしたことはひとえに見る側が自由に手にするものであると思っています。

窪島　お話、だいたいのことはわかったのですけれど、徐先生から付け加えておくことはありますか。

徐　はい、私にとって大変面白いお話で、私も素人仕事ですけれど美術の授業をしたり、本を書いたりしていますが、この二年ほど鄭さんと付き合いながら、ずいぶんいろいろなことを考えさせられて、いまおっしゃったようなことも、私なりに理解できるようになりました。例えば、あそこに神社が写っている写真（口絵一一枚目）があります。それはもう「神社だ」というテキストなのです。私は大学の授業で学生とやるときには、例えばああいう写真を見せて、「これは何が写っている？」と聞くと学生は「神社です」と答えるのです。しかし、その写真は神社を撮っているのだけれど、この作家は「これは神社ですよ」ということを伝えたいだけではないわけです。

写真と絵は違う、と鄭周河さんがおっしゃって、そういう面もあるし、そうでない面もあると思うのですけれど、無言館の肖像画にしても、あるいは野田英夫や村山槐多が描いている絵でも、「これは何が描いてある？」と聞かれて「人間です」とだけ答えたら、それはまさに単にテキストに縛られた解釈なのです。絵画とは人間の姿を描きながら、欲望とか、嫉妬とか、失意とか、そういうものを描くものなのです。しかしそれは、事物を通してしか描けないのです。抽象画は別ですが。けれども、そこのところはとても大きな壁になっていて美術を見る多くの人が、「何が描いてある?」「木です」とか「何が写っている?」「山です」とか、そういうふうに答えます。描かれている事物がよくわからないと、何を言っているかわからないからつまらない、となってしまいます。いまの鄭周河さんのお話は、我々の中にあるそういう壁を越えさせてくれるようなものなのです。

放射能被害というのは目に見えません。ですから、放射能による不安とか、恐怖とか、言うに言われない気持ち悪さとかいうもの、そういう目に見えないものを表現しなければならないわけです。そのときに目に見えるものだけがテキストだ、という前提で接近していくと、結局何も表現できないということになるのです。私の解釈では、そういう意味のお話だったのじゃないかと思いますし、この写真全体の最初から終わりまでの流れの中で、そういうことが得心できるようになっているのだと思います。

いままで展示会をやってきた過程でも、例えば、李相和という詩人はどういう詩人で、どんな詩を書いてきたかということを予備知識としてもっていなくても、単なる風景写真として見た人たちが、見ているうちにだんだん言葉少なになっていって、だんだん立ち尽くして、複雑なものを抱えて展示場を去る、というような場面を何回か見ました。それが、やはりアートの力かなと私は思います。

なおも美しい野を撮る

窪島　ちょっと厚い写真集、先ほどお話がありました『不安、火－中』ですが、この中ではかなり直接的に韓国の原発を捉えて、直接的に撮影されているものがずいぶんあります。一方、隣国の日本で大規模な原発事故が起こって、そこにはせ参じた時に、何でもない静かな、平穏な風景を撮られたのは、南相馬に着いてからその衝動が起こったのですか。それとも発つ前に、こういうものを撮ってみようというお気持ちがあったのですか。

鄭　実は私は、ふたつのことを同時に経験しました。普通は、写真家があらゆることを事前に決めて現場にいくことは稀なことだと思います。もちろん私も現場に行く前には、その場所をリサーチしたり、そこで何をするのかを悩み、アイデアを工夫します。しかし今回の場合は、そうしたことに加えて福島に行く前に、まず徐京植先生が出演されたＮＨＫのドキュメンタリー番組を見たのです。二〇一一年の八月か九月のことでした。

その後、韓国の歴史学者、韓洪九先生と福島の状況をどう見るべきかについて話す機会がありました。ご存知のように、二〇一一年八月、九月といえば、すでに日本だけでなく全世界が、福島で起きた事故のことをテレビや新聞、雑誌等で熱心に報道していた時期です。たくさんの人が福島で起きた事故に怒りや痛ましい気持ちを感じていましたが、日本と韓国の歴史をよく知る人たちは、それよりももう少し深いところを覗き見たいと考えたのです。私は今回の福島の事故によって生きる拠り所を失くした人を心から理解するために、隣に住む私たちがどんな姿勢でいるべきなのかを悩みました。
　私たちが詩人李相和の「奪われた野にも春は来るか」という詩のタイトルを選んだのは、今回の事故をとおして、日本も辛い目にあったからすべてを水に流そうということではなく、「ほらみろ！　おまえたちもそんな目にあって辛いだろう！」ということでもありません。苦痛を経験した人たちや生きる拠り所を奪われた人たちから、心から感じるべきことは何であり、彼らの未来についてどんな気持ちを持つべきなのかを共に考えてみようという意図を持って、このタイトルを選んだのです。ですから、私が福島で見たもの、あるいは見ようとしたものは、こうして奪われてしまった野なのに、いまもなお、どれほど燦爛《さんらん》と美しいのかということでした。そしてそれを見て、撮影し、制作し、みなさんに提示してみたかったのです。

窪島　この展覧会を最初に韓国で一カ月あまり行ったそうですが、評判はどうでしたか。それは鄭さんの予想通りの感想でしたか、韓国の人はどう迎えましたか。

鄭　韓国の人びともも日本の方々と同じように、鄭周河という作家は一体どうして、悲惨な地域となった福島に行き、何でこういう綺麗なもの、綺麗な景色だけを撮ってきたのか不思議に思ったようです。しかし、私がソウルで展示した場所は、平和博物館というところです。そこは、いままでも世界の平和に関心を持った展示やセミナー、または出版等をしてきたところでした。ですから、そこにくる人たちは、基本的に私の作品に対して肯定的な関心を持って下さってました。

展示した時期は、二〇一二年三月一六日から一カ月間です。これは第二回核セキュリティ・サミットがソウルで開かれていた時期でした。第一回はその二年前にオバマ大統領の主導でアメリカのワシントンDCであり、二回目が韓国ソウルでした。みなさん、ちょっと変だと思いませんか？　このサミットは日本では「核セキュリティ・サミット」と呼ばれていますが、韓国では「核防衛サミット」と呼ばれています。つまり核をもって、安全保障、防衛をしようという主旨の会議です。オバマ大統領が二年前にソウルで開催しようと提案したのは何も知らなかったからだとしても、それを受けた李明博《イミョンバク》大統領は、すぐ隣の国の日本の福島で巨大な事故が起きたにもかかわらず、核防衛を話し合うサミットを堂々と開催したのです。幸いにも、そうした状況を認識された多くの方が私の作品を理解してくださり、また、徐京植先生、韓洪九先生とギャラリートークをしたときには、たくさんの方が来て深い理解を示してくださいました。

「カラス」について

窪島　この展覧会は先ほど徐先生もおっしゃったように、つい先日まで、沖縄の宜野湾《ぎのわん》市にある佐喜眞美術館という、僕も大変親しくさせていただいているところで開催されていました。そこには丸木位里《いり》、丸木俊《とし》さんの「沖縄戦の図」という傑作が展示されています。その前には、埼玉県東松山市にある丸木ご夫妻の美術館、原爆の図丸木美術館で開催されました。そういう意味でいうと、確かに徐先生の感覚の中に、無言館という戦没画学生の美術館が傍らにあり、デッサン館という夭折した絵描きの美術館がある、ここで鄭さんの写真が展示されることは、また別の〝化学反応〟を期待されているところがあると思うのです。

と言うのは、佐喜眞さんの美術館はある意味で非常にプロパガンダ的な、主張のはっきりしたところです。いわば戦争というもの、沖縄戦の酷さ、愚かさ、不条理さ、それをそのまま芸術化してストレートにそれを伝えようとしている美術館です。そこに、この平穏な、たわわな柿の実がなっている、あるいはパースペクティブな広がりの素敵な雲のある鄭さんの作品を展示することは、ある意味で鄭さんの持っている中庸性というか、テキストは不必要で写真自体がテキストなんだとおっしゃった、その写真の持っている特質を非常に生かすことのできる空間だったと思うのです。が、今回はどうでしょう。無言館の傍らのここ「槐多庵」という施設で鄭さんの写真が並ぶということ。あと一カ月も展示期間はありますから、いろいろな答えが出てくるのでしょうけれど、ちょっと徐先生からお話いただければと。

徐　私も申しますけれど、せっかくですから、鄭周河さんは今日、デッサン館も無言館もご覧になっていますから、その感想を先にお聞きしたらいかがでしょうか。作品を見てどんなことを思われたか。

鄭　芸術として作品自体を見ることについては、もう少し深く考える必要があるかもしれません。それはけれども、作品とその作品が置かれている美術館について気になることが少しあります。それは何かというと、無言館をあのような建築形態に作られた窪島館主の意図です。たとえば、上から見ると十字の形を帯びています。普通、他の美術館には見られないことですが、入り口から中央部分を過ぎて左右両側に広がる十字の形の中で絵を見ることになります。独特なところは、他の方向に向かう床はすべて平らなのですが、中央部分だけ真ん中がふっくらとまるで丘のように盛り上がっています。あまりものを知らない私としては、それがとても気になります。明らかに設計の段階から、意図がおありだったと思うのですが。

窪島　僕は三五年という美術館の歴史の中で、「こうありたい」「こんなふうに自分の好きな絵描きたちの絵を並べたい」という意識が、だんだん変わってきました。鄭さんがいちばん興味、関心をもっていただいた無言館にも、実は直接的な下敷きはないのです。何に影響を受けたとかはありません。イタリアのアッシジに行ったときに、遠くから見た建物が非常に良くて、中に入ったこともないし、中がどうなっているのかもわからなかったのですけれど、その遠くから見た僧院のような佇まいが何とも言えず心の中に残っていて、「あんな中に好きな絵を閉じ込めておけたらいいな」という気持ちが生じて。ただそれが十字架の形になったというのは、どうなのでしょうね、あんまり大した考えはなかったのだけれど、結果的にそういうふうになっちゃった。

それからピッチャーマウンドのように真ん中が出っ張ってますが——油断しているとつっかえて転ぶ人がいるのですけれど——、なるべく不自由な形で、もっと言えば緊張感をもって絵を見てほしいという、そんな思いがあったのです。順調に何の障害もなく歩いて、気がついたら外へ出ちゃったというような美術館にしたくなかった。だからなるべく、書いてある文章も覗きこまないと読めない位置にしてあるのです。とにかく、不便でありたいという思いがすごくある。それはデッサン館にもここ槐多庵にも共通しています。快適な条件で絵を見てほしくないみたいな、その絵に向かって、自分のほうから切り開いていく時間を持ってほしいというような思いです。ですから、無言館ははなはだ素直じゃない建物なのです。よく「解説はもう少し上につけてくれ」とか「もうちょっと明るくしてくれ」とか言われますが、全部裏切っています。

鄭　でも、少なくとも床の二カ所から新鮮な空気が立ち上がってきました。確かに「不便である」かもしれませんが、空気によって頭が痛い思いはさせない配慮があるように思いました。

窪島　そうですそうです。気づいていただいてうれしいですね。

徐先生が『西洋美術巡礼』(みすず書房)でしたか、その中でゴッホのことをお書きになっていて、あのゴッホについての論説を読んだことで、僕は大変先生を尊敬しているのです。早くに亡くなりましたけれど坂崎乙郎さんという早稲田大学の先生がいらっしゃって、乙郎先生が亡くなってから、しばらくして同じ斜め前方を歩いている人がいるなと思ったのが徐京植さんだった。これまで、こうしてお話する機会が持てなかったのですけれど、僕は今回の彼の写真を見ていて徐さんが一番好きだという〈星月夜〉かな、あの絵の持つ非常に俯瞰した立ち位置みたいなものが鄭さんの作品にもある。それが独特の虚無感というか空白感というか、それを見るものに与えているのです。非常に不安なものを与えている。ですから、韓国でお出しになった本のタイトルと同じなのですけれど、それをちょっと感じたのです。

徐　斜め前を歩いていらっしゃる窪島さん、さすがだと思うけれど、韓国のソウルで三月に最初の写真展があったときに、実は、あの絵についていまと同じことを私は言いました。このカラスはオーヴェールの村のゴッホが描いた「カラスのいる麦畑」を私に想起させる、と。鄭周河さんにもそれを意識して撮ったのかとそのときに聞いたのですけれど、やはりアルトー（アントナン・アルトー。二〇世紀初頭のフランスの詩人、演劇家、作家。代表的な評論に『ヴァン・ゴッホ　社会が自殺させた者』がある）。なども言っているけれど、そのカラスというのが、ただ単に「これは何ですか」「カラスです」というのではなくて、そこに何かこの世のものでないものが写るのです。撮る人が撮れば。

先ほどの話と結び付けて言うと、丸木さんの絵のように、明確な異論の余地のないメッセージを伝える作品も必要だし、丸木さんはそういうジャンルの中で最高に優れていると僕は思いますけれども、こういうふうに、見るものに、つまりそれこそテキストを超えた想像を与える作品もある。それはまさにゴッホがそうだったわけです。「これは何ですか」「麦畑です」というところで終わらないものがあるから、私たちはいつまでもそれに惹きつけられてやまないのです。だから、もう一度鄭さんにも聞いてみたいのですけれど、あれを撮るときにゴッホを意識しましたか。

鄭　世界のたくさんの人びとがゴッホを大好きなのです。私ももちろん大好きで、韓国で、カラスがいる麦畑の絵をふくめいろいろな作品を見て、大変感銘を受けています。けれども、あの作品のカラスを撮るときは、ゴッホの絵のような写真を撮ろうと意識して撮ったわけではありません。ただし、私の心の奥のどこか、潜在意識の中にゴッホのその作品が与えてくれたものがあって、この作品を作るように助けてくれたのではないかと思います。

徐　鄭周河先生は韓国からいらしていて、ここにいるのは大多数は日本の方ですから、あえてちょっと申しますけれど、日本にいるような真っ黒で大きな、不吉なカラスは韓国にはほとんどいないのです。むしろ「カチ」という、日本でいうカササギですね、カラスの一種ですが、可愛くて体にちょっと白い部分もあってカチカチと鳴く鳥がいます。ですから、我々にとっては、あれはある意味で、見慣れた鳥なのだけれど、鄭さんにとってはたぶんそうじゃないと思うのです。しかも我々はカラスを見ると不吉の表象として見るけれど、それを見慣れない人が見るとどう見えるのか、ということも私が聞いてみたいことなのです。

それからもうひとつだけ。なおかつこれは当然だと思うのですが、丸木さんの『原爆の図』の中に『カラス』という作品があって、それは長崎で被爆した朝鮮人たちが、親戚もいない外国で死んでしまって、そのまま野ざらしになっている、その目玉をカラスが啄《ついば》む、という場面を描いているのです。その絵の前に添えられている丸木夫妻による詩のような文に、石牟礼道子さんの文章「菊とナガサキ」の一部が引用されています。ですから、カラスは、私たちにはそういう想像をさせるのだけれど、鄭周河さんにとってはどうですか。

鄭　韓国でも、カラスとカササギははっきりと区別されます。カササギが朝泣けば、いい知らせがくるといい、カラスは少し不吉な感じがあります。この写真は、車を走らせていて急いで停めて、一気に走り寄って撮った写真の一枚（口絵一〇枚目）です。私は、レンタカーで南相馬を中心に福島県の被災地域を一週間ほど回りました。当時この周辺の海辺には、津波による被害を片付けるためのブルドーザーがたくさん仕事をしていました。そんな中、私がこのとき深く強く印象を受けたことは、耕作地が津波で洗われて野原になってしまったこと自体ではなく、これから長い間この野を人が田畑として使うことはできないのだ、耕すことができない野なのだ、ということでした。

いまは少し事情が違うかもしれませんが、当時、ここから少し南に下るとこれ以上は近づけないという通行禁止区域がありました。毎日そこまで車で行きつつ、私は通行禁止が津波によるものではなく放射能によるものなんだということをただ不安に思うしかありませんでした。だからこそ、この野原を車で走りながら私が感じたことは不安であり不吉であるという感覚でした。これから長い歳月の間、耕すこともできないという考えと、この野原は生きた野原ではなく死んだ野原となるしかないのだと恐ろしく思えました。そんなことを思いながら車を走らせていたときに偶然、カラスの群れが空中を飛び回っているのが見えたのです。それを撮影したわけです。

「比喩は成り立つか」ではなく「比喩しなければならない」

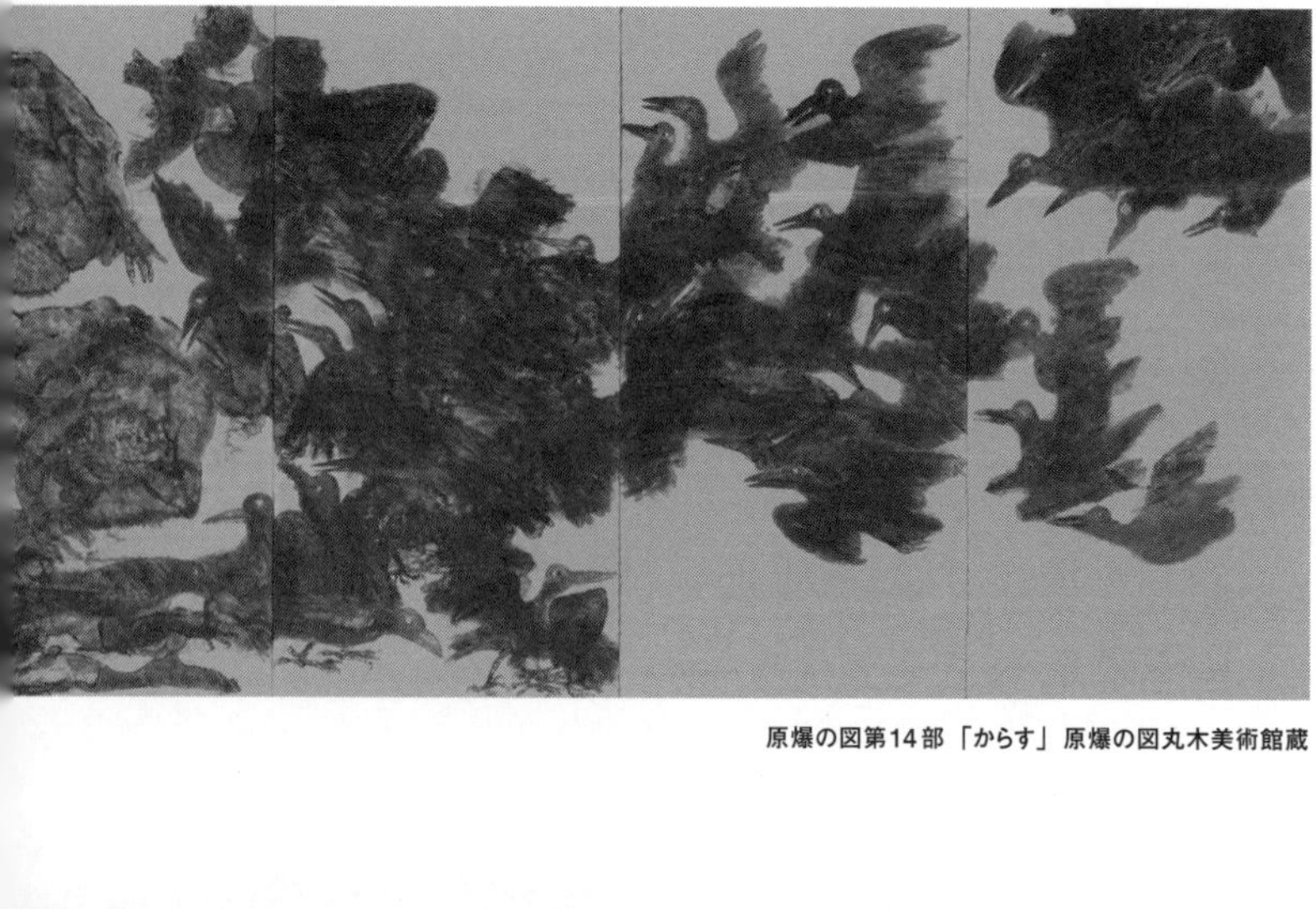

原爆の図第14部「からす」原爆の図丸木美術館蔵

徐　ちょっと作品の秘密みたいなもの、私たち作品を撮らない人間にはとても興味深いお話なので、ひとつだけお聞きします。ということは、あのフレームの外側にはブルドーザーとか、人工的なものがあるのですね。だからそれをわざとフレームに入れないように撮るわけですね。我々が作品だけみると、ああいうのが無限に広がっているようにみえるけれど、実はあれは鄭周河さんの心の中にある広がりということですね。

鄭　はいその通りです。

徐　人によってはブルドーザーの方を撮って、「どんどん復興していっていいぞ」とか「日本よがんばれ」みたいな写真につくることもあるし、むしろそっちの方が多いのだけれど、鄭さんはそういうふ

うにして、自分をあのテキストにのせて表現しているということですね。

窪島　それを「不在の表象」という言葉で、徐さんが表現されていましたが、まさしくそうだなと思うのです。よく無言館にいらっしゃった方も「戦争中ですから、本当に暗い、悲しい、嗚咽、慟哭の絵ばかりかと思っていたら、案外モデルさんの裸を描いたり、結構明るい青春だったのですね」みたいなことをおっしゃるのです。つまり、むしろその平穏さ、安穏とした風景なり、営みであるがゆえに、その外側に押し出されたブルドーザーの影とか、そこに映らない屍だとか、そういうものをむしろ強く感じさせる力というか、それが芸術の大切な要素だと思うのです。塗り絵でいえば表したいものを塗るのではなく、表したいもの以外のところを塗っていく、そういうことも、ある種の芸術の大切な役目だろうと思います。

この鄭さんの写真はもう一回我々はそこに立ち止まり、立ち戻らなければいけない。つまり、そこにある現実のもうひとつ裏側にある現実に気付かなければならない。それを教えてくれている。今日の座談でもそこにもう一回意識を巻き戻したいと思っているんですけどね。

朝鮮人の方々がたくさん労働にかり出された鉄塔が南相馬にもあったとおっしゃっていました ね。そこには植民地として虐げられ、多くの人びとが隠蔽された不安の中にさらされていた植民地支配の歴史があります。他方、いま、こうして話しているときにも、福島では十数万人の人たちが故郷を追われて、棄民として捨てられているわけです。どうでしょう徐先生、鄭さんが撮った写真というのは、はたして福島の喪失を植民地被害の比喩として成り立たせることができるのだろうか。福島の抱えた問題と、かつての植民地主義がもたらした歴史の問題、つまり、加害と被害を対比して考えることは比喩として正しいのだろうか。今回のプログラムにもそのことが書かれていますが、ふたつのことを一緒にして考えていいのだろうか。しかし考えざるを得ないのじゃないか。いや、そんなことはない、この写真は別だろうという人もいる。その混沌さは、こうやって展覧会を重ねてゆくことによって、どういうふうに示しがつくのでしょう？

徐　示しはつかないのですけれど、お話が出たので申し上げます。長野市の松代の大本営（太平洋戦争末期、大本営や他政府機関の移転先として、一九四四年末から掘削・建設が始められた大規模な地下壕。総延長は一〇キロあまりにおよぶ）がまさにそういう場所です。しかし、松代の大本営で起きた出来事、つまり多くの朝鮮人がそこで強制労働させられて、たくさんの命が失われたけれど、それは誰だったのか、どういうふうに苦しんだのか、どういうふうに死んでいったのか、その家族はどうだったのかということは、もうほとんど記憶にないわけです。例えば文書を研究して、名簿を出すとか統計を出すという研究ももちろん大事でしょう。しかし、そこで起きた出来事に対して、想像力をはせるとか共感するということ、それはどちらも重要ですから、どちらもやらなければならないのです。

けれども、例えば松代大本営のようなものをどうやって芸術的に表象できるか、ということは永遠の難問です。いま私は、窪島さんがおっしゃった「比喩」という言葉がキーワードだと思っています。つまり、「福島で起きたことと、かつて植民地支配をされた朝鮮とは同じだ」と言うと、間違いなのです。これは比喩なのです。そして比喩の力というのは芸術の力なのです。比喩というのはもので喩えるということです。喩えるということは人間が自分の経験とか知識によって、それを超えたものに思いをおよぼすということです。直接に証明できないけれど、例えばこんなものだよと、この経験から思いをおよぼしてみようよ、ということが比喩です。

　ですから力のある比喩が良い芸術です。文学でもそうです。比喩の力が芸術の力だとしたら、それは「比喩は成り立つか」というよりも「比喩しなければならない」のです。「比喩すべきものでない」と言うと、人間はそれぞれの限られた経験、限られた想像力の範囲の囚われ人としてしか生きることができないのです。例えば我々がアウシュヴィッツで死んだユダヤ人たちの思いを理解できるか、あるいはスペイン人の侵略のために数百万人殺されたラテンアメリカのインディオの人たちの苦しみを理解できるのか。それをイコールとして表象するとか、それを隅々まで全部描いたりすることは、もうできないのです。すると何かを比喩しないといけないのです。比喩は、たいていの場合は、十全なるイコールではあるはずがないのです。「比喩」は経験している、知りうる、理解のおよぶ範囲の経験から、それを超えるものに想像力をおよぼそうとする行為です。ですから、私は福島の経験と朝鮮の経験はイコールか、という問いに対してはイコールではないと答えます。しかし、比喩していいかというと、比喩はしなければならないのです。

そういう立場です。

窪島　実にわかります。比喩というのはまさしく、我々人間に与えられた、自己表現、人間表現のものすごく大切な核です。そのことによって我々の喚起力が養われるのです。むしろミスマッチの比喩のほうが、喚起力には鍛錬になるのです。ですから、鄭周河さんという写真家がいて、鄭さんの撮った写真が提示されたことによって、自分ではまったく考えてもいなかったひとつの問題提起みたいなことが、ここから新たに生まれてきて、「奪われた野にも春は来るか」だけでなく、今回つくづく考えたのは、戦没画学生たちの絵も、先ほど言ったように「慰霊」と「戦没」をとってしまったら、大変平穏な学生生活の呑気な絵日記でしかないということです。

ところが、そこに彼らが戦争で死んだという不条理をあてはめますと、彼らのもっていた平穏さが、あの当時の時代様相というものをくっきり浮かび上がらせるのです。だからむしろ彼らの絵があまりに平穏なために、非常に僕が逡巡するのは、安易に無言館にプロパガンダの鉢巻をさせることです。「こんな呑気な絵を描いている時間があったら、議事堂の前に行けよ」というような、簡単に言えば平和という名の使者から与えられた召集令状みたいな、そういうものを突きつけられたらイヤだな、ということも今回のこの写真展でわかってほしいのです。

徐　ちょっと鄭周河さんに申し訳ないのですけれど、少し窪島さんに私が聞きたいことを。私は、いまおっしゃったことはとてもよくわかりますし、でも「時間があれば議事堂の前に行け」とも言いたいのですけれども、それはともかくとして、伊澤洋さんの家族の絵がありますね。洋菓子と紅茶が置いてあり、両親と兄夫婦がいて後ろに画学生自身が座っている、当時としては中流家庭が描かれている、そういう絵として私は見ていたのです。テキストなしに。すると私の学生が「先生違いますよ」と、絵の解説を読んで教えてくれたのです。実はこの伊澤さんという人はとても貧しい人で、こんなのは彼の想像の中、夢の中にあっただけの情景なんだ、そしてその夢を抱いたまま死んでしまったのだ、と。その後勉強しますと、窪島さんがご遺族を訪ねられたお話もありました。

私がここで言いたいことは、その学生は最初に予備知識があってそういうことを言ったのではないということです。「先生見てください。この後ろで絵を描いている、あれが伊澤さんでしょ。幽霊みたいじゃないですか。この人死んで上から見ているみたい」と言ったのです。それは偶然かもしれないけれど、予備知識のない学生でも、その芸術の表面的なテキストは、私には中産家庭の家族日記というふうに見えるけれども、ここに何か不安なもの、不吉なもの、悲劇的なものが空気としてたゆとうている、ということを感じ取って私に教えてくれたのです。だから、もちろん力のある芸術とない芸術があるし、いろいろなものがあるでしょうけれど、いまのようなことをどう思われるか。それから今日見たのですが、日本画家が銀座に立って洋装の女性を描いたりしていますよね。

窪島　金子孝信の作品ですね。

徐　あれなんかも、そういう普通の欲望、当時としてはちゃらちゃらした欲望をもっていた若い人が、南方の戦地でおそらく飢え死にしたか、熱病で死んだというふうなことを、情報で知る前に絵そのものからも感じる場合があると思うのです。

窪島　ええ、ありますよ。だから、そこにテキストというやっかいな問題が出てきちゃうのですけれど。ただ、絵というものは、本当に単純素朴にそこに描かれているものをいまある自分とどう交感できるか、交流できるかに全てかかっているのです。ですから、問題はそこに描かれているのは、人物を含めた「もの」であると同時に、その絵を描いた時間がそこにある、時間軸でとらえるとい

伊澤洋「家族」油彩、キャンバス 730×908 ミリ（縦×横）
戦没画学生慰霊美術館「無言館」蔵

うこともものすごく大切です。今回の鄭さんの写真は、いわば静寂の風景、この失われた春、彼の素敵な言葉で「来づらい春」「待ちつづける春」を撮っているわけですけれど、いちばん大事なのは自分の心にもある、ある同質感というか、それをちゃんと抱いて、いわばむき身のまま、3・11で被った自分の喪失感を大事にする。その姿勢さえあれば作品と対等に向かい合えるのではないかと思います。

おそらくその学生さんも自分の精神の中に、絵と呼び合うものを持っていたのではないかと思うのです。そういう自分に気づくということが、絵と向かい合うときにすごく大切な要素になる。

「芸術と民衆は喧嘩状態にある」

窪島　今日、徐先生が鄭さんを紹介するのにかっこよく、「寡黙な人」「ほんとんどしゃべらない人」と紹介されて、本当に寡黙な写真家なのですけれど、どこに書いてあったかな、彼はおもしろいことに、「セザンヌ以降、芸術と民衆は喧嘩状態にある」なんて言ってるんです。あれはおもしろいですね。セザンヌのキュビズムは絵描きが言葉を発する原初だと僕はずっと思っていて、セザンヌ以降、ようやく絵画が言葉になったとばかり思っていたのですが、鄭さんは、絵描きが何か思想をもってそれを押し付けること自体が邪魔なことなのだ、それで大衆はひとつの写真も素朴に見ることができなくなったのだ、ということを逆説的に言っておられます。そのセザンヌ以降についてお聞きしたいのですけれど。

鄭　私の芸術への浅い知識でもって、お二人を前にしてお答えするのは大失敗を起こしかねませんが、質問をいただいたので簡単に私の所見をお伝えします。みなさんよくご存知のように、セザンヌ以後の絵画は、抽象化への道を急速に辿ります。彼が始めた「サント・ヴィクトワール山」の連作以後、絵画はキュビズムへの道に進みます。セザンヌは「世界は円柱と球と円錐でできている。よって私はこの構造で世界を解体し再び私の意志のまま再構成する」と主張しました。我々は、そのときから芸術が大衆と〝離婚〟してしまう場面を目の当たりにしているのです。もう少し厳しく言うと、我々はすでに芸術、あるいは芸術の構造を学ばなければ、芸術作品を理解できないところまできてしまったということだと考えます。これが現在のコンテンポラリーアートに至るまで進行している世界芸術の始まりだと考えれば、おそらく理解できるだろうと思います。

実際、写真も「アートワールド・フォトグラフィー（芸術世界の写真）」という概念と「フォトワールド・フォトグラフィー（写真世界の写真）」というふたつの概念に分かれています。

窪島　セザンヌよりも難しいですね。

鄭　すみません。これがよくわからなければ説明が難しくなるものなのですが。

徐　では私が少し違う角度から。今日ご覧になったと思いますけれど、村山槐多の絵はどうご覧になりましたか？

鄭　はい、あの作品は明瞭ですね。あそこの五人はそれぞれ違う視線を持っています。彼らの視線を確かめてみるとすべて違うところを見ています。それは結局、分裂や不安を象徴するのだと私は読みました。明瞭に。

徐　村山槐多とかあの人たちはいわゆるセザンヌ以降の絵描きだけれども、先生がいまおっしゃったような、勉強しなければ味わうことができないような芸術とは違いますよね。

窪島　日本という国には極めて幸いなことながら、大正というとても短い時代がありました。それまでは西洋の絵描きさんの描き方、とりわけセザンヌに至るまでのいわば西洋画の潮流、西洋画はこう描くのですよ、ということを輸入してきました。例えば梅原龍三郎とか岡鹿之助とか、藤島武二などはヨーロッパに行って学んで、日本に帰ってきてスポークスマンとして美術学校で教えていたわけですけれど、大正になったら、急に、実際にピカソも見たことがないし、ルノアールも何も見たことがない、簡単に言うと自己流の絵描きが大正期にだけ花咲いたのです。村山槐多、関根正二、うちには作品はありませんが、萬鉄五郎ら、一連の「自我の時代」が岸田劉生あたりまでしばらくつづくのです。ですから、「日本の近代美術」という展覧会をご覧になると分かるのですけれども、黒田清輝とか、安井曾太郎までは、いかにも外国から一生懸命絵を学んだなという油絵が並ぶのですが、大正時代に入った途端、なんと言うのでしょうか、自我、自分の、日本人の油絵と言っていいのでしょうか、そういう絵画がでてきます。

なぜあの時代だけそれが育ったかというのには、いろいろなことがあると思います。ロシアとの戦争があったり、結核という病いが人間の思想、表現能力をピュアにさせた時代だったというかな。もちろん、二〇歳そこそこで死んでいるわけですから、もっと生きていればもっと絵を描けたのに、という可哀そうさは戦没画学生と同じなのですが、村山槐多も関根正二も実に幸福な絵描きだったという感じもあるのです。西洋のセザンヌの潮流、そういうことに全然お構いなく絵を描けたという、非常に恵まれた短い間に開花した才能です。近代美術の流れを画集でめくっていくと、その部分だけがガラッと変わっています。そのあとまた、パリから帰ってきた、アヴァンギャルドの絵描きさんが、再び西洋から持ち帰った絵に戻っていくわけですから、不思議ですね。この大正期だけが、いわば日本人の天才を育てた時代、天才の時代でした。

徐　本当に興味深い謎なのですけれど、赤裸のお坊さんがおしっこしている絵などは、私もあちこちで絵を見ますが、この信濃デッサン館にしかないのです。なんであんなものを描いて、みんな平気でそれを見ているのだろうかと。ちょっと聞いてみましょう。どう思ったのですか。

鄭　私はとても挑発的だと感じました。わからないですけど、嘲笑のようなものがそこにあるのではないかと思います。笑ってやりたかったのです。ある意味では厳格な日本モダニズムの一面を見る思いです。モダニズムの代表的な現象のひとつが、伝統との決別ですよね。もしかしたら、作者は以前から芸術に対して怒り、疲れ、軽蔑し、嘲笑ってやりたい気持ちでいっぱいだったのではないかとも思いました。

よろしければ、映画のワンシーンをご紹介したいと思います。レオナルド・ディカプリオ主演の『太陽と月に背いて』という映画で、詩人ランボーを描いた作品です。この中で、ランボーが中堅詩人の恋愛詩の発表会に行き、詩を読んでいる詩人の手のひらにおしっこをするシーンがあります。もし、文学界においてランボーやボードレールがモダニズムのトップランナーと言えるなら、ここにある作品の作家たちもやはりそうだと思います。当時の日本で伝統とされていた陳腐な芸術魂に軽蔑や嘲笑を投げかけた作品ではないかと思います。そして、あれらの作品には、隙があり子どもが書いたような無邪気さがあると思います。

窪島　まさしく村山槐多もそんな画家の代表ですね。画家はみんなそうした天真爛漫を目指して、子どもに帰りたくて絵を描いているというところがあると思います。

では最後に総括として、今回の展覧会についてうかがいます。どういう形でこれを意識し、次の時代、明日明後日につなげていくかということが、いま我々に投げかけられているわけですが、そういうことを含めて、今回の展覧会に関して改めて、こうありたい、あるいは付け足したいということがありましたらどうぞ。

美術史を知り自分を知る

徐　鄭先生と付き合い、韓国に行き来しながら思っていることのひとつは、美術館文化の違いです。このふたつの社会は近代という時代を全然違う仕方で経験したのです。日本は、いま窪島さんがおっしゃったように、西洋から美術理論を受け

村山槐多「尿する裸僧」油彩、キャンバス　803×606ミリ（縦×横）　制作年：1915年「信濃デッサン館」蔵

入れ、西洋に留学をし、またアメリカで画業をやって帰ってくるような人もいて、そして美術学校があり、あちこちに公立美術館が建つという形でした。国家の掌握力が強いのですけれど、いわゆる近代美術というものが、例えば東京の国立西洋美術館や大原美術館、ブリジストン美術館などに所蔵されています。東アジアにあんなものはありません。

ですから、僕は韓国から日本に来る人たちに、ぜひ見て欲しいと思っています。日本が素晴らしいということを見ろというのではありません。自分たちが生きてきた時代のコンテクストを見て欲しいのです。韓国はその時代は西洋絵画をやる人は一握りで、ヨーロッパに行きたくても、そこまで行けずに日本にしか来れませんでした。そして、上野の東京美術学校（現東京芸術大学）で、あるいは帝国美術学校（現武蔵野美術大学）で勉強しながらも、しかしそこでは日本の画学生たちとは違う問題に直面していますから、どうすれば自分たち独自の絵画世界、芸術世界を切り拓けるかということに悩んでいました。しかもその時代がやっと終わったら、祖国が南北に分断してしまうのです。ですから、韓国に近代美術をちゃんと所蔵している美術館はないのです。

ところが、現代美術となると、サムスンなど大企業は世界的に活動していてお金もあるから美術作品を集めています。だから芸術、美術品はある種の不均等に偏在していて、「この時代はここ」とか、ある時代から次の時代までまっすぐに蓄積されていくのではなくて、例えば二〇世紀の二〇年代にパリに中心があったように、その後戦争が終わってすぐニューヨークにいったように、日本は一九二〇年代の第一次世界大戦後の景気のいい時から、最近のバブルまで、そういうものを集めて、それがある程度公立美術館にあるのです。韓国と中国にはその後のコンテンポラリーアートがたくさんあります。

そんなふうにまだらに存在しています。我々はそれをできれば全体として見たいのです。だけど、ひとつの国の中で、ひとつの国に閉ざされた視野でだけ見ていると、それが見えないのです。これこそがアートだ、というとても自己本位的な物語を頭の中につくってしまう。日本美術の中の流れとか、韓国美術の中の流れという枠でしか見れない。それを互いに照らしあわせて、全体像を見る、つまりある像が見えたら、こっち側からも見る、向こう側も見るということができなければいけないし、そのことのために必要なのは、平和で自由な交流です。

それからもうひとつ、今回、日本で丸木美術館とか佐喜眞美術館とか、信濃デッサン館というところでこの展覧会をやってくださいました。失礼ですけれど、皆さん貧しい。つまりこの手のことを公的機関がバックアップするということは、日本ではありません。韓国ではもっとないから、鄭さんは感動しているのですけれど、しかし感動している場合じゃないと私は思っています。日本の、市民の人たち、美術愛好家の人たちが自己本位の物語ではなく、開かれた目でいろいろなアートを学び、自分たちも出かけていくということによって育てていく。それは自分を知るということにも必要なのです。自分たちの美意識がどういうふうに形成されたか、同じひとつの事物を朝鮮からみるとどう見えているのか、ということを見るために必要なことだと思います。

今回のこの鄭さんの展示は、福島の原発事故という双方にとっての非常に差し迫った関心事を真ん中に置いたので、こんなことがある程度可能になりましたけれど、これを契機になるべくそういう交流が盛んになればと思います。美術史を知ることは、現代を生きている私たちが「自分はこれだ」と思っている、アイデンティティの美的な部分がどういうふうにつくられているかを知ることです。「これこそが美だ」と思っているのが、実はヨーロッパ直輸入のものを流し込まれているだけかもしれないわけです。そういう意味で、今回の展示はいい機会になったのではないか、いい機会にしていきたいなと私は思っています。

鄭　短めにお話いたします。福島は、私の制作において、ただの題材なのではありません。流れる水にちょっと足を浸すのではなく、流動する海に身を投じるような対象なのです。昨年の冬、二〇一三年一月からいままで、南相馬の中心部の外、小高《おだか》を中心にしたその周辺の地域を回り見ることができました。南相馬の周辺部に入って撮影をつづけ、二〇一三年秋に「南相馬の外に入る」というタイトルの制作をしました。これを整理して、来年は夏に南相馬を訪問し、また撮影するつもりです。福島に関心を持ちつづけるのは、福島で起きた事故がただ単純にあの時あそこで起きたという一回性の出来事ではなく、いまもなお、私たちの時間、私たちが生きて行くこの時代の時間とともにありつづける問題だからです。これが私の写真家としての義務でもあり、これまでにまわりのたくさんの素晴らしい方から学んだことでもあります。みなさん、今日はここに来て下さり、どうもありがとうございました。

6 京都

「想像上の境界線」を乗り越える

鄭周河×河津聖恵×徐京植

立命館大学国際平和ミュージアム　二〇一四年五月三日
通訳・裵《ペ》姈《ヨン》美《ミ》（立命館大学コリア研究センター）

日本国内六カ所を巡回した写真展の最後は京都市の立命館大学国際平和ミュージアムで行われた。ギャラリートークは一般市民と学生が数多く参加して行われた。司会は同ミュージアム副館長の加國尚志《かくにたかし》さん、発言者は京都在住の詩人・河津聖恵《かわつきよえ》さんである。河津さんはこのトークのために「夏の花」という詩をつくり、会場でみずから朗読された。鄭周河《チョンジュハ》さんは、「奪われた野にも春は来るか」以後に南相馬で撮影した作品シリーズ「外に入る」を映写して説明された。

トークでは「省察と連帯」によって「忘却と否認」に抗していくべきであることが語られた。進行役は徐《ソ》京《キョン》植《シク》。

加國尚志（以下：加國）　ようこそお出でくださいました。本日は鄭周河先生、そして作家の徐京植先生、詩人の河津聖恵先生においでいただいております。

今回の写真展では、ご覧いただきましたとおり、鄭周河先生が撮られた福島の写真を展示しております。立命館大学国際平和ミュージアムでも、東日本大震災、そして福島の原発事故を受けて、二〇一二年には「放射能と人類の未来」と題する展示を行いました。その際は、本館の安齋《あんざい》育郎《いくろう》名誉館長の監修で放射能のもたらす影響についての報告をつづけて行いました。

それからちょうど二年、原発事故から三年経ちまして、福島の状況は私たちにとっても大変気がかりな状況になっております。一三万人を超える避難をされている方がいらっしゃいます。放射能による被害、生活の見通しの立たないこと、多くの問題が生じておりますが、マスメディア等では報道される機会が大変少なくなって参りました。日本の中で福島が忘却されてしまうのではないか、そういう危惧を私どもは抱いております。そのような中で、今回鄭周河先生の写真展を開けましたことは、私どもとしても大変喜んでおります。

現在日本は、東アジア――とくに韓国や中国――と大変よろしくない関係に入ってしまっています。排外的なヘイトスピーチが現われるようになってきました。この大学においても、そのような問題が生じました。私たちはもう一度、東アジア、日本、中国、韓国の関係を見直す必要がある時期にきております。そのことと、この福島の問題――メディアの報道が少なくなり、どのような被害があるのかということもあまり知られなくなってきているというような状況――これを重ね合わせて、そのふたつを同時に考える。そういう機会をこの鄭周河先生の写真は、私たちに与えてくださっているように思います。

それでは、講師の方をご紹介したいと思います。まず、鄭周河先生です。一九八四年に韓国の大学の写真学科を中退されまして、一九九〇年にケルン大学自由芸術学部写真学科を卒業されました。そして一九九六年以来、韓国の百済《ペクチェ》芸術大学写真科の教授を務めておられます。ドイツ、韓国で数多くの個展を開催してこられました。二〇〇八年には、「不安、火-中」という、原発の周囲の人びとの生活を撮った写真展も開催しておられます。

そして二〇一二年三月、原発被災後の福島の風景を撮られた「奪われた野にも春は来るか」という個展をソウルで開かれまして、昨年（二〇一三年）には南相馬市の中央図書館、埼玉県の原爆の図丸木美術館、東京のギャラリー「セッションハウス・ガーデン」、沖縄の佐喜眞美術館、長野県の信濃デッサン館別館・槐多庵で巡回展を開いてこられました。関西での展示はこの立命館大学国際平和ミュージアムが最初でございます。

つづきまして、徐京植先生をご紹介いたしたいと思います。徐先生は一九五一年に京都市にお生まれになりまして、早稲田大学の文学部を卒業、現在は東京経済大学現代法学部で教えておられます。著書は大変多く、皆さんもよくご存知と思いますが、『私の西洋美術巡礼』（みすず書房）、『子どもの涙　ある在日朝鮮人の読書遍歴』（小学館文庫〈電子書籍〉）、『プリーモ・レーヴィへの旅―アウシュヴィッツは終わるのか？』（晃洋書房）などの著書を出しておられまして、私どものミュージアムで二〇一一年の秋に開催したプリーモ・レーヴィ展の際にも講演で来ていただきました。

その折も二〇一一年三月の福島の原発事故とその後の状況、そしてアウシュヴィッツから帰還したプリーモ・レーヴィの人生をオーバーラップさせながら、お話をしていただきました。そして、著作の中に『フクシマを歩いて　ディアスポラの眼から』（毎日新聞社）がありまして、徐先生にとって福島の問題は大変大きなテーマだとお見受けします。

最近出版された二冊の本をご紹介したいと思います。一冊は『フクシマ以後の思想をもとめて　日韓の原発・基地・歴史を歩く』（平凡社）で、徐京植先生、それから東京大学の高橋哲哉先生、それから韓洪九《ハンホング》先生、この三名の方の鼎談の形で出版しておられます。福島、そして沖縄と韓国の米軍基地の問題ですとか、そうしたものの被災を受けた場所の話を交えて、根本にある問題を非常に深く考察しておられます。

私たちは何でも切り離して、福島でも、日本でも局地化していくのですけれども、実は人びとにそうした被害を与えるいちばん根本にある国家というものの構造まで含めて考えてみますと、例えば、日本で戦前から連綿とつづいている権力の姿、権力の構造のようなもの、そしてそれが日本だけではなくて、東アジアにもおよんでいる、そうした視点をこの本から学ばせていただきました。

それからもう一冊、さきほど徐先生からお渡しいただいたのですけれども、おそらくこれが最新のご本だと思いますが、徐先生の評論集で『詩の力——東アジア近代史の中で』（高文研）という本です。

それから、河津聖恵先生です。河津先生は東京にお生まれになって、京都大学の文学部をご卒業になりました。一九八五年に第二三回現代詩手帖賞を受賞しておられます。詩集に『姉の筆端』（思潮社）、『クウカンクラーゲ』（思潮社）、それから『夏の終わり』（ふらんす堂）で第九回歴程新鋭賞を受賞しておられます。『アリア、この夜の裸体のために』（ふらんす堂）では、第五三回H氏賞を受賞しておられます。現代詩文庫１８３に『河津聖恵詩集』（思潮社）として詩集を収めておられます。その他評論集も出しておられますが、『朝鮮学校無償化除外反対アンソロジー』の発行人も務めておられます。

本日はこの企画展の内容に合わせて、詩を一篇お寄せいただいておりますので、後ほどご紹介をいただけると思います。それではここで、マイクを徐先生にお渡しして、オープニングトークを始めたいと思います。どうぞよろしくお願いいたします。

「3・11」と記憶の闘い

徐京植（以下：徐）　こんにちは。徐京植です。京都に帰ってきますと、「帰ってきた」という感じがして、懐かしい人の顔も見て、寛いだお話がしたいのですけれども、しかしテーマはなかなかそうはいきませんので、お付き合いを願います。

この「奪われた野にも春は来るか」というタイトルは、李相和《イサンファ》という一九二〇年代の朝鮮の詩人の詩の題名で、この詩の題名を今回の写真展のタイトルとしたのは、朝鮮植民地支配と福島の原発災害を、ひとつの想像力でつなぐための比喩として用いているわけです。それは、朝鮮、韓国の人びとが福島で起きている出来事を想像しようとするときの手がかりとして、植民地時代の自分たちの経験を参照するという意味ですし、その逆に日本の人びとが、朝鮮人たちが植民地時代に受けた心の痛み、傷というものを、福島を手がかりに参照して考えるというお互いの想像力をつなぐための試みなのです。

それが成功したかどうかは、私は当事者ですから何とも言えません。皆さんがそれをどうお受け取りになるかということですけれども、その試みの意図は、原発の事故のような出来事をひとつの国とか、ひとつの国民の物語に閉じ込めてはならない、ということです。「国難」という言葉が使われましたけれども、復興することによって国難を克服していくというイデオロギーは、間違っているだけではなく、危険だという考えです。それで、「参照するもの」「補助線を入れてみる」という試みだったわけです。

先ほど加國先生からもお話がありましたが、二〇一一年の三月に原発の事故があった直後から、私は自分のエッセイにも書いておりましたけれども、これは早晩忘却の波に覆われるであろう、あるいはこれを忘却させてしまおうとする悪意をもった力が台頭してくるであろう、ということをそのときから感じておりまして、そのことを何回も書きました。現実は私の予想を上回って、わずか三年ですが、世の中はそういう方向に流れています。もはや「忘却」というよりは「否認」、つまり知っているけど認めないというふうになっているのではないかと思います。

特に、安倍晋三総理が東京オリンピックを誘致するために出かけていって、福島の事故は完全にコントロールされているということを述べました。あれは嘘ですね。あれが本当だと思っている人はいくらなんでも、いても少数だと思います。日本の大半の人はあれが嘘だと分かっていると思います。知っているけど嘘を押し通そうとしているわけです。嘘だと分かっていて、それを押し通すということはもはや「忘却」とは言えません。そして、その嘘の側についたほうが有利かもしれないとか無難かもしれないという人たちがこの世の中で、大きな流れを動かしているのです。原発に関する世論調査を見ますと、半数以上の人が、脱原発を望んでいるけれども、そうした声は「否認」の波に覆われています。否定されているわけです。

「記憶の闘い」という言葉があります。過去にアウシュヴィッツでこんなことがあったとか、過去の戦争でこういう行為があったということを憶えているということ、記憶するということ自体が平和のための闘いだという言葉です。それは、三〇年とか四〇年経った時点から、過去のことを記憶するための闘い、それを想起してもう一度表現するための闘い、という意味の言葉でしたが、福島の出来事は同時進行です。いま起きていることをいま記憶する闘いをしているわけですし、しなければならないのです。そのことが、加國先生のお話にあったように日本だけではなく、東アジアの、ひいては全世界の平和に関わる重要な戦いになった。だから、いまここで同時進行で行われている「記憶の闘い」はアジアと世界の平和のための闘いだ、というふうに私は考えております。

長くなりましたけれども、この後の流れについて、お話しします。河津さんは私が特に、今日、参加していただきたいと希望して、実現した方です。トークの後半では、こうした記憶の闘いのために表現に何が可能か、表現者はどういう表現を通じてその闘いに参加することができるか、つまり忘却を強いる力とか否認の力に対して、表現の力は何を対峙できるかというような話までできれば幸いです。

次の段階へ進むプロセスを共有したい

鄭周河（以下：鄭） こんにちは。鄭周河と申します。日本で六回目の展示会を迎えました。本日六度目に日本の皆さんと直接お会いして、福島の写真を通じて私の考えを共有する時間を持っています。先ほど加國先生、また徐京植先生が福島の問題が日本で忘却されつつあると心配をなさっていましたが、こうしてたくさんの方々が私の写真と福島について共に考えようとお集まりくださったのを見て、日本はまだまだ希望があるのではないかと思います。

福島の話をする前に、先ほど徐京植先生のお話にありました、記憶とそれを否認するということに関して、現在韓国で起こっていることを冒頭にひとつ申し上げたいと思います。皆さんもメディアを通じてご存知だと思いますが、韓国の南の海でセウォル号という船が沈没して、三〇二人もの犠牲者が出ました。そして、未だ七〇名あまりの方が助けられずに、冷たい海の中に閉じ込められています。今回の事件も時間が経てば、忘却され、また否認されるでしょうけれども、この事件が否認されたり、忘却されたりすることがないように、ここにいらした皆さんにお願いしたいことは、どうかこの事件を記憶し、心を共にしてくだされぱと思います。ありがとうございます。

私が福島と出会って作業を始めたのは、二〇一一年一一月からでした。けれども、私はジャーナリストではありませんので、福島で起こった津波と福島第一原発の事故自体に関心があったわけではありませんでした。私は二〇〇三〜二〇〇七年にかけて、韓国にある原発とその周辺に住む人びとを撮影して、二〇〇八年にソウルで写真展を開きました。当時も私の関心は、原子力発電所自体よりも、その周辺で暮らしている人びとが抱いている「隠蔽された不安」に向いていました。韓国には、四カ所に原子力発電所があり、周辺ではたくさんの人が原子力発電所とともに生活をしています。原発が危険だという事実は知っているのですけれども、それは頭の中の考えに止まっていて、それがその地域住民の生活に、直接どのようにつながっているかについては隠されているのが実態です。

二〇一一年三月の福島原発事故があったあとも、私の関心は変わりませんでした。テレビを通じて津波と第一原発が引き起こした大きな悲劇を生々しく見ることができました。しかし、すぐに福島に向かわなかったのは、先ほども言いましたようにジャーナリストではないということもありましたが、それだけではなくて、私の関心は、その被害自体よりも、被害の原因、また、被害があった後の住人たちがそれをどのように克服していくかに向かっていたからです。

そうしているうちに、二〇一二年三月に韓国のソウルで「第二回世界核セキュリティ・サミット」が開かれるというニュースに接しました。この会議は、世界五〇カ国あまりの首脳が集まり、核問題について討論する会議です。私は、彼らが集まるソウルで、福島の真実を共有できるよう、写真を見せなければと考えました。そう決心し、韓国の歴史家である韓洪九先生と徐京植先生の協力を得て、福島を回ったのです。

こういった経緯で撮影しましたので、ここに展示した二〇枚は、福島の事故そのもの、被害の実態とは少し距離があるように見えるかもしれません。けれども、これらの写真を通じて私が皆さんと共有したいと思うのは、このような時代に、このような問題をどのように受け止め、乗り越えて、どのように次の段階へと進む道を共に歩むことができるのかという問いに、一緒に答えを見つけていく、そのプロセスです。

徐　それでは次に、河津さん、お願いいたします。

写真の側から見られているような「不安感」

河津聖恵（以下：河津）　皆さん、こんにちは。今日は展示されている作品を見ることができましたが、少し前に『こころの時代』というＮＨＫのＥＴＶで放映された、鄭周河さんの福島での旅と言いますか、写真を写す姿勢を追ったドキュメンタリーがありまして、それも今朝録画を見てきました。写真を見てもそうですし、今日の言葉もそうですけれども、いろいろ考えさせられる、いまの時代を考える上で、詩を書く上でも、非常に触発されるもの、すごく直接的に訴えかけてくるものがあったと思います。

まずこの写真から受けた私の直接的なというか、率直な感想から述べさせていただきます。先ほどご紹介いただきましたように、私はこの写真展のために、写真集の写真を見ながら、詩を書きました。私は原発についても、韓国についても、政治的な次元ではあまり勉強してこなかった者なので、自分が詩を書くとなると、どうやって書いたらいいのか、何を書いたらいいのかということを考えました。私だけではなくて３・11以後、詩を書く人のほとんどが根本的に迷っているという状態です。

もちろん、実際に被災された詩人もいますし、３・11直後は全体的には原発事故や放射能汚染のことに思いをはせ、これからの社会を考える詩を書かなければならない、という機運も多少は生まれたのですけれども、やはり世間一般と同じように、一年過ぎ二年過ぎていくと詩の雑誌からもそういう特集は消え、3・11に関連した作品が見られなくなってきているというのが実情です。しかし当然これからずっと何十年どころか何万年も放射能汚染は残っていきます。そのことを詩を書く人間はずっと心に留めていかなければならないし、詩の言葉も変わっていかなければならない、そういうことを迫られていると思っています。その中で、鄭周河さんの写真は、詩を書く人間にもインパクトを与えてくれるものだと思っています。

ETVのテレビ番組の中で鄭さんが言われていましたが、「春」という韓国語の中には「見る」という動詞が入っているそうです。「ポム」すなわち「春」という名詞の中には、「ポダ」すなわち「直視する」という――「見る」というか「直視する」と表現されていましたけれども――「まっすぐ見る」という意味が含まれている。そして「見る」ことを通して、その対象の中にある本質が出てくる、というようなことを言っていらしたと思います。

写真展のタイトルに「春」という言葉を使われているのですが、この写真には確かに鄭さんのまなざしが感じられます。偏見、先入観抜きで心を開いて対象の本質を見ている、そういうまなざしを感じることができると思います。今回書いた私の詩を読んでいただいても分かるかもしれませんが、鄭さんの作品をみていると、作者鄭さんのまなざしを感じつつも、自分はまなざしの主体となっていくのではないのです。どういうことかというと、これらの写真を見ていく過程で、自分が見る主体として安定したものとしてずっと保持されていくのではなくて、見ているうちに、だんだんだんだん不安になっていくように思いました。鄭さんの作品には中心というものが定かでないという感じを受けます。それだからか、いつしか写真の側から自分が見られていく。その事物が何か自分のほうをまなざしている、そういう不安感、あるいは新鮮な感じを私は持ちました。

それから、皆さんも思われたかもしれませんが、この写真を見た時、どこかで見た風景だなと自分には思えました。いつからか日本では都市から離れた農村あるいは地方都市が寂れてきて、農村に行くとどこか打ち捨てられた感じがする風景に出くわすことが多くなりました。写真からそのような風景の記憶を喚起させられたのです。つまり、金銭的なものや人のまなざし、あるいは若さというものからどんどん疎外されていく、そういう風景です。

それから詩を書こうとした時、この写真から受けた不安な感触を、何を参照すればイメージにつながっていくかを考えました。私はいまずっと「花」というテーマで詩を書いていまして、そういうことも手伝ってか、あるいは原発ということからも、原爆投下から間もなく書かれた原民喜の小説「夏の花」を手に取ってみました。原は小説家であり、詩人でもあります。「夏の花」は以前読んだことはあったのですが、改めて再読してみたのです。

そうしたら大変感動したというか、いまだからこそ直接的に入ってくる言葉がいっぱいありました。原は原爆投下後の光景、つまり世界全体が壊れてしまって、言葉にならないような風景を目の当たりにします。もう日本語で書けないというか、普通の言葉では書けないので、ある場面から突然カタカナで書きなぐっていく。「この辺の印象はどうも片仮名で書きなぐるほうが応わしいようだ」といって、いきなり行分けの詩に変わり、表記もカタカナになるんですね。そこには人間の死体とか転覆した電車、あるいは馬の胴が膨れ上がっていたり、電線がブスブスと焼けていたり、そういう悲惨な状態を、これはもうカタカナでしか書けないということで、しかもそこに何かリズムがあるように描きます（「ギラギラノ破片ヤ／灰白色ノ燃エガラガ／ヒロビロトシタパノラマノヤウニ／アカクヤケタダレタ　ニンゲンノ死体ノキメウナリズム／スベテアッタコトカアリエタコトナノカ／パット剥ギトッテシマッタ　アトノセカイ／テンプクシタ電車ノワキノ／馬ノ胴ナンカノ　フクラミカタハ／ブスブストケムル電線ノニホヒ」以上全文）。

原が感受したリズムは何かというと、人間が死んでいくときに痙攣して苦悶していく――死体からは苦悶の動きは実際はもう見られないけれども――一瞬足掻いて硬直した死体は「一種の怪しいリズム」を「含んでいる」、つまり静止しながらリズムの気配をおびているということです。もちろん、鄭さんの写真には、人間の死体も血も何も残っていないのですけども、私は何かそこに、原民喜が見た風景と遠くつながる、みえないけれどもうごめく悲惨や苦悶を感じ取りました。

最後になりますが、鄭さんの写真集に寄せた文章の中で徐さんがひとつ問いかけをされています。先ほども少し触れられましたが、写真展のタイトル「奪われた野にも春は来るか」は、植民地時代の李相和の詩の題名からとってきたけれども、福島のいまの悲劇を、朝鮮が植民地主義で被った悲劇で比喩することはできるのかという問いです。それは日本人と朝鮮人に投げかけられた厳しい問いであることを示唆されています。

それはたしかに写真を見た一人ひとりが自分自身に問うていくべき問題だと思います。私もいろいろ考えたのですが、ふたつは遠い話なのか、という疑問が当然浮かびます。日本の植民地主義、あるいは植民地支配は本当に終わってしまったものなのか。私は終わっていないと実感します。皆さんも社会的な問題に関わる中で、同様の実感をもたれることがあるのではないでしょうか。先ほど紹介していただいたように、私は朝鮮学校の無償化除外という歴史的な事件に反対するために、詩人たちを集めて七九名でアンソロジーを出し、曲がりなりにも文科省や政府に抗議を繰り返しました。無償化除外は二〇一〇年の二月下旬に持ち上がった事件です。それは奇しくも、二〇一一年三月の一年ほど前ですから、もうすでにそこで大規模な人災が起きていたことになります。私は無償化除外というのは原発事故にも匹敵するような「法の破壊」というか、憲法が保障する教育を受ける権利、あるいは六〇年間ずっとそれぞれの生きる地で教育を行い生活してきた人びとの日常を、少しも想像することなくまるごと破壊しようとしたという意味で、まさに放射能汚染とパラレルに語れる出来事だったと思っています。

徐　ありがとうございました。簡単に私のコメントを申します。

この撮影の現場のいくつかに私も立ち会いました。あの破壊されている靴箱みたいなもの、この時計もそうですけど、南相馬の萱浜《かいばま》というところにあるヨッシーランドという老人施設です（口絵八枚目、九枚目）。そこに津波が襲って多くの方が亡くなった後に行って撮った写真です。

野原に青空が写っている写真は、空を飛んでいるのはカラス（口絵一〇枚目）です。これを見ると、私はゴッホが最後に描いた「カラスのいる麦畑」という絵を想起します。それから、霧がかかっている紅葉の山の写真（口絵一枚目）について申し上げたいと思います。鄭周河さんはご自身の信念で写真にはタイトルなどをつけない人です。説明なしに写真だけを見せる、それは彼のひとつの哲学です。それでも、今日は詩人の方もいらっしゃるので私はあえて言いたいのですけれども、これは霊山《りょうぜん》という場所です。「りょうぜん」という音とこの映像は響きあいますね。そして「りょうぜん」という音が「霊の山」と書くことを知ると、さらにそれは三重の響きを生みます。そこがあんなに美しいけれど放射能に汚染されていて、私はあそこに二度行ったのですけれども、二度目に行ったときにはあの山の陰には、除染した廃棄物が大量に積まれていました。つまり、「りょうぜん」という地名の音と「霊の山」という漢字とあの映像と、それらが私には非常に響きあうものとして見える、聞こえるということを申し上げたかったのです。

それから、時間をとって申し訳ありませんが、皆さんのお手元の資料に齋藤貢《さいとうみつぐ》さんという詩人の詩がふたつ載っています。齋藤貢さんは南相馬市小高《おだか》地区にあった高等学校の国語の先生です。先ほど鄭周河先生がお見せになった映像で、ほとんど人物が現われないのに、ひとつだけ学校の教室の場面が出てきましたね。あれは小高にあった学校が災害を受けたために、福島市に臨時に移転して、福島商業高校の一角で授業をやっていたときの風景です。私と鄭周河さんは一緒にそこを訪ねまして、彼はその作品を撮りましたし、私はそこの学校の先生である齋藤さんにお会いしたのです。

いまから彼のふたつある詩のうちのひとつを私が読んでみようと思います。「汝は、塵なれば」という詩です（一九〜二二ページに掲載）。

真ん中のかぎ括弧の引用部分は、旧約聖書の創世記、アダムとイヴの部分です。齋藤さんが教えていた小高の高校は津波に襲われて、引き波で生徒の多くが海にさらわれました。そして、二四時間後に浜に打ち揚げられて、助かった生徒がいます。それも詩に書かれています。けれども、齋藤さんはそのことを語りながら低い声で、他にも生きて打ち揚げられたのに、そこが警戒区域に指定されて入れなくなっていたために助けることができなくて、亡くなってしまった命もあるのだとおっしゃいました。たまたま一人の生徒はそうじゃないところに打ち揚げられて、「先生帰ってきました」と言って帰ってきた。だけど立ち入り禁止区域に打ち揚げられたために、そのときはまだ生きていたのに死んでしまった命がある、ということをごく低い声でおっしゃっていました。

そういう方が、「汝は、塵なれば」という詩をお書きになったのですが、私も驚いたのですけれど、この詩は震災の前に書かれているのです。震災があってから書いたのではないのです。すでに、そこにある詩人的な予感というものが働いていて、あたかも予見していたようにこの詩を書かれました。

彼の詩集の中には他にもいろいろな詩があるのですが、「いのちのひかりが」という詩の中に、

「虚飾の舌で／優しく、希望を歌うな。／偽りの声で、声高に、愛を叫ぶな。」という詩句があります。これはつまり、先ほど言いました「否認」への抗議です。「虚飾の舌」や「偽りの声」で声高に希望を語るのはやめてくれ、ということを低い声で静かにこの詩人はうたっています。こうした声が、「否認」の力にいまこの瞬間、抗うことができるかどうか大いに疑問ですけれども、ひとつの記憶の闘いとして、この詩が人びとの記憶に残り、語り継がれ読み継がれていくようなことがあるでしょうし、そのことを願っております。

それでは河津さんに、この日のためにつくっていただいた詩を朗読していただきます。

原民喜のまなざし

河津　はい。「夏の花」という作品です。

夏の花

世界が静かにめくれていく
何者かに剥ぎ取られるのではない
おのずからめくれあがり裏返るのだ

それは焼亡というより
深淵の夏の開花
季節を越えてしまった下方へ
冷たい暗闇を落ちながらひらく花弁の感覚
あの日以前も背をなぜてそれは
そっと過ぎていったではないか
指先や眼球や鼓膜にも
言葉と感情は言わずもがな
沈黙と闇へだけひらく花々が咲き
そのたび唇が何かを言おうと
かすかに開いては閉ざされたではないか
「長い間脅かされていたものが、遂に来るべきものが、来たのだった。」
あの日
飼いならせなかったタナトスの蹄の音がきこえた
あいまいだった黒い馬の影はついに
百頭の怪物となって実在し
季節と花々をたやすく踏みにじった

世界が世界の外に飛び込もうとした刹那、
白煙と黒煙があがった
あれもまた花々だった
悪の花——
つかのま永遠の喪失を罪びとたちの額に刻印して
それは忽然と姿を消した
夢の強度だけを
野という野にありありと残し
あとは誰しもの故郷のような
うち捨てられた美しさが増していった
世界が世界を剥ぎ取る痛み
秒針が世界の肉を刺す苦しみ
しかし
そのただなかから懐かしさは光りあふれやまなかった

＊＊

「わが愛するものよ請ふ急ぎ走れ」
不思議な声がきこえた
末期に空へと向き直る
夏の花々の声らしい
呼ばれているのは蝶や燕であるはずだが
異様に澄んだ響きに私は呼ばれてしまう
私をどこかに喪った私のまなざしだけが
畔道を烈しく進み出す
私を呼ぶ花はどこか―
私が呼ぶ花はどこか―
まなざしはかすかに息をつき
寒さにかじかむ茂みや木々の葉を吹いて暖め
蘇らそうとするが
「苦悶」もなく「一瞬足掻いて硬直したらしい」
錆びたサッカーゴールや廃墟のコンクリートの壁
「ギラギラ」しない太古の暗い「破片」
草むす薄闇色の鉄路に

まなざしは長い長い腕で触れていくのだが
凍える秋の花は現れても
愛しい夏の花は見つからない
やがてまなざしは
ふいに広く広くまなざされる
「純粋母性」のように輝く太陽が
乳のように煌めかせる川と
生命の彼方から死の岸辺へ寄せる海によって
屍体も無く血も無く
「空虚な残骸」だけが散らばる浜　あるいは
「魂の抜けはてた」地上
ここに花は咲くのか　なぜ咲くのか
雲深い空にまだわずかに
あかあかと護られてある一滴の涙のためか
「無として青みわたる宙」に
今なお無数の星が生まれるからか
「星をうたう心」が「虚無のひろがり」に抗い身をもたげれば

死の破片の下からも花は咲くだろう
名もない「黄色の小瓣の可憐な野趣を帯び」た
夏の花の幻は咲くだろう
「何か残酷な無機物の集合のやうに感じられる」
人間の故郷に淡い影を添わせて

＊＊＊

そしてまなざしはほどかれ
無数のまなざしとなって満ちていく
海と空　夢と現実のあわいに
夏の裏側を焼かれていく冬の白さに
雪虫のように
誰のものでもないまなざしは放たれていく
何もかもが〝見ている〟のだ
遥かな過去からふりむき
死者が生者を目撃するように

ここに”みられる“ものはもう何もない
神話のように
枯れ枝の先にすら祖先の眼が見開き
摘みとる者のいない柿の実にみえない赤子は目覚める
墓に刻まれた名も
癒えることのない雪に埋もれた家々の窓も
時間の鉄条網のような送電線も
すべての生き物の救難信号のような黄色いハンカチも
無の巣のような枯れた叢も
俯く老婆の銀の髪も
世界の内奥では
あの頽れた四つの鐘がみずから鳴り始めた
鐘は獣であり
何万年の未来まで　あるいは古代まで
傷ついたものの呻きを響かせていくつもりだ
その残酷な悲しみを置き去りに
故郷は世界の外へまた一歩静かにしりぞこうとする

世界の淵では
ひとのような塔のようなシルエットが呆然と見送るしかない
どんなに夜が深まろうと
それらを闇に描き出す漆黒の絵の具は
世界に尽きることがない
見送るひとかげは増え
遥かな塔はあくがれるように林立をやめない

だが死ねない四頭の犠牲獣の
咆哮を聞き届けるのは
獣らを取り巻く忘却の河のほとりに
密かに咲き誇る夏の花だけ
世界の苦い泥についに生まれた
反世界の小さな裸形の花だけ
あるいは花という極小の
世界の追憶、追悼の祈りのすがた

かぎ括弧に入っているのは、多くが原民喜の「夏の花」からの引用です。「無として青みわたる宙」というのは、辺見庸さんが震災後に書かれた詩「それらの骨のなかにある骨」からとりました。「星を歌う心」は、尹東柱《ユンドンジュ》の「序詞」からとりました。

徐　ありがとうございました。その他何か補っておっしゃることはありますか。

河津　ではちょっと補足します。先ほど鄭さんの写真の「まなざし」について触れましたが、いまの詩の人びとにも「死者が生者をふりむいて目撃する」場面があります。じつはここには原民喜のイメージがあります。原は最後に自殺をします。なぜ自殺をしたかにはいろいろな憶測があるのですが、ある評者の方はこう言っています。奥さんが亡くなったすぐ後に原爆が来て、そこで本当に多くの人びとが残酷に死んでいく姿を目撃した原は、自分が生きているだけではもちろん、さらにはただ死んでいくだけでも足りない、と考えていたのではないか、苦悶のまま最も残酷な姿で死んでいった人たちの歎きを、心の奥でずっと聞きながら彼は生きていた、だからそれ以上の死に方をしなければその人たちの元には還っていけないと考えたのではないかと。

原は、線路に横たわって亡くなるのですけれども、その寸前に二人の若い女性とすれ違うのです。女性たちは何か様子が変だなと思って振り向いた。すると原の方も、鉄路に行く前にその人たちを振り向きじっと見たそうです。そのとき原は何を見ていたのか、という疑問が私の心にずっと残っていまして、この詩の「まなざし」にも、その時の原のまなざしがおのずと重なってきたようです。原もやはりこの世界のことが心残りで、遙かな未来であるいまの、この原発事故後の風景を過去から見つづけているというように。

タイトルの「夏の花」は、原の「夏の花」からとりましたが、現実の体験もあります。二〇一一年夏に私はライブカメラで毎日のように、福島第一原発を見ていたのですが、ある時、白い花が咲いている、というツイッターが出回りまして、ライブカメラを見ましたら、本当に原発の足元に花が咲いているのです。それは白い花で、わりと大きめで何の花かわからないのですが、花が咲いていたということは、不意打ちでした。それが希望なのか、逆に絶望なのかもわからないのですけれども、花が咲いているんだと驚いたその時の記憶を、詩に重ね合わせました。

徐　ありがとうございました。無用かもしれませんが、短く私も補足いたします。原民喜は、中央線に身を横たえて亡くなりました。私が現在勤務している大学のすぐ側です。授業の中でこの話をするときにいつも「そこだよ」というふうに言っています。中央線はいわゆる人身事故でよく止まるのですけれど、そのたびに原民喜を思い出す、私も思い出すのですが、学生諸君も思い出してくれるように、そういう仕掛けをしています。そんなふうに言うと、むしろ感覚が日常化してしまうかもしれませんけれども。

原民喜の自殺については、今おっしゃった通りですけども、今日初めから問題提起していることと重ね合わせて言いますと、原爆の被災をしてからわずか二〜三年後に、東京ではそのことがなかったことのようで、三年という時間と、「あれは広島で起きたことで東京とは別だ」という、空間的、時間的な二重の壁の向こうに押しやられたというようなことを彼はいろいろなところで書いています。そして、日常生活の中でいくら「あんなことがあったんだ」と言っても、人びとがそれに対して思ったような反応をしないということも書いています。それは三年後のいまの福島と東京の関係に非常に似ていると思います。

それから、原民喜が自殺したのは、まさに朝鮮戦争の最中で、アメリカのトルーマン大統領が戦局を転換するために原爆使用を検討する、ということを述べたという放送を原民喜が聞いたのです。それも今日の世界の現状ととても似ています。ですから、私たちはページを繰るように戦争の惨禍や核の脅威を過去のことにしてしまうことができない、その連続性の中にいるのだということを改めて思いながら、いまのお話を聞いておりました。

それから河津さんの詩の中に、「世界が　世界の外に　飛び込もうとした刹那」という詩句がありますが、これも偶然の符合ですけど、実は鄭周河先生はこの作品の後に「南相馬の外に入る」というシリーズをつくられています。「外に入る」とはどういうことか、まさに詩だと思います。

では、鄭周河先生に、「外に入る」の作品の紹介と、いままでのお話への応答をお聞きしたいと思います。

鄭　いまご覧いただいているのが、この写真展のカラー作品を撮った後に、二〇一三年の春から南相馬を撮り始めた作品です。写真に詳しい方はお分かりでしょうが、今日、ここにあるカラー作品はデジタルカメラで撮影したものです。実は、本来、私は白黒フィルムを使用し、言ってみればアナログ写真を専門にしています。先ほど申し上げたように、二〇一二年三月に韓国で開かれた核セキュリティ・サミットに合わせるためにデジタルカメラで制作をし、二〇一三年からは白黒での撮影を始めています。

一度撮影作業を終えた場所に写真家がまた訪れる、ということを不思議に思われるかもしれませんが、これに関しても徐京植先生が私にくださったアドバイスが大きく作用しました。そのアドバイスを死ぬまで守りつづけることができるかは自信がありませんけれども、そのアドバイスとは、一度だけその地域に行って作業をして所期の目的を達成して終わりとするのではなくて、「できる限り長い時間をかけて、長期的に福島を訪れれば福島が変わっていく様子が分かる、そういった大きな記録作業をやれるのではないか、それを死ぬまでつづけるのはどうか」ということでした。

もちろん私も、福島をひとつの作業の対象としてだけ考えていたわけではありませんでした。写真家は「対象の前に立つ人」です。そこに立っていなければ、見ることも作業することもできません。この点が他の分野の芸術家と違う点だと思います。ですので、徐京植先生のアドバイス通り、少なくとも年に一回は継続してこの地域を訪れるということは、私の人生全体において、福島ということを深く深く受け入れるということを意味すると思います。

皆さんもご存知のように、二〇一三年からは第一原発があるところから半径一〇キロだけが危険地区として出入りが制限されています。私が初めて訪れたときには制限区域は半径二〇キロでした。二〇キロから一〇キロに減ったということは、それまで行くことができなかったその間の一〇キロに誰でも行くことができるようになった、つまり「外に入る」ことができるようになったということを意味します。

私には福島で出会った二人の方がいます。西内さん（三四二～三四三ページ参照）と佐々木さん（「1福島」参照）です。そのお二人が子どものころ過ごしたところが小高という所でした。

「南相馬の外に入る」より

そこは南相馬の中心部から福島第一原発に向けて七〜八キロくらい入っていったところにある小さな町です。ですので、私が二〇一三年にまた訪れた際には、小高を中心にこの白黒作品の制作を始めたのです。小高だけでなく、小高をとりまく周辺の景色や海岸、被害地域を見渡しながら、私の関心も少しずつ広がって撮影したものです。

「モリノハナゾノ」

徐　どうもありがとうございました。それでは皆さんから質問をいくつかお聞きした上で、最後に我々が一言ずつお答えしたいと思います。

会場質問者Aさん　大阪から参りました。「奪われた野にも春は来るか」という題名を見て、韓国の写真の展示をされるのだと思い込んだのですが、インターネットで調べてみますと、3・11後の福島の状況を捉えたということでしたので、今日はどんな写真が観られるのかなと楽しみにしてきました。

ひとつお聞きしたいのは、関西に居りますと、率直に申し上げて福島のこと、いわゆる東日本大震災のことというのは、だんだんと僕自身の中でも縁遠いものに感じる毎日です。しかも、会社に行っておりますと、この間、職場の同僚が真顔で「あんなに大騒ぎして福島から避難する必要なんて、ひとつもなかったんじゃないか」と問いかけてきたのには本当に驚くばかりで、それ以上話をする気にもなりませんでした。本当に情けない話ですけれども、同じ日本の中でもそんな状況があります。先ほど想像力をつなぐ作業が必要だという話がありましたけれども、実際のところ韓国では3・11、それから福島の事故について、どのように受け止めているのかについて、お聞きしたいと思います。

会場質問者Bさん　丹波篠山《たんばささやま》から来ました。質問としては、鄭周河さんの写真、人物がほとんど写っていません。それには鄭周河さんのお考えがあると思うので、そのことをお聞きしたいと思います。

　こういう質問をしたくなったひとつの理由は、私が住む丹波篠山はきれいなところで、黒豆もおいしいところですけれど、3・11後に初めて再稼動した大飯《おおい》原発はじめ原発が集中して原発銀座といわれる若狭湾から五〇キロくらいのところにあります。福島第一原発から三五～五〇キロくらいに位置する飯舘《いいたて》村は、周りの町や村と合併しないで自立した形で、阿武隈《あぶくま》高原の自然環境を生かしながら、冷害と闘いながら、自然農法で米をつくるとか、飯舘牛をブランド化するなど努力をして美しい村をつくってきたところです。そういうところが汚染されて、全村避難になっていまも避難生活がつづいています。私は何回も飯舘村に通っていますけれども、七三歳の方で、三年間仮設住宅で避難生活をしている間に体調がおかしくなって自宅に戻ったという方がおられます。九三歳のお母さんと一緒に戻って、飯舘村でいちばん汚染の酷い長泥《ながどろ》地区の隣にある小宮《こみや》地区、比較的汚染の強い地区に戻って暮らしておられます。

その方はお父さんの代から、森の中に水路をつくりながら田んぼや畑を拓いてこられて、そこに花園をつくるのが子ども時代からの彼の夢だったのです。原発事故で夢が壊れたと思ったのですけれど、もう一度、その夢——彼はカタカナで書くのですが——「モリノハナゾノ」を作りたい、と計画をたてて、支援の人たちに相談をして、今年（二〇一四年）の四月一三日に植樹祭をされました。リンドウとかキキョウとか、スイセンとかコスモスも植えます。そういう花園をつくるのです。

僕も詩を書く人間ですけれど、さきほど河津さんのお話の中に、原発の足元に咲いた花が希望の花なのか絶望の花なのかということがありましたけれど、その小宮地区の「モリノハナゾノ」をつくろうとしているおじいさんが植えようとしている花は、何の花だろうか、彼はなぜその夢をカタカナにしたのか。僕の考えでは、汚染された後の花園を表すためにじゃないかと思うのですけれど、また、いろいろなものがそこで死に絶えた、その墓地に手向けようとする花の意味も込められているのかもしれません。彼は言葉で説明しないので、周りから推測するしかないのですけれども。花園をつくるという行為でもって、自分の詩というか表現をしようとするような人のあり方、そういう人の声を聞くことができるならば、それこそ表現の果すべき、果しうることではないかと思いました。

徐　ありがとうございました。では、もうお一方どうぞ。

会場質問者Cさん　地元の京都出身の在日朝鮮人です。「忘却に抵抗する」ということに関しては、今回の3・11とか原発事故だけにあてはまらないと僕は考えています。祖国統一と在日朝鮮人の民族的諸権利実現をお願いしたいものとして強く思っているのは、忘却というのはいまに始まったことではなく、大分昔からつづいていることだと思っています。例えば、同化、帰化、日本名の強要というのもこの世から在日朝鮮人の存在を消したいという日本国家の意図の表れであり、それに抵抗しない日本社会の民意の低さにも憤りを感じています。

ですから「忘却に抵抗する」ためには、生きているものは死んでいるものについて語らなければいけないと思っています。僕は被害者というのは二度殺されると感じています。一度目は戦争や虐殺や原爆、植民地支配によって、二度目は忘却によって殺されるということです。「忘却」のことは、原発事故の被害者の方々に限らず、全世界の植民地被害者、差別被害者、戦争被害者、あらゆることに対してあてはまると思っています。

原民喜は自殺したと言われていますけれど、僕は、原民喜は自殺ではなく、殺されたと考えています。不正義という名のもとに虐殺されたと思っています。もしこの世が戦争も差別も核兵器もない、人が人として生きられる社会であったなら、原民喜も自殺することはなかったでしょう。

そういう意味で原民喜は殺されたと思っています。アメリカが朝鮮半島で核兵器を使用しそうな状況は現在もつづいています。毎年韓米合同軍事演習を行うたびに、アメリカは朝鮮半島での核爆弾投下訓練などを行っています。

言いたいことは、「忘却に抵抗する」ためには生きている者は死んでいる者について語らなければいけないし、あるひとつの問題だけに限定するのではなく、戦争被害、差別被害、植民地被害に広い面で当てはめて考えていくことが重要だと思っています。

徐　はい、もう一方どうぞ。

会場質問者Dさん　大阪から来ました。鄭周河先生に質問です。写真を見ただけでは、何の変哲もない風景、日本の山野で、そこが福島あるいは南相馬であることを知らなければ、どういう作品なのか分かりません。それで、なぜタイトルやキャプションをつけないのか、その辺のことをお聞きしたいです。

もうひとつ、放射能は目に見えません。見えないものを、その恐怖やそういうものがたくさんあることを表現しようとすると、大変なご苦労があると思うのです。その辺の葛藤などもお聞きしたいなと思いました。

徐 ありがとうございました。

会場質問者Eさん 京都市内に住んでいる大学生です。私も何度か福島第一原発の周辺地域を歩いたことがありまして、今日鄭周河さんの写真を拝見させていただいて、そのときに感じた薄ら寒さであるとか、荒涼とした感じを思い出しました。

オープニングトークの中で、例えば河津さんは鄭周河さんの写真を見て、日本の地方の打ち捨てられたような雰囲気を想起したというふうにおっしゃられて、あるいは徐京植さんは朝鮮植民地支配の歴史を思い出したというふうにおっしゃっていたと思うのですけれども、鄭周河さん自身は、あのような風景の中に自分の身を実際に置いたときに、どういうことを思われたのか、どういう感覚、どういう記憶を刺激されたのかをお聞かせいただきたいなと思います。日本と朝鮮の歴史に絡める形でも構いませんし、そうでなくても結構です。

徐 それでは次の方、お願いいたします。

会場質問者Fさん 群馬県の前橋から来ました。たまたまこちらのほうにしばらくいることになり、ぜひ見たいと思ってきました。群馬県は福島の隣ですから、事故が起きたときは、自分の庭の菜園の野菜が食べられないという現実がありました。私は農家ではありませんけれども、直接的な被害にあって、写真展のタイトルの通り、本当に回復するのだろうかと友だちとよく話し合いました。「年齢的に私たちはいいけれども、子どもたちや妊娠している人たちには食べさせられないわよね」と、とても切実でした。

ですから、福島の南相馬の人たちはさらに切実であろうと感じられましたが、関西に来ると、温度差をとても感じました。3・11を自分たちの国のことだと思っているのだろうか、と。福島のことがまったく話題に出ないので、どうなっているのだろう？　と思います。そして、きっと九州や四国の人たちはもっとそうなのだろう、と思っております。

そういうことですから、時間が経つと安倍首相なんかが平気で東南アジアに原発を輸出しようなんて考えるのは当たり前なのかな、と思います。日本の政治家として、怖いことの切実感がないのだと思っています。韓国にも原発はありますれども、韓国の政治家たちはどういうふうに思っているのかということを、お聞きしたいと思います。

徐　どうもありがとうございました。鄭周河さん、河津さんの順番で応答いただきたいと思います。

いまの方の質問とも通じますけれども、最初の方は大阪の一般の庶民から見て、福島の事故は非常に縁遠いということで、韓国の人びとは福島の原発事故をどういうふうに受け止めているのだろうかというご質問でした。

二番目の方は、人物が写っていない写真が多いけれども、どういう考えなのかということと、飯舘村で「モリノハナゾノ」というものをカタカナのネーミングでやっている人の行為はひとつの表現であると思うがどうか、ということだと思います。

三番目の方は、忘却との闘いというのは、このことだけじゃないし、今回限りのことではない、反差別、反植民地主義という文脈でより広く、そのことは現に過去も現在も起きていることで、それをどう考えるのかということでした。

それから、大阪の方からはこれは結局見えないものを表現しようとする作品であるように思う、それには独特な苦労があるはずだ、と。それから写真に説明文とかタイトルをつけていないのはどういう意図によるのか、というご質問だったと思います。

四番目の方は、鄭周河先生はこの風景に最初に身を置いた時に、または二度三度身を置いているときにご自分の中にどういう感覚が起きたのかということでした。

そしていまのお方がおっしゃったのは、韓国にも原発があって韓国の人びとおよび政治家はそれをどう考えているのかということでした。

だいたい鄭周河先生に質問は集中していますけれども、まずは鄭周河先生から可能な限りでお答えいただいて、それから表現の問題にも絡んで河津さんからも応答をいただきたいと思います。

鄭　私が申し上げられる範囲内でお答えしていきます。韓国も日本と同じように、いろいろな人がいて、やはり同じように、関心を持つ人と関心を持たない人と二種類の人がいます。日本の3・11、あるいは原発事故に関して、韓国のほとんどの人びとは日本と同じように忘れています。より正確に言えば、忘れたいと思いながら暮らしています。

一方では、福島を反面教師にしようとする動きがあり、日本で起きたことを通して韓国で同じことが起きないようにと願う人たちがいます。しかし同時に、日本がいま中東あるいは東南アジアに原発を輸出したがっているのと同じように、韓国にも原発を輸出したくてしかたがない人たちがいます。まさにこの点において、私たちみんなが改めて省察と連帯を求められているのではないかと思います。

関心がない、あるいはこの問題を通して自分の利益を得ようとする人びとは「あちら（彼方）」にいます。関心を持ってこの問題を通じてよりよい世の中をつくっていこうと思う人びとは、いま「こちら」にいるのです。私の考えでは、この「こちら」と「あちら」の間に芸術家が位置すると考えます。なので皆さんが韓国で起きている状況に関心を持ってくださり、韓国でも忘れられようとしている福島への記憶を常に呼び起こそうとする人たちが一緒に省察していける世界が来てほしいと思います。

つづいて、人物が写っていないことについてですが、ざっくりと話しますが、このことは、当初からそうしようと考えていました。日本にこんな表現があるかどうかわかりませんが、「えい、くそ、それでも変わらずに自然は美しい」というのが私のモットーでした。お分かりだと思いますが、すでにこの景色は、能動的な自然の景色ではありません。人間によって作られてしまった風景なのです。自然の中にどこにでもあるようなあの木には、触ってはいけない葉が茂り、その下に流れる水はすくい上げることもできない危険な水である、そんな風景なのです。

徐京植先生から先ほどお話がありましたが、霊山という名前を韓国風に解釈すると「聖なる山」という意味になります。けれども、私が行った時に多くの人に言われたことは、「絶対に落ち葉に触るな」、「木の枝から落ちてくる雨水に絶対に触れてはいけない」ということでした。「聖なる山」から最も危険な山と化していたのです。ですから、まれに人をみかけはしましたが私が撮らなかったのは、被災地の人びとの苦痛や被害を写そうとしたのではなく、自然の立場から、こうして見えるこの風景は実は人によって作られた風景であり、それでも変わらず美しいということを逆説的に見せたかったのです。

飯舘村の新たな希望を抱く方々についてですが、小さなエピソードがあります。私が霊山を訪れた際に、峠を越える道でトラクターを使って畑を耕していた方に出会いました。私は近づいて聞いてみました。「ここで育った作物は食べられないと思うのですが、どうして畑仕事をやっているのですか」と聞きました。その方はこう答えました。「その通り。ここは危険すぎて、ここで育った米は食べてはいけない。農作業してはいけない所だということは分かっている」とおっしゃり、つづけて「でも、やるんだ。ただやるだけだ」と。

あと、写真にタイトルやキャプションをつけない理由については、先ほど申し上げたこととつながるのですが、タイトルや説明はよい案内でもありますが、束縛でもあります。私は皆さんに事実を伝えようとしているわけではありません。ある事実を通じて皆さんが何を考えて、何を振り返って、省察すべきなのかをお見せしたいのです。私がある言語を通じてキャプションや説明をつけますと、それで皆さんの考えを束縛してしまうので、私はあえて何もつけないのです。見えないことを表現することについての難しさについての質問がありましたけれども、まさに、私はそのために写真をやっているのです。

それから、この風景を目の当たりにしたときにどのような感覚が呼び起こされたのか、という質問についてです。私も初めて見る風景でしたので、言葉にしにくい、どう表現したらいいのか分からないような難しい感情でした。しかし、二〇〇三〜〇七年にかけて、韓国の原発の周辺に生きる人びとの様子を撮影した経験がありましたので、その延長線上の作業ということで、せめて眼をつむってしまわずに済みました。

また、最後に群馬からいらした方から、群馬という比較的近いところで感じる切実さに対して、関西では温度差があるということについて。この場にいらっしゃる皆さんの中にご存知の方がいらっしゃるかもしれませんが、実は、東京の放射能数値よりもソウルの放射能数値のほうが高いのです。そして、韓国の東海岸沿いの江陵《カンヌン》、束草《ソクチョ》という都市は、東京の二倍の放射線の数値を記録しています。二倍！　地球は丸く、大気は循環している限り、危険性の問題は、私と皆さん、私とあなただけの問題ではないのです。私には何とも言えません。本当に、よくわかりません。

韓国の政治家たちが核についてどう考えているかについて。日本語では「原子力ムラ」という言葉がありますが、韓国では「核マフィア」と言います。彼らにとっていまがどれほどよいチャンスでしょうか。韓国の核を世界に売れる！　日本の原発はどうも危ないらしいということになったので、核マフィアたちが内心ほくそ笑んでることでしょう。日本の政治家は緊張しなければならない話だと思います。

徐　では、河津さんどうぞ。

河津　一点、これからの表現の課題ということで申し上げます。原発事故の解明も済まないのに政府は原発の再稼働や輸出に向かい、国民の側も無関心であるというように、いま世の中全体が「否認」をつづけている。「表現の自由」の問題にも関わってきますが、表現できる人が、いろいろな形で表現していくということが、本当に重要な時代になってきたと思います。

とりわけ、現代詩とか現代美術とか、「現代」が名につく芸術というものは現代性というものをテーマにしなければいけないわけですから、現在進行形で何が問題なのかをいつも探っていかなければならない。いまは本当に危うい時代です。ただ「否認」は「否認」にすぎないわけですから、少しでもそれがうまく行かなければ、先のまったく見えない闇が現れてくるはずです。私たちは本当はそこで足のつかない不安にかられているのだ、という真実を表現すべきです。しかも美しさを通して訴えていく必要があると思います。

先ほど質問者の方が紹介してくださった「モリノハナゾノ」にも、逆説的な、しかし神話的な美しさを感じます。この片仮名は原民喜の片仮名と響き合うものがあります。「汚染された後の花園を表すためにじゃないか」とおっしゃいましたが、花々が何万年という神話的な未来に向かって咲きつづけるというイメージには、人がいなくなって花々の哀悼や意志は、むしろ研ぎ澄まされていく。そのような未知の美しささえ感じます。これからの詩は、こうした美しさを言語化していくべきではないでしょうか。

また私は、原発に関してもいろいろな活動に参加していますが、その中で気づくのは、多くの人が内には不安を秘めながら、それを「否認」して問題を通り過ぎていることです。署名活動をしている人と通り過ぎる人とどちらが幸せかというと、それはやはり自ら行動して訴えている人のほうが自分の表現欲というものをかなえているわけですから、よほど幸せなのだと思う。通り過ぎて否認するということは不幸なことであり、美しさから離れていくことなんだ、ということを訴える表現活動ができればいいと思っています。

徐　ありがとうございました。

「省察と連帯」といういいお話が鄭周河先生から最後にありました。「あそこ」と「ここ」が分かれていて、「ここ」にいる人間から省察と連帯を広げていくという、そういうお話だったと思います。それで、最初に大阪の方の質問にもありましたし、最後に群馬県の方からもありましたけれども、私たちの中には、実際には根拠のない、例えば地名――あれは「福島」の出来事で「大阪」じゃない――というような、そういうことによってそれを他人事にしようとするような心理、精神的な落とし穴が潜んでいて、それがどんどん利用されています。

ちょっと考えれば、放射能汚染は別に県境で止まってくれるわけではありません。宮城県の南部とか群馬県の北部、あるいは千葉県まで、ひどく汚染されているところがありますが、根拠も無く、なんとなく千葉にいるだけで「福島は他人事だ」というふうな精神になって、国が福島県の人でなければ避難の補助金も出さないというような言語道断な政策をしていても、「ああ、そうか」というように通り過ぎる。そういう「想像上の境界線」というものが、我々を省察や連帯から遠ざけています。

それは福島と東京、東京と大阪の間にあるだけではなくて、先ほどお若い方が差別、植民地主義とおっしゃいましたけれども、日本と外国の間にあり、日本と韓国、韓国と中国、ヨーロッパとの間にそういう見えない無数の境界線が引かれているのです。ですから、見えないものを見て、見えないものを越えるということは、とても重要な挑戦で、それができなければ省察も連帯もできません。そのように私は思います。

そして、放射能汚染の場合は、話に出たのは空間的距離のことですけれど、時間的なこともあります。つまり、自分たちの世代が終わった後にこれは何をもたらすのか、という想像力を働かせることができなければ、時間的にも他人事で済まされてしまう。しかし、そのことによって利益を得ようとしている人たちがいるということです。その利益を得ようとする人たちに、内面の不安を押し殺しながらついていこうとする大多数がいるのです。日本にも韓国にも世界中に。こういう構図だと思います。

ですから、見えないものを何とか捉えて写そうする作品に応えることは、我々が自分たちの想像力を限定している見えない壁を越える省察と連帯を行うということであり、それが本日の結論かなと私は思いました。

加國 鄭先生、徐先生、河津先生どうもありがとうございました。またフロアの皆様も、ご質問もお寄せいただきまして、ありがとうございました。

今日のお話の中で、3・11そして福島の原発事故の後、表現ということがどういう意味を持ちうるのか、ということについて大変真摯な省察をうかがうことができました。また、表現という行為が「忘却」や「否認」という、現在の日本で政府、マスメディアを通じて広められている力に抵抗するものになりうる、あるいはなりうるだろうか、という厳しい問いかけもあったかと思います。本日は本当にありがとうございました。

付記

トークの中でも一部触れられているが、二〇一一年秋から一二年冬にかけて撮影された「奪われた野にも春は来るか」のあとも、鄭周河さんは南相馬に通って作品制作をつづけている。

二〇一三年には、立ち入りが可能になった小高地域を中心に撮影した「外へ入る」を、二〇一四年夏には野馬追い祭りを訪れて、路上で人々をスナップ写真形式で捉えた「野馬追」を制作し、二〇一五年春からは避難生活を送る人々の家族写真「家-族」を撮り始めている。

植民地主義という視点

高橋哲哉×庵逧由香×学生

立命館大学国際平和ミュージアム　二〇一四年六月七日

立命館大学国際平和ミュージアムでは、主として学生や若い世代を対象として、二度目のトークセッションが企画された。大学ならではの意味深い試みといえよう。

このトークは高橋哲哉と、立命館大学准教授（当時）の庵逧《あんざこ》由香さんの発言を受けて始まった。庵逧さんは朝鮮史の専門家であり、とくに日本の朝鮮植民地支配の問題を研究テーマにしている。高橋、庵逧両氏の発言のあと、学生たちからの意見表明と質疑が行われた。双方向の真剣な対話が交わされたが、そこで庵逧さんが提示したキーワードは「想像すること」と「つなげる」であった。司会は加國尚志《かくにたかし》さん。

加國尚志（以下：加國）『奪われた野にも春は来るか』展のオープニングでは、鄭周河《チョンジュハ》さん、徐《ソ》京植《キョンシク》さん、河津聖恵《かわつきよえ》さんにお越しいただきまして、3・11の原発事故後の「忘却」や「否認」に抵抗する芸術の力、表現の力とはどのようなものか、ということを中心にトークを展開していただきました。今日は、二回目のトークセッションに東京大学大学院総合文化研究科教授の高橋哲哉先生と、立命館大学文学部准教授の庵逧由香先生にお越しいただいています。

高橋先生は、フランス現代思想を代表する哲学者ジャック・デリダ（アルジェリア出身のフランスの哲学者。一九三〇年生まれ。「脱構築」という方法で、西洋哲学の「ロゴス中心主義」を批判し、他者への倫理的責任や「赦し」について論じた。二〇〇四年没）の研究から出発され、その後、日本の戦争責任や戦後責任を問う多くの著作を出しておられます。中でも『靖国問題』（ちくま新書）は、大変大きな反響を呼びました。昨二〇一三年一二月二六日、安倍晋三首相が靖国に参拝して、東アジアはじめ大きな反響を呼びましたけれども、こうした問題を考えるうえで端緒になる著作だと思います。

また、ご自身が福島のご出身ということで、原発事故の問題にも大変深くコミットしておられます。『犠牲のシステム　福島・沖縄』（集英社新書）という著作では、福島の原発事故と、日本が戦後一貫して軍事基地を押し付けてきた沖縄という存在を、国家が押し付ける「犠牲のシステム」「犠牲のエコノミー」という観点から捉えておられます。この「犠牲」というテーマが、最近の高橋先生のお仕事の根幹にあるものです。

それから、この鄭周河写真展に合わせて、徐京植先生、韓洪九《ハンホング》先生との鼎談の形で『フクシマ以後の思想をもとめて』(平凡社)という本を出しておられます。そこでも福島、沖縄、それから韓国、朝鮮の軍事基地等の問題ともからめて、いわば重層的に福島の問題を見るという視点を提供しておられます。

庵逧由香先生は、立命館大学のコリア研究センターの研究員もしておられます。朝鮮史がご専門で、日本の朝鮮植民地支配の問題、とりわけ「従軍慰安婦」や性暴力の問題を中心に研究しておられます。共著として『軍隊と性暴力——朝鮮半島の20世紀』(現代史料出版)を出しておられます。

今日はこのお二人の先生をお招きして、まず最初にお二人の先生からお話いただきまして、その後、立命館大学ほかの学生たちが鄭周河写真展を見た感想を元に二人の先生に質問をし、先生方にお答えいただくという形で進行してまいります。

それでは、まず高橋先生からどうぞよろしくお願いします。

見えないものを感じさせる写真

高橋哲哉(以下:高橋) ここで展示されている鄭周河さんの写真を皆さんがご覧になって、どういう感想をもたれるか、ぜひ今日は伺いたいですけれども、私がこの写真に最初に出会ったのは、韓国のソウルででした。韓国の私の友人の一人である歴史家・韓洪九先生が運営されている平和博物館で最初の一般公開をされていて、たまたま見る機会を得ました。

福島の原発事故を扱った写真展ということで、どんな写真かなと思っていたのですが、一見して驚きました。二〇一一年の三月一一日以降、日本であれだけ大きな事件になって、語弊があるかもしれませんけれども、大騒ぎになっていた事件です。その事件をめぐっての写真であるにも関わらず、とても静かな写真が並んでいるのです。その写真からは原発事故の痕跡はほとんど見出せない。一部に、例えば建物を写したものとか、若干事故を連想させるようなものはありますけれども、ほとんどが福島の被災地の静かな田園風景を中心とした写真なのです。

第一印象はとにかく静かな写真ということと、見ているととても美しい感じがして、さらに私は懐かしい感じさえ憶えたのです。それは先ほどご紹介いただきましたように、私は福島で生まれ育ちまして、特に小中学生の頃は、福島の中でも都市部ではなく、人口一～二万くらいの小さな町にいたものですから、その頃学校が終わると遊びほうけていたような場所の光景がそこに写しだされているのです。「いったいこれは何なのだろう」、「原発事故はどこにいったのだろう」と思いました。

静けさと美しさと懐かしさというのがまず私の印象だったのですけれども、考えを進めていくと、何か背筋が凍るような、ぞっとする感覚になっていきました。放射能というものは目に見えません。原発事故で大量の放射性物質が放出され、ばら撒かれた地域、もっとも濃厚にばら撒かれて、人が住めなくなった、人が逃げざるを得なくなった地域、住んでいても放射性物質の汚染に不安を抱えて生きざるを得なくなっている地域、そういう地域、その写真がここにあるのだ、というふうに思ったのです。そのときにぞっとするような怖さを覚えました。

おそらくこのあと学生さんからの発言でも議論になると思いますが、鄭周河さんの写真がどういう形で原発事故を表象、表現しているのか、何をこの写真を通して訴えようとしているのか。そういうことを時間の経過とともにより深く考えさせてくれるような、そんな写真であるように思えてきました。

そしてもうひとつは、この一連の写真には、全体に「奪われた野にも春は来るか」というタイトルがつけられています。これは、私も四〇代になってから知ったのですが、李相和《イサンファ》という朝鮮の有名な詩人の代表的な詩のひとつです。朝鮮の豊かな田園風景をうたっているのですけれども、その中に旧日本帝国の植民地支配によって国を奪われ、土地を奪われ、富を奪われたことに対する告発が静かにうたわれている、そういう詩であるのです。これを福島原発事故をめぐる一連の写真の全体のタイトルとして、鄭周河さんが掲げたことの意味は何なのか、そのことを私たちはこの展示を見るときに考えざるを得なくなっていくということです。その中身についてはこれから議論になると思います。

皆さんもご存知の通り、最近日本と韓国の関係が非常に悪化しています。東アジアの中で、日本と中国の関係が極めて悪化しているのと同じように日韓関係も悪化していて、今朝の読売新聞の世論調査では、日本と韓国でお互いに「信頼できない」と答えた人びとのパーセンテージがそれぞれ八〇％に増えている、ということになっているようです。中国との関係でも私が最近見た調査では両方とも九割以上が「信頼できない」というような数字が出ていました。これもご存知だと思いますが、インターネットの世界から外に出て、「ヘイトスピーチ」と言われる、他民族、特に在日朝鮮人の皆さんや韓国の人たちに向かって、聞くもおぞましいような発言をぶつける一部の人たちも現れてきました。

そういう状況の中で、鄭周河さんがこの写真を通して、私たちこの国の多数派である日本人に訴えかけているものは何なのか。朝鮮植民地支配の時代に、奪われた野についてうたい、それを奪ったものを告発する李相和の詩、それを福島に重ねる意図はどこにあるのか、メッセージは何か。私は、今お話したような日韓の最近の状況の中では、ほとんど奇跡のようなものと感じられる、そういう問いかけではなかったか、と思っているところです。

私は今週水曜日に福島にまた行ってきました。福島駅前から車で市内の渡利《わたり》地区というところを経て、霊山《りょうぜん》町、そして相馬市の馬場野《ばばの》地区というところを経て、松川湾という海辺の景勝地に行きました。二〇一一年三月一一日の後、一カ月あまり経った四月一七日に初めて福島に行ったときもほぼ同じコースを辿って相馬まで行きました。それから三年余り経っているのですけれど、その三年余り前の三、四月と現在を比べたときに、三年前は相馬港、松川湾は地震や津波でめちゃくちゃになっていましたから、そういう状況は確かに大分改善されているという感じがしました。

しかし、それこそ鄭周河さんの写真が示しているように、そこに覆い被さっている放射性物質は、実は除染をいくらやっても、次から次へと流れ込んでくるという状況で、放射能に対する不安がまったく消えないまま、この土地の人びとは不安を抱え込んでいるという状況なのです。被災地ではいまも一三万人の人たちが避難をしています。そのうち、数万人はもう故郷を失ってしまった、つまり帰還困難区域というものに故郷が指定されてしまって、帰還できる見込みがほとんどない。人が住めない土地を原発事故は作り出してしまった。それによって故郷を失った多くの人びとが出てしまったわけです。

さらに、これも今年になってから出た数字ですが、避難民にアンケートをとったところ、六割ぐらいの人にＰＴＳＤ（心的外傷後ストレス障害）が認められるという結果がでました。ＰＴＳＤとは、トラウマ（心的外傷）になるような大きな事故や事件に遭遇したときの衝撃が、心的な症状になってその後も悪夢を見たり、あるいはフラッシュバックがあったりして残りつづけるというものです。震災、津波、そしてそれに追い討ちをかけた原発事故、そこで受けたトラウマによって、三年経っても六割くらいの人がその症状に苦しんでいるということなのです。

こういうことも外から見ていたのでは、なかなか分からない現実です。それなので原発事故が持つ「見えない」性格を、鄭周河さんの写真を通して私たちはよく考えてみなければいけない。そんなふうに考えるように誘ってくれている写真なのではないか、と私は思っています。最初の発言ですので、このくらいにさせていただきます。

見えない「奪われたもの」を表現する

庵逧由香（以下：庵逧）　皆さんこんにちは。私は朝鮮史が専門ですけれども、とくに植民地期の植民地政策について研究をしています。ですので、今回鄭周河さんが李相和という植民地期の詩人の詩をタイトルにされた関係から、植民地のことを少しお話したいと思っています。私は二〇年以上にわたって、どういうふうに日本が朝鮮半島で植民地支配をしていったのかという研究をしているのですけれども、その一環として韓国や朝鮮民主主義人民共和国に行って、実際にその時期を体験された方にインタビューをしたり、農村に入ってその農村内の状況を見たりする農村フィールドワークもしています。

どうして農村のフィールドワークをしているかと言いますと、植民地期を通じて朝鮮半島の人口の八割以上が農民だったからです。戦争末期になると、たくさんの人が労働者として動員されますが、戦争が終わって自分の故郷に帰ってきたときには、その人たちのほとんどは農業に戻りました。ですので、私がイメージする植民地の朝鮮社会というのは、農民たちの社会なのです。

実は福島原発事故が起こった二〇一一年の三月にちょうどこの平和ミュージアムで、韓国併合一〇〇年にあわせて、「巨大な監獄、植民地朝鮮に生きる」という展示を行っておりました。まさにこの同じ会場でその展示をしている最中に、地震と津波が起こり、原発事故が起こりました。

その展示でも、李相和の「奪われた野にも春は来るか」という詩を掲示していました。そのときの展示は、植民地とはどういう社会だったのかを知るために、なるべく視覚的な資料を使って伝えようとしていまして、多くの方に来ていただきました。この李相和の詩も展示しただけではなくて、この詩は韓国では歌にもなっていて、いろんな方が歌っていますので、アン・チファンが歌っているバージョンにのせて、植民地期の映像を流していました。

ですので、私は鄭周河さんの「奪われた野にも春は来るか」のタイトルを見て、とてもすとんと入るものがあました。少しその話をしたいと思います。この詩は、今日も展示されていますけれども、資料にも、朝鮮語と日本語の比較できるものを入れています。これを見ながら聞いていただきたいと思います。

皆さんはタイトルの「野」と聞いてどういう「野」をイメージされるでしょうか。おそらく日本の方が「野」と聞いて、最初にイメージするのは草がたくさん生えている広々とした土地ではないかと思います。この「野」は朝鮮語で「トゥル（들）」です。詩を見ていただくと分かると思いますが、これは「土地」（land）ではなくて、「畑」（または水田）なのです。刈り入れを済ませた畑や水田には、土地を休ませているときにいろんな草が生えてきます。春になったら、再びそこを耕して、また米を作り、農作物を作る。「野」というのは畑であり、農業をする生産現場なのです。

そんなことを思いながら、展示されている写真と詩を見比べてみて、最初に思ったのが、鄭周河さんの写真展示の構成、それと李相和の詩の構成が同じではないか、ということです。鄭周河さんは非常に普遍的な視覚を維持しようとされていると思います。先ほど高橋さんもおっしゃいましたけれども、そこが福島ということが分からなければ、本当に綺麗な自然、美しい自然が写っています。けれども、その自然を見ている中で、途中途中ではっと「ああ、ここは被災地なんだ」あるいは「津波があったところなんだ」ということが分かるものがはさまれているのです。

李相和の詩も、見ていただきますと、真ん中辺りの例えば「風が私の耳元にささやき／しばしも立ち止まらせまいと裾をはためかし／雲雀《ひばり》は垣根越しの少女のように　雲に隠れて楽しげにさえずる」ですとか、「おまえは麻の束のような美しい髪を洗ったのだね　私の頭まで軽くなった」というような部分だけ見ていると、美しい春の、これから色々な生命が芽吹こうとしているほんとうに美しい「野」を想像します。それがいちばん最後にきて、「しかし、いまは野を奪われ春さえも奪われようとしているのだ」と言っています。そうした構成、つくり方、表現の仕方がまさに鄭周河さんの作品構成の仕方と重なると思ったのです。

それからもうひとつ、皆さんに植民地社会とはどういうところだったのかをお伝えするとしたら、当時の写真を見ていただくのが一番いいかと思います。実際に、植民地時代の写真はたくさん残っています。たとえば、学習院大学東洋文化研究所・東アジア学バーチャルミュージアムで公開されている写真のように、インターネットで簡単に見ることのできるものもあります。このバーチャルミュージアムにある写真を少し紹介させていただくと、例えば、ソウルの写真です

（写真1）。今で言うとブルーハウス、つまり青瓦台《チョンワデ》（大統領官邸）のあるところです。山の裾野にある朝鮮総督府の建物も写っています。これも植民地期の写真です。また、全州《チョンジュ》にある東洋拓殖会社のつくった水利施設の写真もあり、この施設は二〇年代に使われています（写真2）。他にも、普通の農村にある孔子廟の写真（写真3）、普通の農家の写真もあります（写真4）。

なぜこういう写真を見ていただきたいかと言いますと、「これは植民地の写真ですよ」と言われると「ああ、そうだろうな」と思ってご覧になると思うのですけれども、例えば総督府の建物自体は一九九五年までソウルにありましたので、もしこれが「五〇年代、植民地期の後の写真ですよ」と言われたら、たぶん皆さん判別がつかないと思います。他にも、両班《ヤンバン》の商店の写真もあります（写真5）。ある写真は、西洋式の結婚式をしたりしていて（写真6）、たぶんこれらの写真からは、植民地ということは、あまり感じられないのではないかと思います。（写真1〜6が見られるサイトは三三六ページにURLを記載しています）

植民地とは何かと言うと、国権が奪われた状態です。それは目には見えません。見えませんけれども、「国権」は近代以降、人間が生きるためのもっとも基本的な政治的な権利のひとつです。「国権」とは、国家の構成員が、自分が所属する国の未来を自ら選び取る権利、と私は理解しています。そうした大事な「生きる」権利のいちばん基本的な自己決定権が奪われた状況が、植民地です。このように言葉で説明すると皆さん理解していただけますけれども、今お見せしたような生活を写した写真からは、植民地支配は見えてきません。

　一方、例えば、植民地政策の標語のひとつ「内鮮一体」を日本人が強要しているのが分かる写真（写真7）ですとか、「家にある真鍮を全部持ってこい」と言って集めたところを撮った写真（写真8）がありますが、このように植民地政策を直接写しているような写真だと植民地期のものだと分かります。

　でも、例えばこれらの写真（写真9～11）。これは、会寧《フェリョン》という朝鮮北部の都市に住んでいた鄭《チョン》道善《ドソン》という朝鮮人写真家が撮った写真ですが、これらは全て植民地期でも戦時期にあたる一九三六～四三年に撮られた写真です。けれども、おそらく植民地期ということは、それをあらかじめ聞いて知っていなければ分かりません。

　先ほど高橋先生も言われましたけれども、鄭周河さんの写真からも「奪われたもの」、何が奪われているかというのは見えてきません。言

写真7

葉や文章よりも、写真や動画のほうが、事実をそのまま伝える力があるはずだと思うのですけれども、そうしたものが見えてこない。逆に言えば、これらの写真の中に「奪われたもの」があるのだ、という事実を知らなければ、その写真の持つ意味も分からないし、伝わらないということだと思うのです。

同じように、これらの写真もそこに植民地支配をしたという事実があったのだと知らない限りは、ずっと見えないままでいる。そこが鄭周河さんが今回の写真の中で表現されようとしていたことと重なるのではないかと思いました。

加國　高橋先生、庵逧先生どうもありがとうございました。高橋先生からは、福島を見てこられて、現在の状況も含めて、その中で鄭周河さんの写真が私たちに訴えかけてくるものについ

写真 8

てお話くださったと思います。それから庵逧先生は、朝鮮史をご専門にされている関係から、日本が植民地支配をしていた頃の韓国の写真をお見せいただいて、そういった写真と今回の鄭周河さんの写真との脈絡、関連といったものを示していただいたと思います。

美しい芸術作品と過酷な現実の間

加國　さて、ここからは学生からこの写真展を見て感じたことなども含めて、質問などを先生方に出していただいて、先生方がそれに答える形で話を展開していくという試みです。それでは最初の学生さん、立命館大学文学部哲学専攻の四回生、Nさん、お願いします。

N　まず、感想を言わせていただきます。この

写真9

企画を知ったとき、韓国人の写真家の方が被災地を撮られたということで、どんな写真を撮られたのかとても興味がありました。それに、平和ミュージアムで展示されるということですごく興味をもって来ました。実際に展示されている写真を見てみると、思っていたのと違うというか、全然分からないと感じました。

例えば、庵逧先生もおっしゃっていたように、もちろんニュースなどで見て震災のことは知っていますが、何も分かっていなかったと言いますか、この写真の中で見る美しい風景や、変わり果ててしまった風景、その中で何を見ればいいのか、私には分かりませんでした。というのは震災という事実が福島の人、鄭周河さん、私との間で差異がある、共有できていないものがあるから、私には難しいと感じられました。

質問ですが、鄭周河さんの作品というのは、

写真10

震災後の福島という場所を伝えているだけではなくて、構図や色彩が考え抜かれた芸術写真です。私が分からないと思ったのは、事実と芸術というのが結びつく作品の見方です。たんなる客観的な事実ではなく、その中にあるもの、その事実以上のものが伝わってくるというのは芸術作品だからだと思うのですが、写真やドキュメンタリー映画のような事実と結びつく芸術作品の捉え方が分からないというか、難しいなと感じました。

加國　ありがとうございました。それでは、先生方お答えいただければと思います。

高橋　鄭周河さんの撮られる作品が芸術作品なのか、あるいはそうであるとすれば、それは事実の描写とどういう関係があるのか、という疑

写真 11

問ですね。とても難しい哲学的な疑問を出されたのですけれども、福島原発事故、あるいは東日本大震災という大きな事件、人びとにとっては災いとなった事件、これを芸術作品で表すということは、もちろん可能だと思います。

私がいま思い浮かべたのは、ピカソの『ゲルニカ』という絵です。あれはナチスドイツがスペインのゲルニカを爆撃し、市民がたくさん死んだことに対して、ピカソが抗議の意味を込めて描いたものです。ピカソの絵はほとんど全部そういうところがありますが、かなりデフォルメされた、皆さんご存知のあの画法です。あのピカソの絵に描かれている図柄は、ゲルニカの現実をそのまま写したものではなくて、あくまでピカソの目を通して、あるいはピカソの絵筆を通してデフォルメされているのだけれども、そのことによって、むしろ事実以上のものを伝える面があるのだと思います。ですから、いまNさんがおっしゃったのは現実と芸術との関係としては、非常に正確な捉え方になっていると思いました。

ただ、ひとつ大きな問題は、Nさんもこの写真を見て、とても美しいと思ったのだけれども、事故自体は被災地にとっては、非常に悲惨な、苦しい災いであるわけです。それを美しいという感覚を通して受け取るということが果たして良いことなのかどうか、という問題もあると思います。このことは、実はこれまでも議論されてきたことのひとつではあります。

例えば、アウシュヴィッツという名前で象徴されるナチスドイツが行ったユダヤ人の大虐殺についてもそうです。テオドール・アドルノというユダヤ系の哲学者が戦後に「アウシュヴィッツの後で詩を書くことは野蛮だ」という有名な言葉を残しました。アウシュヴィッツの後で詩を、ポエムを書くことは野蛮だと。詩という芸術作品は「世界をうたいあげる」ということになっているので、ホロコーストの中でユダヤ人があのように大量に殺戮されていった惨劇の悲惨さとはあまりにもギャップがある。その詩を読むことで我々が快感を感じるような詩の言葉にしてしまっていいのか、という問いかけだと思うのです。

これは確かに重要な問いかけだと思うのですけれども、アウシュヴィッツの後で、しかもドイツ語で、アウシュヴィッツの経験を伝えるようなすごい詩を書いた詩人がいます。例えば、パウル・ツェランという人はそういう問題に苦しみながらも、すばらしい詩を書いて残しました。それを通して、アウシュヴィッツの経験について我々が思考に誘われるということがあると思います。ですから、この鄭周河さんの写真を見て「美しい」と私自身も思うわけですけれども、それが必ずしも福島の現実を伝えることにマイナスになるということだけではないと思います。芸術作品を通してでなければ継承できない記憶があると思います。まとまりませんけれども、とりあえず以上です。

庵逧　いま、高橋さんもおっしゃいましたが、事実と芸術の違いという大きな難しい問題ですが、でも、鄭周河さんの写真がNさんにとっては事実以上のものが伝わってくる、その意味で芸術なのだと思った、ということは、すでに自分で答えをもっていらっしゃると思います。ただ、この美しさについて、先ほど私も少しお話しましたが、李相和の詩もやはり美しい情景を描写していますけれども、それが奪われたのだということを知った瞬間に、つまりそれが「奪われたもの」だと認識した瞬間に、その奪われたものがどれだけ美しくて、どれだけ愛しくて、どれだけ大切なものだったのかということが、美しければ美しいほど、その喪失に対する大事さが伝わってくるのではないかと思います。

加害者は加害の事実を忘れていられる

加國　では、次は立命館大学政策科学部三回生のOさんです。よろしくお願いします。

O　まず、写真展について率直な感想としては、初めに写真展の趣旨や内容を知らずにポスターの写真を見たとき、僕も「美しい」と感じてしまいました。実際に写真を見て、前回のオープニングトークに参加して、写真の中に震災の爪跡や原発事故の爪跡が生々しく写りこんでいることに気がつきました。そして、僕はどこかうしろめたさを感じました。それは自分の中で、震災や原発事故を過去のものとして扱っていたことや、遠く感じていたことなどへのうしろめたさでした。

オープニングトークのときに詩人の河津聖恵さんが「写真のまなざしがどこか直視し難い」と

言っておられたのですけれども、僕も同じように写真のまなざしを直視し難かったです。たぶんその理由は、自分がもっていた震災と原発事故に対するうしろめたさであると思います。このうしろめたさ故に写真のまなざしを直視せずにそのまま放っておくことは簡単なのですけれども、でもいま、あえてこの写真のまなざしというものを直視しなければならない、直視することによって自分の中での原発事故や被災地に対する考え方が以前とは変わってくるのではないか、と思いました。

もうひとつの感想としては、「復興」というのもこれから重要なテーマになってくると思いますけれど、経済的な復興が終わったとしても、その後に人びとの心の中の復興というのはいつまでつづくのか、ということも感じました。

問いかけたいこととしては、写真展の趣旨からは少し逸脱してしまうかもしれないのですけれど、こういう震災とか災害とか原発事故とか、大きな問題が起こったときに、それが自分の生活圏内や自分の係わる人びとに直接影響がなければ、どこか遠くの出来事のように感じてしまうということがあり、自分はそこにすごい歯痒さをもっています。すごく極端な例え方なのですけれど、どこか遠くの国で紛争が起こっても、自分は明日の大学の授業の課題のことを優先してしまう、という心情に陥ることが多くて、そういった心情になってしまうのはどうしてなのだろうか、ということをお二人の先生方にお聞きしたいです。

加國　もうお一方まとめて質問してもらってもいいでしょうか。では同じく政策科学部三回生のSさん、お願いします。

S　まず感想から言わせていただきます。私もオープニングトークに参加して、すごく静かだなという印象を受けて、でもここには放射性物質があるということで、自分の経験として放射能への恐怖みたいなものをすごく思い出しました。というのも私自身が、震災が起こった当時は仙台市内の中心部にある高校に通っていて、その日の夜に家族で集まってラジオを聴いていたのですが、そのラジオで何も映像等はない中で、福島第一原発が爆発したというニュースを聞きました。原発のこともそれまではよく知らなかったのですけれど、「それは怖い」と思いました。

次の日の朝になって、私は「隣の県だから、もしかしたら放射能が来てしまったらどうしよう」と思って、家中の換気扇や隙間を新聞紙とセロハンテープで貼り付けました。あまり意味のない行動だったのかもしれないですが、家族も「変なことやっているな」という目で見ながらも、気が済むようにさせてくれました。そのときのことを、ふと思い出しました。当時私は高校二年生で、学校もしばらく休校状態だったので、自分とか社会について怒りみたいなものが溜まっていって、当時は大学に行こうかどうかも迷っていたのですけれど、やっぱり大学に入って社会のことを勉強しようと思ってこの大学に入ったのです。

オープニングトークのときにそのことを改めて思い出して、でも思い出したということは、今まで忘れていたのだなということも同時に分かってしまいました。そして、「奪われた野にも春は来るか」の「春」は韓国語では「直視する」という意味もあるというお話もオープニングトークのときにあったかと思うのですけれども、関西という少し離れた場所にいる中で、日常はあまりにも自然に過ぎているように見えてしまって、自分はどこにいるのだろう、ということをすごく考えさせられました。

感想はそのようなことなのですけれど、少し質問したいことがあります。それは福島や植民地期の朝鮮や沖縄を今、関連付けて考えていると思うのですけれど、どうしてそう考えるのだろうということが疑問です。それらを同じように並べて語るということは、すごく危険なことでもあるのではないか、という違和感みたいなものがあります。それは抑圧の構造とか痛みの経験みたいな意味では同じようなものなのかとも思うのですが、どうしてそこで並べて考えるのだろうと思うのです。

沖縄の話もされていたと思うのですけれど、沖縄の歴史で本土から無視されつづけてきたことなどはどうなのだろうな、と。最近は沖縄でも反原発運動が起こっていますが、その参加者自らが「沖縄の人も3・11まで原発を知らなかった」と発言するみたいな話もあるのですけれども、それはそれで違和感があります。どういうふうに異なる文脈を持っているものなのか、ということを考え直したいと思ったので、そこについてお話いただきたいと思いました。

加國　ありがとうございました。それでは、先生方お願いします。

庵逧　はい、Oさんの、自分が被災地あるいは原発被害と常につながっていないのではないかという悩み、ものすごく単純なのですけれど、私たちもこの会場にいらっしゃる方も同じような悩み、いつのまにか忘却していく自分というものに向き合わなければいけないという経験があるのではないかと思います。この問題も非常に重要です。

世の中には本当にたくさんの重要な問題があって、それの全部には同じようには関わりきれない。だけれども、私たちはいろんな問題がいろんなところでつながっているということを知っているから、自分はあるひとつを一生懸命やり、だから別の方はあまり協力できないけれども、何かのことに関わりつづける、考えつづけるということが、「つながる」ということの基本なのかなというように思います。

それと、Sさんの言われていた植民地と沖縄との対比についてですけれども、私もこの質問を受けて、植民地と原発事故による被害との共通点と違いとは何なのだろうと考えてみました。ひとつ共通点として思い浮かんだことは、ふたつとも自分の大事なものを奪われたということ、李相和の詩でもうたわれているのですけれども、奪われた側にしたら、誰が奪うのかということは選べないですよね。言い換えれば「奪う主体」は選べない。ただそうされた、という客体になってしまっているということだと思うのです。

実は、日本人として日本の加害の歴史を考えるときに、誤解を恐れずに言ってしまえば、戦後に生まれた私たち日本人も、たまたま植民地支配の加害者である日本人として生まれてきたわけですよね。けれども、被害者と加害者のいちばんの大きな違いは、被害者は被害をつきつけられている中で生きていかざるを得ませんが、加害者は加害を忘れていられる状況にあることです。例えば、韓国の人であれば、戦後生まれであってもおじいちゃんおばあちゃんだとか、私くらいの世代であればお父さんお母さん、親戚の誰かに植民地支配の経験者がいて、何かにつけてその話を聞いたりします。福島の方々は、実際そこに住んでいらっしゃいます。日常的に被害の実態の中にあるわけです。

けれども加害者は、先ほどOさんが言っていたように、その加害の事実を忘れても、まったく問題なく暮らせます。問題なくとまでいかなくても、暮らせてしまうわけですよね。同じように選べない立場であっても、そこにすごく大きな違いがあるのではないかと思うのです。私は鄭周河さんは、朝鮮の植民地被害と福島の原発事故被害のふたつを同列に並べようとしたわけではなく、また、福島の現実は植民地のようなものだと言おうとしたのでもなく、おそらく韓国の人に福島の事実を伝える手段として、いちばん伝わりやすいキーワードがこの「奪われた野」という表現だったから、このタイトルをつけたのだと思います。そこで写真には出てこない背景を想像してほしい、というメッセージだったのではないかなと思います。

高橋　まずは、Oくんですね。庵谷先生と重なるとも思うのですけれど、お答えします。まず自分に直接影響してこない事件とか事故とか、そういうものは縁遠く感じる、ということですが、私はまずそれは生物として自然なことかなと思います。やはり人間は生物ですから、自分の生命に直接危険があるようなものに対しては当然敏感に反応します。それに対して、遠くのものまで、ちょっとでも情報が入ったものに対して、まったく自分のこととして全てに反応していたら、たぶん生きていけないことになってしまうのではないかと思います。つまり、それだけこの世界には絶えずいろいろな問題、いろいろな事故や事件が起こっているのです。ひとつにはそういうことがあると思いますが、では遠いものだからといって無関心で考えなくていいのかというと、そういうことにはならない、おそらくそこから人間の思考が始まるのだと思うのです。

自分から遠いな、関係ないなと思っていても、実は良く考えてみるとつながっている、関係があるということがあります。例えば福島の事故であれば、関西にいるとあまり放射能の脅威というのは感じないかもしれません。ただ、日本の原発が大事故を起こしたということであれば、関西に近い原発もまた事故を起こすかもしれないのです。そういう意味では無関係ではないのです。つまり、日本が国策として進めてきた原子力推進、原発推進ということは、日本国民全体にとっての問題ですから、実は関係がないとはいえないわけです。それがひとつです。

それから、このこととも結びついていますけれども、無関心のままでいれば、いずれ自分にそれが関わってくるということがあります。またナチスドイツ時代の話になってしまいますが、ナチスの時代を生きたある牧師さんの話があります。「最初彼らナチスは共産主義者を捕らえに来た。自分は共産主義者ではないから、放っておいた。次に彼らは社会主義者を捕らえに来た。自分は社会主義者じゃないから放っておいた。次に彼らは自由主義者を捕らえに来た。これも放っておいた。ユダヤ人のときも、自分はユダヤ人じゃないから放っておいた。そして、最後は自分のところにきた」。そういう話があります。

ですから、自分と関係がないと思って放置しておくと、その結果、実は回りまわって自分のところに来るということがあって、人間はおそらくそういうことに対して警戒をするある種の感性を持っているのではないかと思います。ですので、最初は遠ければ当然他人事のように感じられるかもしれないけれども、それをどう受け止めていくかは、こちら側の態度にかかっているのではないかと思いました。

それからSさんのお話ですけれども、福島、沖縄、朝鮮を関連付けることについてですよね。福島と沖縄を関係づけたのは、私もそうでして、二〇一二年一月に刊行された『犠牲のシステム福島・沖縄』という本を書きました。実はそれを書くときに、躊躇もありました。それは、いまのSさんのお話にもあったように、沖縄のほうが福島よりはるかに長い苦難を強いられてきたわけです。しかも、沖縄にある米軍基地というのは、沖縄戦で入ってきた米軍がそのまま居座ってしまい、日本も日米安保条約などでそれを認めてきたということで、望んだものではまったくない。米軍基地を誘致したわけではないのです。それに対して、原発はやはり地元の同意、誘致がなければできませんでしたので、まずそもそもの初めが違っています。その後も何十年にもわたる米軍基地によるさまざまな被害が沖縄に押し付けられています。この本は原発事故のたった一年後に書いたわけですけれど、一年や二年の福島と沖縄は比べられないじゃないか、というのも当然の感覚だと思うのです。

ただ、私が二〇一二年の初頭にそういうふうに書いて公にしたのは、むしろ逆の順序だったのです。二〇一一年三月一一日に大震災が起こり、原発事故が起こって、日本のメディアや、政治の関心がみんなそっちへ行ってしまう。その前に何があったかというと、実は沖縄の普天間基地の移設で大問題になっていたのです。連日、東京の新聞の記事もそれで埋め尽くされる時期があったわけです。ところが、原発事故が起こって、すっかりみんなの関心がそっちへ行ってしまって、沖縄のことが忘れられているという感覚がありました。

ですから、そのふたつを同時に取り上げると考えたときに、私は「犠牲のシステム」という捉え方でおさえる必要があるのではないかと思ったのです。その中で私は、「植民地主義」という言葉を使いました。沖縄や福島に対する日本の国家、国家中枢の関わりというものが、植民地主義的なところがある。それは植民地支配なのではないかということを言いました。ただしそれは、もちろん福島と沖縄でも違いがあるし、ましてや台湾や朝鮮に対するかつての植民地支配とも違うのです。

朝鮮に対する植民地支配のときは沖縄も福島もいわば日本側、植民地支配をする側だったわけです。そして沖縄に対しても福島は植民地支配をする側、「ヤマト」の側でした。けれども、原発事故においては、あるいは原発政策の下では、東京に電力を供給するために東京電力から電力の供給を受けていない福島に原発が置かれたということで、一種の植民地的な関係があります。それぞれ違うのだけれども、実は共通点として一種の植民地主義的支配と被支配の関係がそこにあるのではないか、それを「犠牲のシステム」という言い方で捉えてみてはどうかと思っています。

もう少し別の言い方をすれば、朝鮮植民地支配、沖縄に対する米軍基地の押し付けないし植民地支配、あるいは福島などの経済的に弱い地域に原発を押し付けてきたこと、これらはいずれも日本の国家が国策として進めて、それぞれに甚大な被害を生んでしまったことです。この点で共通性があると言えると思います。

私はそういう視点から、いわば日本の国家が持っているそういう支配的な傾向性、それを「植民地主義的」と呼んだのです。そういうつながりをもって捉える、ということをやってみる必要があるのではないかと思います。ただ、当然それぞれ違います。歴史上の出来事は全て違いますから、まったく同じものは何ひとつありません。あらゆる出来事は、それぞれ唯一のものなのですけれども、その中に我々はある共通点を見出して、そこからいろいろな問題を考えていくことができると思ったのです。

歴史を学ぶ・想像する・つながる

加國 それでは四番目、五番目の学生さん、お二人つづけて質問していただいて、まとめてお答えしていただく形にしたいと思います。一人目は、同志社大学大学院生のTさんです。

T 大学院で政治思想とフェミニズム理論を勉強しています。今回の写真展を見させていただいて、夜の海か夜明けの海の写真がとても好きでした。最初見たときにとても美しいと思ったのと、前のほうに波が渦巻いていて不安な感じもするのですが、海の奥に光があって希望も感じられて、とても好きです。オープニングトークのときに鄭周河さんが、これらの写真を通して皆さんが考えるきっかけになればいい、という発言をされていました。そういう意味ではこのミュージアムでは、オープニングトークもありましたし、今日のトークイベントもありますし、とてもすばらしい取り組みだと思っています。

市民がこうやって集まって、日本全体に関わる問題などを話す場というのは結構ありますし、私もよく参加するのですが、それが全然実際の政治に反映されていないように感じられます。「これ問題だよね。変えなきゃいけないよね」という話になるのですが、なかなかそれが政治に反映されません。自民党政権も結局は脱原発をしないみたいですし、どんどん外国に原発を輸出しようとしているみたいで、「ちょっと待って」と思ってしまいます。

私自身も女性なので原発事故が起こった後、お母さんたちが自分への放射能の影響を心配し、子どもにも放射性物質で汚染されたものを食べさせたくないと言っているのを聞いて、「女性」と「産む」ということが直結した言動というところに違和感を覚える一方で、そのお母さんたちの言っていることはとても分かるし、それに対して「ヒステリーだ」という言動も嫌だなと感じていました。

なぜ犠牲を被りやすい少数者の意見、マイノリティの人たちの意見が政治に反映されないのか――反映されないからマイノリティなのですけれど――どうやってそこを突破していけばよいのだろうか、ということをいつも考えているので、それについて高橋先生に伺いたいと思います。庵逧先生には、せっかく植民地下の朝鮮史のお話を伺えるということで、植民地下の女性たちがどのようにして自分たちの日常生活の中で、植民地支配と対峙していたか、もちろんとても被害を受けたと思うのですけれども、そのあたりのことをお聞かせいただければと思います。

加國　もうお一方は立命館大学政策科学部のＩさんです。

Ｉ　皆さん、こんにちは。私は韓国の国民大学校から、一年の交換留学でここに来ました。もともと専攻していたのは日本学で、日本の経済や歴史のことを勉強しています。この写真展を見たのは二回目です。韓国で二年前に見たのですが、そのとき自分が感じたのは、自分が日本学を勉強しているその観点から、これがもし「奪われた野にも春は来るか」というタイトルをもって日本に巡回することになったら、福島をはじめとする日本の方々がそれをどう思うか、ということでした。

逆に韓国人として思うのは、福島のことはほんとうに大事な問題ですが、植民地支配の下での祖父や祖母の経験は、福島とは背景と文脈が全然違うものがあるのではないか、という思いがありました。それを比べるということは、日本の方々は、なぜ植民地の話が出るのだろう、全然違う種類のことだと思うのではないか、と考えていまして、私もこれはちょっと危険かもしれないという観点をもっていました。

けれども、立命館大学にきてオープニングトークでいろいろ話を聞いて、自分の考えが変わりました。最初はこのタイトルの意味が大きすぎて、それに気圧されてこの写真展を見る意味を見失うかもしれないと思ったのですけれど、実際に自分がこの二〇点の写真を見て、写真ごとのタイトルがなくて自分が想像する自由があることで、ただ植民地の問題であるだけではなく、国と市民の関係や歴史の問題を含めて、犠牲にされる人たち、被害者と加害者の観念とか、それを福島原発事故の問題を含めて考えることができる、と思うようになりました。この写真にタイトルがないということで、私たちがここでトークする中でいろいろな話が出てきますし、脱原発の問題だけではなくて、この時代が求める精神が何かを考える必要があると思いました。

そのように考えた上で、高橋先生に質問をしたいです。私は高橋先生の福島と沖縄と韓国をオーバーラップさせて書いたという『犠牲のシステム　福島・沖縄』を読みました。個人的な経験ですが、韓国にピョンテクというソウルより南にある田舎の都市があるのですが、そこに米軍基地を移転する計画への反対運動に加わりました。そのときは大学一年生でしたので、何も分からず、ただそこにいるおじいさんおばあさんが農業しているその「野」が奪われるということで、そこに行ってデモをして警察とも衝突して守ろうとしたのですけれども、結局守れませんでした。

でも、いまはそんな話は誰も覚えていない、忘却しているのです。そんな状況で、私たち市民とか大学生が強く求めている言葉とか思いが、本当にこの国の構造を変えるような力をもっていると思えず、失望しているのですが、先生はどう思いますか。いまの大学生がこの福島の問題を含めて新しい時代のためにどんな姿勢で、どんな行動をすることが必要かということを聞きたいです。

高橋　まず、Tさんですね。こういう場所というのはいくつかあるし、これまで参加されてきたし、ここでもいろいろ原発問題について考えを深めることができるのだけれども、それが政治に結びつかないとおっしゃっていましたね。先ほど、水曜日に福島に行ってきたという話をしましたけれども、今回私が出会った福島の被災地の人の多くは、安倍政権が進めている原発再稼動、輸出、それから増設までありうるようなエネルギー基本計画をつくっていくことに、ものすごい絶望感というか、自分たちが完全に見捨てられて、自分たちは犠牲にされたまま放置される、棄民の対象になっているという感覚をもっています。もっと言ってしまえば、先ほどＰＴＳＤと言いましたけれども、避難指示を出されて避難した人以外でも、相当心の病を抱えている人は増えているとおっしゃっていました。東京と被災地福島とのギャップがものすごく大きくなっているのです。どうして、いわゆる被害者や弱者に思いを寄せる人びとの気持ちがその国の政策に反映されないのか、ということになってきます。

ただ、原発問題について言えば、いったんは、民主党政権に対して二〇三〇年代に原発ゼロという基本計画をつくらせた。あのときには、国民の意見を募って公聴会を行ったり、いろんなことをやって、原発ゼロに向かおうという意見が多かったので、それを考慮しなければいけませんでした。それから毎週金曜日に官邸前で行われているデモが近来にない多くの人を集めたということがあって、あの当時、野田首相がデモの代表者に会いましたよね。あれはたんなるパフォーマンスだという人もいましたけれども、やはり世論が強く脱原発を求めているという圧力が政権にかかれば、政権はそれを考慮せざるを得ないということです。

ですから、市民の意思が表に現われて、政権に対して圧力になるぐらいの大きさになるということが、まずは必要なのではないかと思います。国会の中では、どうしても電力会社の労組とかいろいろな関係議員たちが動き回っていますから、やはり市民が声を上げるということが民主主義の基本なのです。ただし、沖縄の問題については、私も本の中で書きましたが、そういう普通の意味での民主主義でいったのでは、沖縄の人は「オール沖縄」で声を上げても人口にすると日本全体の一%にしかならないのです。いわゆる本土と言われている側の圧倒的多数の八割ぐらいの人が、日米安保条約で在日米軍基地を置いて日本の安全保障をはかるべきだと賛成している状況の中では、いくら沖縄の人が声をあげても、それだけでは変わりようがないのです。

ですから、おっしゃるように本当の少数派であった場合には、多数派が少数派の人びとの立場に対して想像力をもって、それに共感するなり、あるいは苦しみを少しでも共にする、「共苦」することが必要なのだと思います。そういうことを通して、少数派の人びとの気持ちが大きく広がっていかないことには変わらない。それが現実だと思います。日本では、いわゆる市民の活動というものがなかなか政治に反映されません。残念ながらそういう状況になっている。でも、それを変えていくには、どんなに小さくてもこういう場所から出発していかざるを得ないわけですから、諦めないでそれを追求するべきだと思っています。

Iさんのご質問は、学生としてこれからどういうふうにやっていけばいいのかというお話だったと思います。Iさんご自身は、韓国にいて日本の勉強をされて、韓国人として日本に来て勉強されていて、両国の歴史のことは十分ご存知だと思いますけれども、私はやはり朝鮮植民地支配の問題にしても、あるいは沖縄の問題にしても、福島の問題にしても、歴史を知るということがまず第一だと思うのです。どういう経緯で現在の問題が起こってきたのか。これを知らないと始まらないのです。

ところが残念ながら、とりわけ日本の学校教育においては近現代史というものが教えられてきませんでした。私自身教えられてきていないのです。大学に入れば庵逧先生に習うということもありますけれど、高校まではなかなかそうはいかない。私はこれは今後の東アジアにとって大きな障害になると思うのです。特に日本の若者が歴史を知りません。だから、まずは歴史を知ることです。そのためには信頼できる専門家の著書などで学ぶということが大事だと思います。

ただ知識だけではもたないので、想像力をもって自分の経験と他者の経験をつなげていく、という作業が今日もすでにでていますが、前回のイベントのときにも問題になっていたでしょうし、今後もそれぞれがそれぞれの場ができるようにならなければいけない。どうすればいいのか。それは、それぞれがそれぞれの場所でやっていくしかないと思うのですけれど、まずは歴史を知ること、そして自分の経験と他者の経験をつなげる努力をすること。とりあえずはそのような形でお答えとしたいと思います。

庵逧　いま高橋さんが最後におっしゃられた「想像すること」と「つなげる」こと、「つながる」のではなくて「つなげる」、つまり自分が自らその意志をもって相手とコミュニケーションを何らかの形でとる。「自ら手をさしのべる」という意味での「つなげる」ことが、実は私が今日最後にまとめとして言おうと思っていたキーワードでした。

「想像すること」というのは、人間に与えられたいちばん大きな力のひとつだと思っています。確かに、まったく同じ経験をしなければ、本当にその人の気持ちは分からないけれども、例えば私たちは腕を切り取られたことはないけれども、小さな怪我をしたことはあるので、もし自分が斧で腕を切られたらどれだけ痛いかを想像することができます。それは被害と加害の関係についても同じではないでしょうか。その人のことが、被害から何から全部分かるということではなくて、いろんな形で想像してみる、それが、つながろうとすることの第一歩だと思います。

先ほどTさんが女性たちのことをおっしゃったのですけれども、女性たちがいろんなことに敏感なのは、政治的な行動力とか経済力とか発言力は男性に劣るかもしれないけれど――最近はそうではないかもしれませんけれど――、いろいろなことを敏感に感じ取れるのは、今でも女性たちが社会の中のさまざまなところで、「女性である」ことの不利益を日常的に感じる機会があるから、被害者に対してシンパシーを感じやすいということがあるのではないかと思うのです。もちろん男性がシンパシーを感じやすくないというわけではないのですけれども。

植民地下の女性たちについても、想像を広げることしかできないのです。ただそれを、女性だから分かるということではないけれども、想像するひとつの力として、女性であることを自覚していくというのはすごく大事なことだと思います。

それからIさん。私も実は一〇年ほど韓国で生活して、韓国の大学でも教えていたのですけれども、今はIさんのような学生さんはほとんどいなくなっている中で、珍しいくらい問題意識を強くもって、活動もされている学生さんだと思いました。おっしゃっていたピョンテクは、韓国人の私の夫の実家が、米軍基地から一〇〇メートルくらいのところにありました。今はソウルに移りましたが、五代以上その土地にずっと住んでいた家でした。ピョンテクは漢字では「平沢」

と書きます。平らで山が無いのです。山が無いので、米軍の通信基地があるのです。通信基地があるので、朝鮮半島の中でいちばん最後まで残る米軍基地、移転できない米軍基地なのです。

植民地と福島との、共通点と違いについて、もうひとつ言おうと思っていたのですが先ほど高橋さんが、子どものころ遊んでいた風景が写真の中にあるとおっしゃっていて、福島で暮らされて、福島から見られているからこそ、おそらく、この写真から見るものが全然違っていて、普遍的な美しさの中にも、そこに被害の現実を読み取ることができるのだと思います。そうでない私たちの場合は――「想像」ということとつながるのですけれども――自分が読み取ろうとしないと読み取れない、ということが現実にあると思います。

おっしゃっていた、学生が政治に何ができるのか、私もそれを問われると恥ずかしいのですけれども、私も今でも同じことでもがいて悩んでいます。自分にいったい何ができるのか、この社会をどうやったら動かせるのか。強制連行、強制動員被害や植民地支配の被害の爪跡は今でもたくさん残っていますが、私はそれをどういうふうに回復していけるだろうか、ということを考えています。例えば「慰安婦」問題は関心を持つ人が多いけれども、強制動員の問題はほとんど関心を持たれない、とか、さまざまな現実があって、一所懸命やっているつもりだけれども、実際にはほとんど何も動かないという現実があります。たぶんそれは、一生悩みを抱えていく覚悟をしないといけないのかなと思っています。絶望的に聞こえるかもしれませんけれども、だからこそ、考えつづけるということはすごく重要なのではないかなと思います。

I　ありがとうございます。自分のいまの悩み事の話になってしまいますが、原発の問題として、この福島の事故から見えてくるのは、東北の地が東京のために犠牲にされているということだと思います。ですが、皆、「この震災は天罰だ」というような話をしていて、誰もが加害者から被害者になりうるということを忘れていると思うのです。それが、肝心の韓国では、自分たちの原発の中にいろんな問題があることを聞いても、僕の周りの人たちは全然反応しないのです。友だちに聞いても「それは俺と関係ないよ。俺はそこに住んでいないし、それは自分の仕事じゃない」と言うのです。それを聞いていると、自分のことじゃないのに腹が立つのです。だから、みんなが共有することができるように何をしたらいいか。それが、いまのいちばんの悩みです。

庵逧　そうですね。それは本当に、Iさんが答えを見つけなければいけない問題だと思います。ごめんなさい、答えを返すのではないのですけれど、一人ひとりが考えていかなければいけない問題だと思います。

問題意識を拡げて朝鮮、沖縄、福島を考える

加國　ありがとうございました。学生の皆さんからの熱心な質問に、先生方も大変誠実にお答え

いただきました。この後もう一度先生方からお話いただだいて結びにしたいと思います。フロアのほうから質問をいただく時間がありませんので、ペーパーをお配りしておりますので、質問のある方は書いて出していただきましたら、その中から先生方にお聞きしたいと思います。

それではまず、庵逧先生からお願いいたします。

庵逧　皆さんのおかげで、言おうと思っていたことはほとんどお話をしてしまったので、一点だけごく短い話をさせていただきたいと思います。それは、韓国でのこの「奪われた野にも春は来るか」というタイトルの受けとめ方と、日本での受けとめ方の違いについてです。もともとは韓《ハン》洪《ホン》九《グ》さんがこのタイトルを提案なさって、彼は朝鮮現代史の研究者ですけれども、たぶん伝える相手として頭の中にあったのは韓国の方、韓国社会だったと思うのです。というのは、この詩は韓国であれば、中高生でも知っているような詩です。先ほども言いましたとおり、「奪われた野にも……」というイメージ、「奪われる」というイメージが伝わりやすいと言えます。

もちろん先ほど、Ｉさんがおっしゃったように日本と韓国を同列に扱えるのか、という反発はあったと思うのですけれど、福島の現実について、韓国の人がいちばん想像しやすい通路だったのではないかなと思います。逆に日本ではほとんど知られていない詩だと思います——実は、知る人ぞ知ると言いますか、植民地のことを研究している人間はだいたいみんな知っていますが——。このタイトルは、これが植民地の詩なのだということを知らないと、何のことを言っているのか全然伝わらないと思います。その意味で、このタイトルをここで使うというのはひとつの大きな冒険だったと思いますし、おそらくより広く伝えようとしたときに、日本社会の中では伝わりにくいと思います。でも、おそらくそのことも含めて——日本と朝鮮半島の関係がそうしたアンバランスでアンビバレンスな関係にあるのだということも含めて——の伝え方だったのではないかなと思います。

加國　それでは高橋先生、お願いします。

高橋　私のほうからは、「犠牲のシステム」という言葉と植民地主義ないし植民地ということとの関わりでもう少し付け加えさせていただきます。私が「犠牲のシステム」と言いましたのは、全然難しいことではなくて、ある人びとの利益が別の人びとの犠牲の上にのみ生み出される、そしてそれが維持されるということが、システムとして確立している。そういう場合にそれを「犠牲のシステム」と呼ぶことが、当然できるだろうと思ったのです。

そうするとこれは朝鮮植民地支配についても、また沖縄に対する米軍基地押し付けについても、福島と東京との原発を通じての関係についても、「犠牲のシステム」と言えるのではないかと思うのです。植民地支配というのは最も典型的な「犠牲のシステム」かもしれないと思います。

福島に東京のための原発があることについては、さっきIさんがおっしゃったと思うのですけれど、東京の人でも事故が起こるまで知らない人が多かったのです。つまり、東京電力の原子力発電所は、東京に無いのはもちろん関東地方にもありません。福島第一、第二と新潟の柏崎刈羽《かしわざきかりわ》にあるのです。福島と新潟は東北電力の管轄で、東北電力の電気を使っているのです。東京および関東地方、つまり東京電力の管内では、自分たちの地域の外にある福島、新潟に原発をつくって、そこから電力を持ってきて使っています。こういう構造なのです。事故が起こって、初めてそこに気がついたという人が結構いたのです。

これは、植民地の構造にとても似ていると思いませんか。当然、福島や新潟にはお金もたくさんおちてきます。原発を誘致する電源三法交付金など、いろいろな法律で、お金を投下することができるようになっていて、雇用も増えるし現地は経済的に潤うのだから、プラスマイナスのバランスはとれているのではないか、という議論もあったわけです。

しかしこれも、例えば「植民地朝鮮に日本はたくさん投資したじゃないか、持ち出しだったじゃないか。それで朝鮮は近代化したのだから良かったじゃないか」という議論があることはご存知の通りです。沖縄でもそうでしょう。「米軍基地を押し付けられていると言うけれども、沖縄に対して振興基金がたくさん投下されているじゃないか」と。つまり、お金がいっていて現地の人はそれで潤っているのだから、そんな文句を言う筋合いはないじゃないか、という話が実は共通しているのです。

でも、なぜそういうお金を払ってまでするのか。あるいは朝鮮については、そういう投資はめぐりめぐってどこに回収されるようになっていたのか、ということを考えれば、日本の国家権力とそれと結びついたさまざまな資本がそこから利益を回収する構造になっていたわけです。その点でも、私は似ているのではないかと思います。

朝鮮と沖縄と福島というものが、いろいろな角度から問題提起が行われてここに並んでいるのですが、これをつなげる意味は、どれかを強調して他のものの影を薄める、あるいは問題意識を狭めるということではなくて、すべてについて考えるために、問題意識を拡げていくということだと思います。

先ほどの庵逧さんの写真で、水力発電所の写真が出てきました。福島の確か浪江町の被災者の方だったと思いますが、水俣に行って水俣病で苦しんだ人びとと意見交換したという方がいらっしゃいます。水俣の人たちが福島の人たちにぜひ自分たちの話を聞いて欲しかったそうです。それで、福島の人たちが行って話を聞いて、これで自分たちのいる位置がよく分かったと、これからどうやっていくかのヒントをもらったように思う、という報道がありました。

水俣病というものも、戦後日本の経済成長の陰で、水俣の普通の漁民の人たちが大変な犠牲を被った事件です。これはチッソという企業が起こしたわけですけれども、チッソの前身は野口財閥がつくった日本窒素肥料株式会社というところで、これが実は植民地時代に朝鮮に進出していたのです。いまの北朝鮮に属する興南市（当時）というところに世界最大規模の大工場、コンビナートをつくっていたのです。同時にそこでは水力発電もやっていました。

ですから、電源開発と水俣病につながったチッソの化学工業というのは、植民地支配の下でまさに朝鮮に進出して、そこから利益を上げるということがたくさんあったわけです。私たちはそういうことにまで思いを拡げていって、そのことによって何かを軽視するのではなく、むしろすべてを問題意識をもって考えていく。そのための手がかりやきっかけというものが、こういう場に与えられたと考えればいいのではないかと私は思います。

東アジア共通の問題としての原発・核

加國 先ほどの質問用紙の中からふたつを紹介して、先生方にお答えをいただきたいと思います。一枚目を読みます。「私は福島第一原子力発電所事故とそれにつづく出来事をカタカナ書きで〈フクシマ〉と表記することに強い抵抗があります。多様な人びとの多様な場所における経験を一ひとまとめにして語るのはあまりに大掴みだと思うからです。『フクシマの悲劇』と言うとき、それは誰のどのような悲劇なのか、『フクシマの教訓』と言うが、本当に福島あるいは福島の人びとにとっての教訓なのか。〈フクシマ〉という呼称を使うと、そうした問いを深めることが疎かになります。一方でこの呼称を使うメリット、広範な範囲に記憶されるというメリットもあると思います。〈フクシマ〉という形で象徴化することのメリットと弊害、そのジレンマをどのように克服するのかということについて、高橋さんのご意見を伺いたいです」というご質問が一枚目です。

それからもう一枚です。「『フクシマ以後の思想をもとめて』を買って、読んでから今日お話を聞きたかったのですが、できませんでした。まだ読んでいなくてすみません。質問は、徐さん、韓さんと三人で話して見えてきたものを少し話していただけたらありがたいです」ということで二枚とも高橋先生への質問ですが、よろしくお願いします。

高橋　ありがとうございます。最初のご質問は、必ず問題になる重要なご指摘だと思います。二〇一一年の3・11の前は、私にとっての福島は漢字の「福島」でしかなかったのですけれど、それ以降いろんなメディアでカタカナで書き始められて、もちろんアルファベットで世界に広まっていったということもあります。あのとき、長崎医大から福島県立医大へ来た原爆被爆治療を研究してきた学者が、「長崎は負けた。これからは福島、福島、みんな福島と言う。世界では福島のほうが有名になった」ということを小声でおっしゃったのです。どういう意味だ、と福島の人は戸惑ったみたいですけれども、実はそれは広島、長崎、福島、そして沖縄にも言えることなのです。

時間もないので簡単に私の見解を述べれば、やはりカタカナにした場合には、もちろんカタカナですから、日本の中でしか通用しないもので、韓国にもっていっても欧米にもっていってもカタカナで書いたからといって別に通用しません。日本の中で日本語が通じる圏域で、ただ漢字で

「福島」と書くのではなくカタカナで書けば、何か、ある種の普遍的な問題としての〈フクシマ〉というものがそれで指示されているというのが、一般的な感覚ではないでしょうか。

そのことによって、現実の福島の多様性が軽視されたり無視されたりする危険があるというのは、まったくおっしゃる通りですし、この前の『美味しんぼ』をめぐる騒動（福島を訪れた主人公が鼻血を出すなどの描写に関して、不安を煽るなどの批判が殺到。それを受けて組まれた、関係自治体や放射線や医療の専門家などの寄稿による特集では、被曝や表現方法についてさまざまに異なる意見が掲載された）でも、「福島にはもう住めない」と言われると、本当に帰還困難区域になってしまったところと、西部の会津地方などの比較的線量が低いところで、全然受け止め方が違うわけです。それぞれの人の運命も変わってしまったわけで、それを一緒くたにすることはもちろんできないです。

それから福島原発事故の被災は福島の県境で止まっているわけではなくて、周辺、関東地方にまでおよんでいるわけですから、そういったことをカタカナの〈フクシマ〉で表記することによって、いわば全部それらを含む普遍的な問題としての〈フクシマ〉というのを表すことができるかもしれない。これがメリットだとすれば、それによって〈フクシマ〉という名前が現実の被災やそういうものの多様性を忘れさせてしまう、これがデメリットである、と大きく捉えることができるのではないかと思います。

二番目の質問、『フクシマ以後の思想をもとめて』についてですが、この本では、先ほど庵逧さんからお名前の出た韓洪九さんと、五月のオープニングトークで話をされた徐京植さんの三人で鼎談を五回繰り返しました。これは福島の被災地を鄭周河さんたちと一緒に見て、見終わったときに福島市で行った鼎談から出発して、韓国で二回、東京で一回、そして沖縄で一回という形で行いました。

東アジアの現代史の中でさまざまな事件が起き、さまざまな傷が残っている地域を何カ所か歩いて、それぞれの議論をできるだけ共有しようということで行った鼎談なのです。私は一言で言えば、福島の原発問題というのは、福島や日本だけの問題ではなくて、東アジアのスケールで考えるべきことなのだ、ということをいちばん強く思いました。

ひとつは韓洪九さんが、脱原発、韓国では「脱核」といいますけれども、それに関わっておられるということで、韓国での原発をめぐる問題を非常に詳しく伺いました。この鼎談の前に韓国では古里《コリ》原発の事故があったそうです。福島で二〇一一年三月に事故が起こって一年も経たない、翌年の二月に韓国でいちばん古い古里原発の一号機で全電源喪失事故が起こったのです。

福島第一原発と同じですから、そのままいけば、冷却できなくなってメルトダウンして、比較的近くに釜山《プサン》という大都市がありますから、風向きによってはとんでもないことになった恐れがあった事故ですが、確か一二分で電源が復旧したということでした。私はそれを聞いたときに、韓国にも二〇基あまり原発があり、しかもこれから増設予定であるということで、ほとんどこれは運命共同体的なところがあるのではないかと思いました。

日本でも日本海側の原発で事故が起これば、直接韓国に被害がおよぶおそれが強いですし、韓国の東海（日本海）側で原発事故が起これば、それは日本に直接被害がおよぶ可能性があるということです。さらに中国、台湾にまで拡げれば、東アジアは世界の中でも原発の集中地域になっているし、なっていくというところなのです。

そうだとすれば、ここは連携して原発の問題を考えていかなければならないのではないかと思います。これも重要な安全保障の問題のひとつです。韓国にとっては、原発の問題は核兵器の問題――北朝鮮の核保有とか、あるいは韓国においてもかつての朴《パク》政権の頃に問題になった核保有の問題――つまり、朝鮮戦争以降の状況と切り離せないということがあります。そこからまた逆に、では日本の原発は核兵器と何の関係もないのかというと、実はそうではなく、日本においても「潜在的核抑止力」として位置づけられてきたのです。いつでも核兵器の開発ができるような技術を維持するためと称して、原発を放棄しないという側面があることも照らし出されてくるわけです。韓国との関係から、そういういろんな原発をめぐる問題点、東アジア共通の問題点として、教えられたということがありました。

加國　どうもありがとうございました。高橋先生、庵逧先生、それから学生の皆さんにお礼を言いたいと思います。

この鄭周河写真展、写真そのものは最初のNさんのご意見にもあったように、見た目には美しい福島の風景です。キャプションをつけないという条件で展示をしていきます。そのことについては、最初のオープニングトークのときに、鄭先生はキャプションによってイメージが制限されることを避けたとおっしゃっていました。展示する側としては上手く伝わるのかという不安でいっぱいだったのですけれども、今日のトークを聞きながら、こういう形で展示したことで、福島原発事故、それによって十数万もの人びとが避難をしているという状況の中で、その事故・事件を歴史的――原子力発電所の歴史にとどまらず、日本という国が東アジアの中で行ってきたことの歴史――、それと空間的な広がり――福島だけではなく沖縄や、また朝鮮半島との関わりの中での空間的な広がり――、そうした重層的な問題の中に、この福島の風景があるということを再確認できたかと思います。どうもありがとうございました。

写真１～６は左記のサイトで閲覧できます。
学習院大学東洋文化研究所・東アジア学バーチャルミュージアム
朝鮮社会経済写真集（善生永助蒐集写真）
http://www.gakushuin.ac.jp/univ/rioc/vm/c03_yuuhou/c0306_zenshou.html
写真１：京城市街（商業）カッコ内はカテゴリー名
写真２：東洋水利組合貯水池（農業）
写真３：水原郡陰徳面南陽里　孔子廟（民家）
写真４：金剛山附近のアゼクラ式木造民家（民家）
写真５：開城　布木商（商業）
写真６：西洋式婚礼式（婚姻）

写真７～８
民族問題研究所所蔵

写真９～11
鄭道善『会寧で残した写真１９３６～１９４３』（ヌンビッ、２００３）

南相馬日記

鄭周河

1

記憶。記憶は実に、時間とともに私から遠ざかっていく。最後に南相馬を訪れてからすでに一年がすぎた。二〇一一年一一月に初めて福島を訪れ、私はいまに至るまで何度かその場を訪れた。あまりにもよく知られている事実は、むしろ平板な感じを与えるものである。フクシマが持つ、時代―歴史的な誘惑は、忘却である。忘れたい、忘れなければならないという重圧感が、他のすべてのものを包み込んでいる。しかし、私たち―時代の責務は、同時に記憶することである。記憶は証言を欲するが、時の流れに紛れて色あせていくものだ。これが、私―私たちがそこに行き、それを両の眼で見るべき理由であり、同時に私の写真の存在理由でもある。そうして二年の間、折にふれそこに通い、そこで撮影した写真を展示し、写真集も出版した。韓国で二度、また日本で六度の写真展をひらき、新たにフクシマを撮影しつづけている。

私はフクシマを南相馬という町から実感する。南相馬は、東京電力福島第一原子力発電所から北に二〇キロほど離れたところにある小さな町である。同時にここは福島県の県庁所在地である福島市から東に約七〇キロ離れており、海に面した場所である。私はここに深い愛着をもつようになり、今後も命のつづく限り訪れつづけるつもりだ。いま書いているこのささやかなエッセイは、二〇一三年三月に南相馬を訪れた記憶であり、その記憶の中に皆さんを招待したいと思う。

帰る日、空港での出来事にはひどくとまどった。旅の最後の朝を気楽に、濃密な時間を過ごそうと歩き回った東京都内ではとくに変わったことはなかった。ただ、高層ビルの谷間に吹く風は普通には歩けないほど強かった。東京の東側、太平洋から吹いてくる海風は、道端の自転車やオートバイを押し倒し、ひょっとしたらビルの上から看板が落下してこないかと不安にさせた。でも幸い何事もなく、多少足取りが悲壮になりはしたが、無事にホテルに戻り空港に向かうことができた。

成田空港はふたつある。第一ターミナルと第二ターミナルに分かれている。通常、韓国の旅行客は、東京で「空港行き」の電車に乗れば、何の疑問も持たずに終点まで行き、終点に着いたら降りる。しかし、搭乗する飛行機がＪＡＬの場合、一つ手前の駅で降りなければならないのだ。同行していたイ・ドングンさんは、私と一緒に終点の第一ターミナルまで行き、荷物を引き、インフォーメーションでＪＡＬの場所を確認するまでそれを知らなかった。幸い時間に余裕があったからよかったが、下手をしたら飛行機に乗り損ねるところだった。どうにかこうにかイ・ドングンさんを第二ターミナルに見送り、私は自分が搭乗するＤＡＬのカウンターを探した。荷物を預け、座席指定を受けるためのカウンターには長い列ができていて少々訝《いぶか》しくはあった。突然、ＤＡＬの職員が「ソウル行きの方はいらっしゃいませんか？」と大声を上げて私の目の前に来た。私が手を挙げると、こちらにこいという手振りをしながらロープを外し、並んでいる人の間を抜けて前に行けと言う。ありがたい。ソウル行きがこんなにスムーズだとは。もしかしてソウル行きの客は優待される法でもできたのか？　そして、カウンターでパスポートを見せ、手荷物を計量器に載せた。ふとカウンター横の柱時計みると出発時刻の二時間半前だった。ふぅ〜、長い休憩時間だな、と思っていると、目の前の女性係員が「キャンセル！　キャンセル！」と言って私のパスポートを押し返した。よく聞いてみると、強風のため本日のソウル便はすべて欠航になったという。すなわち、足止めをくらったのだ。

2

一週間前の三月六日に鎌倉さん率いるＮＨＫチームとともにミニバスで南相馬に行った。そしてそのふた月前、私は一人成田に降り、東京からレンタカーで南相馬に向かった。すでに何度か通った道なのでむずかしくはなかった。ただ、左側通行になかなか慣れないため、スピードがどうしても出せないだけだった。延々七時間かけて夕方も遅い時間に南相馬に到着した。西内祥久《にしうちよしひさ》さんが手配してくれていたホテルを目指すと、西内さんはすでにホテルのロビーにいらっしゃり、私を歓迎してくれた。小柄で、純朴に生まれついたようなお姿だ。

私が部屋に荷物を置いてロビーにもどると同時に、西内さんは食事に行こうとおっしゃった。もちろん、身振り手振りでのやりとりだ。私は日本語を話せず、西内さんは韓国語も英語も話されない。この日初めての対面だったが、私たち二人の顔と身振り手振りにぎこちなさはなかった。たとえ、もし私がいくらか日本語を勉強していたとしても、口をほんの少しだけ開いて話す西内さんの日本語は、いずれにしろ聞き取ることはできなかっただろう。あとでわかったことだが、東北弁という方言をお使いだそうだ。西内さんもやはり、少しの韓国語がお分かりになるより、あるいは英語をいくらか話されるよりも、いっそのことといままでの経験とお互いを理解しようとする気持ちで通じ合うやり方に馴染みをお持ちのようだった。

店はホテルからそれほど離れてはいない小さな通りにあった。そこは地元の人が出入りする、伝統と歴史のある店だと一目でわかった。扉をあけて入ってみると、小さな店に客がもう数人いてほろ酔い気分でにぎやかだった。私たちは案内された小さな畳の部屋に入った。向かい合わせに座ったが、西内さんは休みもせずにさっそく何かを教えるように話してくれて、確認して、説明もしてくれたが、私には全くわからず、ただただ西内さんの温かく優しいまなざしと真心のこもったお気持ちだけが伝わってきた。寿司がでてきた。一枚の板にぎっしりと盛られていたが、二人分には少々もの足りない感じだった。ビールを飲むか？という西内さんの言葉に感激して何度もうなずいた。はい！　はい！

西内さんはご自分の分の寿司まで私に薦めてくれた。思うに私がかぶりつくようにしてあまりにおいしくいただいてしまったために遠慮されたようだった。私がまた遠慮なく平らげてしまうと西内さんは店の主人を呼んだ。そして、何かをまた注文されたようで、しばらくすると出てきたものは、「寿司のような格好をしたキムパブ（キムパブは韓国の海苔巻き、一般的に海鮮は入らない：訳者注）だった。三人分よりももっとあるかと思えるほどの「キムパブ寿司」が出てきた。西内さんとの初対面はこんな様子だった。現在七三歳でいらっしゃる大先輩。ここ南相馬に、生まれ育った生粋の地元民だ。二〇一一年三月一一日以後も故郷を離れずに守っていらっしゃる。彼はいま、自分がつながるへその緒の端であり、その存在理由でもあるここ南相馬の再生を夢見ている。彼の持つ生まれつきの肯定性は、あるいは愉快な楽天性は、彼の健康的な活動力の根源でもあり、そしてまた、未来の子どもたちにふるさとをもう一度返してやらねばなるまいという彼の一貫してゆるがない信念のエネルギーそのものでもあるだろう。私が西内さんに出会ったのも、やはりそうした西内さんのエネルギーが作動したからではないかと思う。徐京植先生と佐々木先生のご発案で南相馬市立図書館にて私の写真展が開かれることになった時、おつれあいの介護でお忙しい佐々木先生が、実行委員として、ご自身の古い友人であり3・11以降は同志となった西内さんを紹介して下さった。その任務を快くご自身の生き方の中に受け入れて下さった西内さんが遠い他国からふらりとやって来た異邦人に見せてくれたのはこんなもてなしだった。

3

南相馬は私にとって対象であり出発でもある。すでに韓国で原子力発電所の周辺に暮らす人々の姿を「**Bul an, Bul-an/**不安、火-中」というタイトルで撮りつづけてきた私としては、この南相馬の姿はかなり見慣れたものである。破壊された東京電力福島第一原発の姿をまだ自分の眼で見ることはできていないが、たとえ3・11以後の南相馬―福島の姿しか知らなくとも、原発周辺の町が持つ共通したいくつかの雰囲気を感じさせるには十分である。どの国だろうが、大きな資本または権力が、国益と市民の安危を前に置いて何かをするときには、大体において同じような過程を経る。なによりも建設地の住民の同意を得る過程と、受け渡される利益の大きさと形態、そしてこれを取り巻く住民の態度がそれである。南相馬も例外ではなかった。奥深くに存在する不安を根源的に持ちながらも、外にはそれを見せないでいる。他の農漁村と比べると、社会―国家の配慮がより多く施され、その恩恵の結果は私が経験した韓国の原発周辺の姿と酷似している。いや違う。韓国の姿はこれにすら及ばない。特に建設後、相当年数が経つ古里《コリ》（釜山広域市機張《キジャン》郡長安邑古里《チャンアンウッコリ》）、あるいは霊光《ヨングァン》（全羅南道《チョルラナムド》霊光郡弘農邑城山里《ホンノンウッソンサンリ》）の原子力発電所周辺は、未だに住民と原発（韓国水資源公社）側との疎通はなだらかではなく苦痛の姿が如実に残っていたりする。

このように対象化された一つの町の姿が、私の制作の出発と重なり合う姿は、まるで発電所で電気がつくられたあと外に出ていくようで、また、ふたたび個別の家庭内に入っていくありさまとてもよく似ている。人類はまだ線を通して電気を運んでいる。この線は、発電所を出て、もう一度どこかに入っていく。即ち、電気とは外に入っていくのである。そこには、あちらとこちらの境界がなく、過去と現在の境界もない。要は、すべてひとつにつながっているというわけだ。原発周辺の町と電気だけを使う遠い町の境界もなく、何か起きればその被害も共有されるのだ。こうした現象が、私が南相馬にて、古くからの韓国と日本の間の歴史を再び取り出して見てみる契機にもなった。現在の現象が過去の現象を呼び起こすと、現在と過去はまるでメビウスの輪がもつ構造のように時間の前後を分けることが難しくなる。過去と現在をともに共感させてくれる。西内さんが私にしてくれたもてなしの香気は、私の中に入り、そしてまた南相馬に向かった。

その次の日の朝から東京に戻る日の夜更けまで、私は西内さんと共に動いた。眠るとき以外はずっと一緒だった。西内さんは、ここ南相馬の地理にとても明るいだけでなく、写真についても多くの知識を持っていらした。よって、私がここで仕事をするのに打って付けのヴューポイントを紹介してくれようとした。当然であろう。ここで生まれ育った方なのだから。しかし、ただ故郷だから、知っている場所だからと異邦人の私に案内を申し出てくれたのではなく、その異邦人がもう少し内密な場所をより詳しく真摯に見つめられるように配慮を忍ばせてくださったのだと推測する。おかげで、私がいままで何度かここを訪れながらも行けなかった場所を西内さんの大きな乗用車での案内でしっかりと見ることができ、どんなところが前と変わりない姿のままでいるのかもしっかりと見ることができた。

4

日本政府当局は二〇一三年から第一原発周辺の一〇キロ地点までを解放した。それまで制限区域が二〇キロ地点までであったために入ることができなかった所も出入りが許容されたということだ。その中でも特に西内さんが私に心を込めて案内してくれたところは小高《おだか》地区であった。いまなおもの寂しいいくつかの神社を訪れることができ、海につながれた廃漁村の姿は、少しだけ心を開いて眺めれば以前の平和を感じることができた。私は、これからはここにいまも住みつづけている人たちの姿を少しずつでも撮影しつづけたい、という希望を、手振りと片言の日本語でなんとか伝えようとした。ここ小高にはまだ人の姿がほとんどなかった。しかしあちこちで整備し復興させようという様子は見られた。状況によればここもやがてあたらしい姿に生まれ変わるだろう。時折、建物の壁や出入り口の上に見える「がんばろう　南相馬!」というフレーズがそれを証明するかのようだ。

しかし私の眼にはここの姿は何かが一つ欠けているように見える。韓国には「牛失って、牛小屋直す」ということわざがある。事が起きたあとになって、慌てて事に備えようと務めることをあざ笑う言葉だ。しかし、現実的には、牛を失ったら牛小屋を直して当然だ。そうしなければ、次にまた同じ失敗をおかしてしまうからだ。しかしそれよりもっと重要なことがあるのではないだろうか？　牛を失って、牛小屋を直すよりもまずしなければならないことは、一体どうして牛を失うことになってしまったのか原因をよく探すことであろう。とても辛く苦しいことだが、自分の問題―失敗を直視することは非常に重要だ。それこそがいまここ南相馬に欠けている事なのだ。二〇一一年三月一一日午後に起きた津波は、過去の「一回性の出来事」と言ってしまえるが、それにより発生した放射能問題は、いまを超えて未来にまでつながる「現在進行」の問題になった。西洋の時間概念で考えると、単にいまから未来につながる単線的な問題だろうが、東洋の輪廻という時間論で考えれば、未来と現在はつながっているものであり、よって「いま」は終わりのない「いま」であり、これは即ち「未来」でもある。また、未来に到来する問題が過去から出発してつながるものだとしたら、過去は絶えず未来に顕現するだろう。

再び、いまの南相馬がするべきことは、まず牛小屋を直すのではなく、冷徹に、より深く、流出している放射能の内側を見つめなければならないのではないか？　そこに含まれるいくつかの名詞（よく知られている名称）すなわち、政治、権力、地域、お金、欲望、無関心、傲慢、喪失、階層、偏見等々を直視し、何に由縁して今回の事態が起きたのかを確かめる「事」である。ひょっとして、西内さんは友人である佐々木孝先生「によって」あるいは「とともに」この事をしていらっしゃるのかもしれない。いや、そうしていらっしゃるのだ。

5

佐々木先生は、西内さんと小学校からの友人だ。いわば幼なじみである。お二人の友情がどれほどの深さを持つのか私には推し量ることがむずかしい。しかし、佐々木さんの本『原発禍を生きる』（論創社）を読むと、お二人の長い友情はかなり独特なものだと確信できる。

佐々木さんは、三世代でお住まいだ。そして、彼はスペイン思想家であり人類学者だ。西内さんが体ならば、佐々木さんは頭だ。思惟が深く精巧でありながら太い直線を予感させる。南相馬についた次の日、私と西内さんを招待してくださったご自宅での歓待は、彼の孫の愛ちゃんが私に見せてくれたありったけの好意に象徴される。息子さん夫婦と病身の妻、眼に入れても痛くない孫娘が、放射能の磁場の中で思惟の重い重力に打ち勝ちながら共に暮らしているのだ。佐々木さんのお母さんが建てたという家は、素朴でありながら実用的に設計されていて、佐々木さんは応接室をご自分の書斎にされ、また彼が愛用するパソコンは妻が寝ている寝室の窓際に置き、ここ南相馬の「いま」を電波を通して世界に知らせている。佐々木さんが私に与えてくれた深い印象は、彼の暮らしが担っている圧倒的な困難さや苦痛のただ中にありながらも、その苦痛のそぶりや表情を全く見せないところにある。彼は、いつもそうしてきたように、あるいは、これからも常にそうであるように、変わりない姿で人に接する。彼の顔に込められた真摯さは、きっと若い頃からの深い思惟の積み重ねによるのであろう。決して今回の事態がもたらした苦痛の結果ではない。彼が「魂の重心」を強調し、渦中に立って外に怒りの声をあげる時でさえ、彼の表情はゆるがない。西内さんが「海」ならば、佐々木さんは「山」である。彼が孫娘の愛ちゃんをどう教育しているのか知らない。しかし、愛ちゃんが私に見せてくれるどっしりとした好意はきっとおじいちゃんからの温かい教育の賜物と思える。その上、愛ちゃんのお母さんの真心こもった料理と息子さんの落ち着いた振る舞いは、恐縮しながら訪問した異邦人の心を温かい感動に包んでくれた。これもまた佐々木さんがご家族にもたらした温かい教育の結果だろう。西内さんが、手土産に持ってきた一升瓶はもう底をついてしまった。半分以上、私が飲んでしまったようだ。

6

翌日は、佐々木さんと共に三人で「一〇キロ」周辺を旅した。無線塔は、前の日にも西内さんと見に来たが、再び訪れてみた。

無線塔。新しく発見された象徴であるかのように、何度かにかけて佐々木さんの説明があった。私の英語力が足りず、佐々木さんの英語での説明を明確に理解することはできなかったが、少なくとも、塔がもつ歴史の骨組みは理解できた。私には、彼が説明してくれた無線塔の歴史よりも彼の幼い頃の話がより心にせまった。無線塔が何なのかよく知らなかった子どもの頃、よそに出かけて帰ってくる時、遠くから無線塔が見えると「あ、帰ってきた。もうすぐ家だ」という安堵の気持ちに包まれたそうだ。それは、まるで私の子どもの頃の記憶のようだ。私が生まれた仁川には有名な公園があった。自由公園だ。年を重ね歴史を学ぶまで、私はその公園の名に一度も疑問を持ったことがなかった。ただ「自由公園」だと思っていた。そして、公園のもっとも小高い場所には、マッカーサー将軍のりっぱな銅像があり、私たちはその公園に行けばいつもその周りで遊んでいた。その上、そのりっぱな将軍の姿に欽慕の気持ちを抱きもした。しかし、朝鮮戦争とマッカーサーと原子爆弾と北朝鮮軍と中国共産党軍と国連軍と米軍と李承晩《イスンマン》と日本軍とアジアを少しずつ学んでいくと、子どもの頃のその記憶が徐々に歪み始めた。それは、佐々木さんが無線塔についてのおぼろげな記憶の中に歴史性を代入する瞬間と同じだ。当時、二〇〇メートルの高さの無線塔を建築するためには多くの人の危険と犠牲が前提にあったことを幼い頃には想像もしなかっただろう。でも、いま、歴史の中に心を寄せて知る真実は、その塔の建設には、死刑囚と朝鮮から徴用されてきた人々が多数参与していたのだ。佐々木さんは、それを苦しい心境で直視し、反省とともにアジアと日本帝国主義を掘り起こしながら、ご自分―日本の責務を重くうけとめ、同時に連帯の手を差し出そうと力をつくしていらっしゃる。幼い頃の歴史不在のマッカーサーの銅像といまの私は、未だもって和解ができないでいる。

7

佐々木さんは私に多くの話をしてくれた。しかし、中でも彼が特に自負心を持って聞かせてくれた話は、南相馬出身の文人たちの話だった。これはもちろん、この地域の郷土博物館でも扱われていることであり、また関心がある人ならば誰でも知っているほどの有名な文人たちでもある。それだけではなく、南相馬市内の中央図書館に行けば、彼らの作品がもれなく所蔵されていて誰でも容易に借りることができる。また、図書館の西側廊下の入り口には彼らの肖像写真と略歴、主要作品の概要が大きなボードで常設展示となっている。しかし、印象的だったのは、このようによく知られていることを佐々木さんがとても慎重に真摯に説明することだった。このことは西内さんも同様だった。私たちが小高へともに訪れた時には、ある文人の墓を訪ね、短い時間ではあったが墓参りもした。異邦人である私を連れてだ。

このお二人の態度が象徴するものは何か。どうしてこのお二人は、いまここで南相馬が遭遇している困難や、或いは進むべき方向についての話よりも、この土地出身の文人や学者たちがどんな居住まいで多くの作品を「ここ」で生み出したかを話すのか？　ただ、過去の輝かしい姿を想起しているのか？　お二人が望んでいるのは、「単純な自慢」でないならば、それはきっと「根に対する切望」であろう。歴史を回帰し過去の美しさを誉め称えるのでなく、この地がいまの困難を踏まえて前に進むために必要なものがあるとすれば、それは「まっすぐな視線」を維持することができる「思惟の滋養分」であるだろうことをお二人はよくご存知だからこそ、そうなさるのだと思った。滋養分の供給は当然「根」から始まる。深い根の固い結束は、吹く風や吹雪が直面しようと揺らぐことはない。その根を探し確認し私の中に移植された時「いま」「ここで」「未来」を夢みることができるだろう。ああ、佐々木さん、西内さん！

二〇一三年三月二六日

（訳：柳裕子）

鄭周河氏は現代韓国を代表する著名な写真家である。非常に活発な韓国の写真界において、鄭氏は着実な創作活動をつづける一方、さまざまな公募写真展の審査委員を歴任するなど、指導的役割を担っている。

1958年生まれの鄭氏は、家庭が経済的に豊かでなかったため家業（豆腐製造）手伝いに追われる高校時代を過ごしたが、そんな中でも写真を始めたという。高校卒業後、兵役を終えて韓国写真界の名門である中央大学写真学科に入学したが、そこでの教育に飽き足らず中退し、哲学を学ぶことを志してドイツに留学した。留学先のドイツでも苦学しながら写真を学びなおし、1993年の作品「写真的暴力」で独自の地歩を築いた。

1998年の「大地の声」は韓国帰国後、農村の大地を近接したアングルで撮ったシリーズだが、この作品について鄭氏は、農業とは「この世」と「あの世」を媒介する行為である、自分はそれを撮ろうとした、と語ったことがある。2008年の「Bul an, Bul-an／不安、火 - 中」は韓国にも多数存在する原発周辺地域の風景やそこに暮らす人々の姿を撮ったものだ。

鄭氏の作品は一見すると人物や風景をドキュメンタリー風に撮ったもののように見えながら、その表象の奥行きは深く、尺度は長い。目前の政治的・社会的テーマのみではなく、人間存在そのものへの省察へと観るものを導く独特な力を湛えている。つまり「哲学的」なのである。この姿勢は福島原発事故災害をテーマとした今回の「奪われた野にも春は来るか」にも一貫している。

こうした鄭氏の「哲学的」風景写真は現在、韓国だけでなくフランス、ドイツなどでも高い評価を受けている。鄭周河氏の作品世界が日本の人々に紹介され、韓国写真界の旺盛な活動の一端が知られたことは大いに意義深いことだと考える。

徐京植

정주하 , 鄭周河 , Chung Chu Ha,

1984 年　（韓国）中央大学写真学科　３年中退

1990 年　（ドイツ）ケルン大学自由芸術学部写真学科および同大学院卒業

1992 年　　Prof. Arno Jansen の指導下でマイスター学位取得

1996 年～　（韓国）百済芸術大学写真科教授

個展

1984 年　鄭周河写真展、ソウル、出版文化会館

1988 年　Monat der Fotografie in Kleveland, ドイツ

1989 年　Fotoforum Schwarzbund in Bielefeld, ドイツ

1991 年　Gallerie Fabrik Heeder in Krefeld, ドイツ

1992 年　Meisterschüler Prüfung in Köln, ドイツ

1993 年　モノローグ、ギャラリア美術館、ソウル

1994 年　光で受ける遺産、セムト画廊、ソウル

1999 年　大地の声、クムサン・ギャラリー、ソウル

2001 年　恵生園、シビルグ・ギャラリー、ソウル

2004 年　西方の海、ハンミ写真美術館、ソウル

2008 年　不安、火 - 中、ソンジェ・アートセンター、ソウル

2010 年　慶基展、金沢 21 世紀現代美術館市民ギャラリー、石川県金沢市

2012 年　奪われた野にも春は来るか、平和博物館、ソウル

2013 年　奪われた野にも春は来るか、南相馬市中央図書館、福島県南相馬市

2013 年　奪われた野にも春は来るか、原爆の図丸木美術館、埼玉県東松山市

2013 年　奪われた野にも春は来るか、ギャラリー「セッションハウス・ガーデン」、東京都

2013 年　奪われた野にも春は来るか、佐喜真美術館、沖縄県宜野湾市

2013 年　奪われた野にも春は来るか、信濃デッサン館別館・槐多庵、長野県上田市

2014 年　奪われた野にも春は来るか、立命館大学 国際平和ミュージアム、京都市

2015 年　第 14 回東江国際写真フェスティヴァル受賞展、東江写真博物館、江原道寧越（韓国）

団体展　＊一部のみ記載

1988 年　Internationale Photo Szene in Köln, Köln Fachhochschule Gallery, ケルン

1989 年　Kulturmonat in Heidelberg, Heidelberg Gallery, ハイデルベルク

1990 年　Wir in Köln, Köln Fachhochschule Gallery, ケルン

1994 年　La Matirere, L'ombre, La Fiction, Bibliotheque Nationale de France, Paris, パリ

1998 年　Alienation and Assimilation, The Museum of Contemporary Photography, Chicago, シカゴ

2000 年　Contemporary Photographers from Korea The New Generation, Williams Tower Gallery, Houston, ヒューストン

2006 年　大邱写真ビエンナーレ、大邱

2008 年　韓国現代写真 60 年、国立現代美術館、ソウル

2009 年　Photo Quai 写真ビエンナーレ、Que branly Museum, パリ

2010 年　上海国際写真展示館、上海

2012 年　プレイグラウンド、アルコ美術館主催企画展、アルコ美術館、ソウル

2012 年　白い未来、核を考える、古隠写真美術館、釜山

2012 年　ART PROJECT 2012 : COMMUNION、COEX、ソウル

2012 年　Origin (根源)、古隠写真美術館、釜山

2012 年　アルル写真フェスティヴァル招待展、Parc des Ateliers in Arles、アルル

原発＝写真論――写真家・鄭周河《チョンジュハ》の提起する核の時代の表象と思考

早尾貴紀

東京電力福島第一原子力発電所の事故、そしてそれによる放射能汚染と被曝被害ほど、多くの論争と分断・断絶を生み出しているものはないだろう。事故は建屋のみの「爆発的事象」であったのか、原子炉からの「核爆発」であったのか、事故は「収束」しているのか、核分裂がなおつづいているのか、深刻な放射能汚染は二〇キロ圏内程度の限定的なものなのか、東北地方から関東地方にまたがる広大なものなのか、健康影響は「これまでも現在も将来もまったくない」ものなのか、健康被害はもうすでに大規模に出ているのか。事故発生から五年目に入っているにもかかわらず、私たちの社会は基本的な共通認識さえもつことができずに、科学者や政治家から素人の市民にいたるまで、論争的な言葉を発しつづけ、その溝は深まるばかりである。

それは端的に、放射能が人智を超えた、制御不能なものだからであり、まるで神学論争のように延々と議論は平行線を辿ってきている。さらに、経済利害（産業であれ家計であれ）が大きく関わることもあって、正しさを競い合い、言葉は過剰に発せられ、より厳しく激しくなり、論争となり、言葉の戦争になってゆく。

芸術作品、アートはそれとは異質なものだ。絵画や写真であれ、詩歌や音楽であれ、「正しさの競い合い」はない。作家はそれぞれの感性と手法で表現を試みるが、その解釈は受け手の想像力にゆだねられ、そこから喚起される思考も広がりつながっていくことができる。

そうとはいえ、さまざまな表現技法のなかで「写真」という技法は、「真実を写す」とされるがゆえに、やはり論争を引き起こしがちであることも確かだ。もちろん報道写真のたぐいは、明確な伝達の内容と目的があり、それに沿った明証的な写真が、とくに「絵になる」写真が選択され、そしてそこに報道の言葉（記事やキャプション）が一義的な解釈であるかのように添えられる。それが原発事故をめぐるものであれば、やはり前述のように論争を生む。

だが、記録としての写真、あるいは、アートとしての写真はどうだろうか。ここで、福島市の美術教員である赤城修司が原発震災の身近な「記録」として撮影し「ツイッター」というインターネットのサービスで公表していった写真を参照したい。赤城は、扇情的ととられないようひじょうに慎重に言葉を選んで短いコメントを付したのみで、写真をツイートしていった。そのうちの一つで大きな反響があったのが、二〇一三年六月一〇日付のもので、除染した汚染土を土嚢で遮蔽した場所で小さな子どもたちが遊んでいる写真だ。[注1] それに付されたコメントは、「僕がどの写真を撮った時も、僕の足の裏は、しっかり地面についている」というごく短いものだ。のちの赤城は、この言葉を選んだ理由として、「この写真の状況を、ネガティブにも、ポジティブにもしたくなかった」と述べた。

撮影者自身が地表の放射性物質を自らの足で踏まないことには撮影できないというのはたんなる事実だ。だが結局この写真は、危険派と安全派の双方から強い反応が多く寄せられた。それを受けて赤城は、「こんなにも人の解釈には幅があるのか」と驚き、「そもそも『正しい』伝達なんて存在しないように思えてくる」と述べ、三年分の記録写真を収めた写真集の「解題」のタイトルもこの言葉から選んだ。[注2]

鄭周河の写真の一つひとつには、解説はおろか短いキャプションさえもない。それどころか、日付も撮影場所も示されていない。ただ例外的に、写真展と写真集には「奪われた野にも春は来るか」とタイトルが付けられ、[注3]そして写真展開催にあって、「写真は非常に普遍的な視覚を維持しようと努めたし、現場が持つ被害の姿は、なるべく避けようと努力した」と写真家自身が述べている。[注4]すなわちそれは、爆発し崩壊した原発や、物々しい防護服で事故収束にあたる作業員や、測定器をあてがわれて汚染を調べられる避難者などの、典型的な場面の写真は撮らなかった、ということを指しているのは容易に思いつく。「容易に思いつく」ということは、つまりそういったイメージはすでに原発事故のステレオタイプとして社会に共有されているということであり、ステレオタイプをあらためて流通させることは、もはや何も伝えていないに等しい行為となる。

そうであるがゆえに、鄭周河は、静かな風景をこそ多く撮影した。それは一見すると、原発事故の影響が見えにくい、事故以前と変わらないような自然の景色であったりする（「普遍的な視覚」）。しかし逆説的にも、それこそが見えない放射能汚染によって、それとは明確に分からぬ形で潜在的に失われてしまったものなのである。いったいどの範囲に汚染が広がったのか、いったいどれほどの期間に汚染がつづくのか、まさにその見えなさこそが喪失の大きさなのであり、その喪失の大きさを明示することが不可能であるということが、鄭の写真から伝わってくる。まさに表象不可能なものの表象と言える。

ここで類比して思い起こされるのは、いわゆる戦場写真である。負傷者や死体や瓦礫や砲弾の写真は、戦争の残酷さを分かりやすく伝えるものだ。だが、と、写真批評家の笠原美智子は、旧ユーゴ紛争や東チモール紛争を撮影した平野正樹の写真を評してこう述べた。

対して平野の戦争の写真には、戦争とすぐにわかるような残酷な場面は登場しない。描かれているのは、そこに住む普通の人々が毎日生活し目にする日常風景である。彼はそこで暮らす人々の視点に身を置いている。弾痕も空洞になった窓も、争いの現場にはいない私たちには遠いものである。にもかかわらず、家の壁や窓が、焼け跡に咲き誇る鮮やかな色の花や青々とした木々が、真っ青な空の下、降り注ぐ輝く光に照らし出されて静寂をたたえる画面に描かれると、かえってその背後にある人々の不条理な苦しみが「私の」ものとして胸に迫るのである。注5

鄭の写真もまさに、原発の爆発現場や避難所ではなく、見えない放射能が降り注いだものの、変わらぬように見える日常や自然だからこそ、このようなものとして、普遍性をもって私たちに迫ってくるように思われる。「不条理な苦しみ」とは、原発事故によって故郷を奪われた人々に、あるいは日常的に被曝を強いられている人々に、もたらされたものにほかならない。

ところで、「唯一の被爆国」という独善的な自己規定を好む日本社会には、戦争と原発とをつなぐ写真作品の伝統がある。「原爆キノコ雲」の写真から始まり、数十年後の爆心地の「今」を映す写真にいたるまでの、いわゆる「原爆写真」の数々である。第二次世界大戦の最終局面と冷戦の決定的な開始とのあいだで、広島と長崎に落とされた二発の原子爆弾（核兵器）は、戦争を深く刻印するとともに、原子力＝核を日常にもつ社会の始まりを告げた。原発が、原爆＝核兵器の開発過程で、それを正当化するために考案された副産物であることは、もはや言を俟たない。原爆と原発は技術的に共通しているだけでなく、原爆のために原発が存在していること、核兵器保有のための基礎として原発を保持していることは、日本の歴代の首相が繰り返し公言してきたとおりだ。

私たちは、しかしそのために、原爆を否認してきたのではないか。例によって、被害者意識の象徴としての「唯一の被爆国」と、その戦禍からの「復興」というステレオタイプの物語を好み、そうした展示や番組を溢れさせてきた。だがそのように雄弁になることで、核＝放射能が何であったのか、その表象不可能性を直視しないできたのではないか。この問題を、写真家の鈴城雅文は、マルグリット・デュラスの『ヒロシマ・モナムール』の提起した問いに沿いながら、『原爆＝写真論』を論じた。すなわち、戦後に広島に来たフランス人女性と広島にいる日本人男性の二人の登場人物のあいだで、デュラスは何度も「わたしはすべてを見た、すべてを」と「きみは何も見なかった、何も」という台詞を繰り返させながら、「ヒロシマについて語ることは不可能だ。できることはただひとつ、ヒロシマについて語ることの不可能性について語ることである」[注6]という表象を作品のなかで実践してみせた。そして鈴城はその問いを軸に、原爆写真の表象不可能性を、つまり陳腐な物語に回収する明証的な写真と、逆にそこから逸脱する写真を論じた。

かりに「すべてを見た」という女を「写真」とするならば、「何も見なかった」という男の声は、フレームによって不在を強いられた外部が、「写真」へと絶え間なく送り返しているはずの木霊といえるだろう。いうまでもなくこの声は「すべてを見た」という写真の物語的完結に液化を促している。[注7]

こう鈴城は述べて、優れた原爆写真が、物語性や明証性を拒否するものであることを、詳細に分析している。

このことは〈フクシマ〉をめぐる写真にも見事にあてはまる。数多くの、素人も入れると数限りない写真家が、「被災地」で明証的な写真を撮っては、まるですべてを見て分かったかのようなキャプションをつけて、雑誌やネット上に発表した。あたかも福島県全域がもはや人が住めない危険地帯であるかのような表象から、もはや事故も汚染も過去のもので復興の一途にあるかのような表象まで、振り幅はあるが、「わたしはすべてを見た」という姿勢は共通している。そして、写真を通して、汚染を語るにせよ、復興を語るにせよ、その場に、フレームのなかに自己完結している。

鄭周河がとらえた事故後の〈フクシマ〉の無言の写真たちは、こうした雄弁さに静かに抵抗しているように思われる。鄭の写真は、その徹底した静かさゆえに、人々に写真を凝視することを求めるが、ロラン・バルトのもはや古典となった写真論によると、写真の過剰な凝視は、通常の知覚で得られる「現実」を超えて、「〈狂気の真実〉に到達する」[注8]。バルトによれば、社会は、写真に分別(物語)を与えて狂気を鎮め、写真を飼い馴らそうとするが[注9]、鄭の写真はそれを拒絶する。まさにそれこそが、人智を超えた放射能汚染を、表象不可能性において表象する有効な手法の一つなのではないだろうか。

実際、思考を広げつなげるアートとして鄭周河の写真作品は、本書各章(写真展でのトーク)で展開されているように、日本の朝鮮植民地支配と国内植民地としての東北地方・沖縄を類比させ、かつ「本土」である東北の加害と被害の二重性を想起させ、さらにはヒロシマ・ナガサキ、そしてアウシュヴィッツへと、たくさんの人々の思考を刺激し、つないでいった。あるいは、李《イ》相和《サンファ》、プリーモ・レーヴィ、原民喜《はらたみき》、齋藤貢《さいとうみつぐ》、河津聖恵《かわつきよえ》らの詩を呼び起こし、やはり明証的言語を超えたギリギリの思考を引き出した。鄭の静謐な写真が、原発=核の時代に生きる私たちにもたらした成果と課題はかぎりなく大きい。

(なお、本論考も含む本書全体は、東京経済大学から受けた二〇一三年度の個人研究助成費による研究成果の一部である。)

注1：赤城修司『Fukushima Traces, 2011-2013』（オシリス 二〇一五年）一五三頁

注2：赤城、同書、一六一～一六六頁

注3：『奪われた野にも春は来るか 鄭周河写真集』（Noonbit Publishing Co., 二〇一二年）。なお、このタイトルをめぐっては、本書のなかで議論が重ねられているほか、徐京植『フクシマを歩いて――ディアスポラの眼から』（毎日新聞社 二〇一二年）、徐京植・韓洪九・高橋哲哉『フクシマ以後の思想をもとめて――日韓の原発・基地・歴史を歩く』（平凡社 二〇一四年）、東京経済大学学術フォーラム『「フクシマ」の問いにどう応えるか――東アジア現代史のなかで』（『東京経済大学学術研究センター年報』第一三号 二〇一三年）で深く検討されている。

注4：パンフレット『鄭周河写真展 奪われた野にも春は来るか』（二〇一三年）

注5：笠原美智子『写真、時代に抗するもの』（青弓社 二〇〇二年）一五頁

注6：マルグリット・デュラス『ヒロシマ・モナムール』（工藤庸子訳 河出書房新社 二〇一四年）八頁 なお、同訳書は〈3・11〉以後を意識して新たに翻訳出版されたものである。

注7：鈴城雅文『原爆=写真論――「網膜の戦争」をめぐって』（窓社、二〇〇五年）三五頁

注8：ロラン・バルト『明るい部屋――写真についての覚書』（花輪光訳 みすず書房 一九八五年）一三八～一三九頁。 なお、バルトの写真論における狂気と真実の問題については、梅木達郎「現前という狂気―ロラン・バルト『明るい部屋』再読」（青弓社編集部編『「明るい部屋」の秘密――ロラン・バルトと写真の彼方へ』青弓社 二〇〇八年）を参照。

注9：バルト、同書、一四二～一四六頁

あとがき

二〇一一年の東日本大震災とそれにつづく福島第一原発の大事故のあと、長年にわたって反核・平和運動を続けている韓国・平和博物館の韓洪九《ハンホング》さんと、韓国の写真作家・鄭周河《チョンジュハ》さんから被災地とその周辺の写真を撮りたいとの協力要請があった。その要請に応えようとしたことから、すべては始まったといえる。

当初は出来上がった作品を日本で展示する計画はなかった。だが、作家がそれを望み、私たちもそのことに意義があると考えたことから、日本各地を巡回する写真展が始まった。ノウハウの面でも、財政的な面でも、なんら具体的な見通しももてないまま実行委員会を組織して見切り発車したのである。

福島県南相馬市、埼玉県東松山市、東京都新宿区の三カ所の予定で始まった展示に、巡回の途中から、沖縄県宜野湾市、長野県上田市、京都市の三カ所が加わり、計六カ所になった。巡回展示をとにもかくにも無事に終えるだけでもひと苦労だったのだが、さらに、この記録集の刊行という難事が加わった。いま、「あとがき」を綴りながら、よくここまでたどり着けたものだと、いささかの感慨を禁じ得ない。

この写真展の意義を自覚して献身して下さったボランティア実行委員の皆さん、利益を度外視して果断に展示を受け入れて下さった各展示場主催者の皆さん、実行委員会の資金に浄財を寄せて下さった皆さん、通訳、翻訳、広報その他の面にわたって協力を惜しまれなかった多くの方々に、いちいちお名前を挙げることはできないが、深く感謝申し上げる。

残された課題は言うまでもなく多いが、この場では、ささやかながら成し遂げたと思われる成果を確認しておきたい。

(1) いち早く福島原発事故の意味を、報道写真による情報提供という次元とは異なる写真芸術というアート行為を通じて、より深く考察する機会を提供した。

(2) 韓国の平和運動家・写真家による問題提起をうけて、原発事故問題に「植民地主義」批判という視点を導入した。

(3) 写真展活動に、日本、韓国、沖縄、在日朝鮮人の多様な市民が参加することによって、連帯の困難性と必要性についてより真剣な思考の機会をつくった。

もちろん、写真芸術やその展示活動それ自体には、原発を停止させ、脱原発を実現させる即効的な力はないだろう。

しかし、この写真展活動は、たとえて言えば、ワルター・ベンヤミンのいう「投壜通信」のようなものだったのではないかと思う。そうであってくれることを、切に期待する。孤島に漂着した人が、誰か届くことも期待できないまま、ガラス瓶に入れて海に流す手紙。それが「投壜通信」である。

3・11以後のシニカルな現実の中、東アジアの一隅で、多くのとは言えないにせよ、複数の市民たちが虚無の海に流した「投壜通信」。それを、どこか別の場所で、どこか別の時に、誰かが拾ってくれるだろう。そして、この時代にも「正気」であろうと努めた者たちが存在したことを知るだろう。それが数年先のことか、それとも核廃棄物が無害化されるという一〇万年後のことか、誰にも予見できないにしても。

本書はそのような「投壜通信」である。写真展運営と本書制作にご苦労された斎藤千晴さん、柳裕子さん、市川はるみさん、本書刊行を引き受けて下さった高文研の真鍋かおるさんにとくに感謝申し上げる。

二〇一五年六月六日

実行委員の一人として　徐京植

編集後記

「日本人は基地を持って日本に帰れ！」と一人の女性が言った。沖縄のギャラリートーク後の懇親会での出来事だ。女性は私を含めた私の周りを見ている。私に言っているのか、それとも――とひどく戸惑ったが、彼女は自分の痛みを叫んでいた。彼女は痛いのだ。

私は孤立した同化朝鮮人だった。この写真展と出会い、自分の立場を俯瞰し普遍化することで孤立から解放される感覚を得た気がした。その感覚を持って行った沖縄でのことだった。

私はそれまでも透明人間になったような感覚に何度も陥ってきた。相手には私が見えない。日本人の多くは、何代にもわたりここに共に暮らす他者を知らない。敢えてこの立ち位置を自分から丁寧に説明してみても、立ち位置はその瞬間から記号化され意識的に排除され、生身の私は別の形で見えないものにされることが繰り返されてきた。

沖縄の彼女は、自分がつながってきた島を守ろうと「痛い」と私にも叫んでいた。私からすれば、彼女こそ日本人だとも言えた。私の持たない日本国籍者の権利を彼女は持っているからだ。そして、彼女の足元には、島があり、共に立ち同じものを見る仲間もいた。

彼女の叫びは私を透かし、足元には島すらなくいつもぽっかり空いていた穴を私に突きつけた。ただでさえ見えないものされてきた私の身体は、心細くみすぼらしく膝下から砂のように崩れ落ちていった。私はどこかに存在するのだろうか。私は崩れ落ちながらも、その時そこに確かにあった彼女の強い痛みをしっかりとつかみ握りしめた。

彼女の痛みが私の痛みになる時、ぽっかり空いた私の足元に何かを感じる。その何かが、彼女や、埼玉のトーク会場で「私は戦争孤児だ、国が私を奪った」と叫んだあの人や長野の無言館に並ぶ絵の前に確かにいたはずの彼らの足元のものにつづいていく。鄭周河さんの作品の景色もそこにある。この足元にもつながるであろう遠い地平線がうっすらと見える。

実行委員　柳裕子《ゆうゆじゃ》

高橋哲哉（たかはし てつや）

1956年福島生まれ。東京大学大学院総合文化研究科教授。著書に『デリダ――脱構築』（講談社）『靖国問題』（ちくま新書）『犠牲のシステム　福島・沖縄』（集英社新書）『原発の「犠牲」を誰が決めるのか』（クレヨンハウス）、『沖縄の米軍基地 ―「県外移設」を考える』（集英社新書）など多数、共著に『断絶の世紀　証言の時代――戦争の記憶をめぐる対話』（共著：徐京植、岩波書店）、『フクシマ以後の思想をもとめて』（共著：徐京植、韓洪九、平凡社）など。

徐 京植（ソ キョンシク）

1951年京都生まれ。東京経済大学現代法学部教授。著書に『私の西洋美術巡礼』（みすず書房）『半難民の位置から――戦後責任論争と在日朝鮮人』（影書房）『プリーモ・レーヴィへの旅』（晃洋書房）『植民地主義の暴力』『詩の力』（以上、高文研）『フクシマを歩いて――ディアスポラの眼』（毎日新聞社）『中学生の質問箱　在日朝鮮人ってどんなひと？』（平凡社）など多数。

奪われた野にも春は来るか
鄭周河写真展の記録

二〇一五年 八 月 一 日 ―――― 第一刷発行

編著者／高橋哲哉・徐 京植

編集／市川はるみ

発行所／株式会社 高文研
東京都千代田区猿楽町二―一―八
三恵ビル（〒一〇一―〇〇六四）
電話０３＝３２９５＝３４１５
http://www.koubunken.co.jp

装丁・本文デザイン／柳 裕子
協力／詩人会議、長畑 洋、韓 昇憙、岩崎孝正
印刷・製本／株式会社 光陽メディア

万一、乱丁・落丁があったときは、送料当方負担でお取りかえいたします。

ISBN978-4-87498-575-5 C0036